元话语与
外语元话语能力研究

王颖频 著

UNTERSUCHUNGEN ZUM
METADISKURS UND
ZU FREMDSPRACHLICHEN
METADISKURSIVEN FÄHIGKEITEN

上海译文出版社

前言

念念不忘，必有回响。我对元话语现象的关注和对相关文献的收集始于2009年。一开始引起我注意的是元语言（Metasprache）。在我的博士课题研究（2004—2007）及后来关于交际策略的课题研究（2008—2010）中，我分析了元语言作为一种交际策略在语言交际过程中助力克服交际困难的策略性功能。随着对相关文献的深入阅读，我慢慢注意到了一种更能凸显交际者主体性和策略性的语言手段，即元话语（Metadiskurs），或称元交际（Metakommunikation）。这是相对于基本话语（Primärdiskurs）而提出的概念。学者们认为，任何语言交际都由基本话语和元话语组成，基本话语传递的是命题信息，而元话语是用于说明作者或说话者引导受众理解语篇或命题信息的一种方式或作出的尝试与努力。可以看出，元话语在范围和功能上较元语言更为广泛且多样。元话语的多功能性和语境依赖性对于我来说充满着魔力，使我十余年来始终不懈地关注元话语领域的研究成果，希望能慢慢靠近这种神秘而重要的语言或非语言手段和资源。虽然我时常因为其他事务或研究而暂时搁置对元话语的具体思考，但我内心对元话语的热爱始终未减。近年来，由于越来越频繁地受到疾病的困扰，我的内心更有一种紧迫感，希望有机会对元话语进行一次较为全面的梳理和研究，以回应内心的这份热忱。

我为什么对元话语有如此执念呢？一方面，自然是因为元话语本身所具有的特征和魅力：人际语用功能、语境依赖性和语体特殊性；人际性、互动性、主体性和主体间性；在语言交际中组织语篇、解释话语、表达观点、明示意图、与受众互动、帮助受众理解话语等方面的重要作用。另一方面，作为德语教师，我在从业三十多年的时间里，一直在思考如何帮助学生积极发挥主观能动性，进而有效提升他们的“听说读写译”综合外语交际能力。我曾研究过交际策略和话语润滑剂（Gambits）等提升外语交际能力的重要手段和途径，而元话语则提供了一种更为系统的思路和资源，更能凸显学生作为交际主体的能动性、目的性和策略性。对于外语教学而言，元话语是一个更值得深入探究的课题。正是这两方面的考量促使我下定决心开始撰写本书，也正是这两方面的具体研究构成了本书的主要内容：一是元话语理论与元话语实证研究；二是将元话语与外语教学相联系，探究外语元话语能力的培养路径。

元话语的多功能性、语境依赖性和语体特殊性既为其相关研究增添了神秘感和吸引力，同时也导致了元话语系统的模糊性、开放性，及其界定和研究的困难性和复杂性。此外，元话语研究已有几十年的历史，相关文献资料极为丰富，要对前人与学者们的观点和研究成果进行较为全面的梳理，并给予较为合理的总结和评价，这绝非易事。十多年来，这些困难伴随着我的元话语研究过程，令我常常陷入头脑混沌、思路混乱的境地，甚至几度处于放弃的边缘。所幸凭借对元话语的热爱，我坚守住自己研究的本心，最终完成了书稿。本书旨在：1）较为清晰地梳理元话语相关的研究脉络和重要特征，探讨元话语的定义、功能、界定和分类；2）针对特定语篇类型的语料进行元话语实证研究，以进一步明晰元话语在话语建构中的人际语用功能，以及具体研究和具体语境下元话语的识别和分类问题，为后续元话语研究提供借鉴和参考；3）探究元话语研究对外语教学的启示和实际应用，进而探索外语元话语能力的内涵和培养路径。

本书的主要观点总结如下：

1. 元话语的定义

元话语是信息发出者为了确保表达和实现其交际行为意图和目的而主动采取的策略性语言类或非语言类行为或手段，是其言外行为或言外行为意图的标记。通过使用元话语，信息发出者可以帮助信息接收者，对交际中所传递的信息按照信息发出者的愿望进行理解和接受，从而促进交际顺利进行。本书以较为宽泛的视域看待元话语概念，因此更倾向于称其为元话语手段或资源。

2. 元话语的特征

实施元话语行为的方式有两大类：一类是借助元话语手段对语篇或话语进行合理有序的组织和解释；另一类则是通过向交际伙伴传达自己对命题内容的观点和态度，及与受众互动等方式，引导受众对信息的理解。这两类元话语方式的功能分别是语篇组织和人际互动，均体现了信息发出者为实现其交际行为的目的而实施元话语行为的主体性和策略性，也体现了交际参与者之间的主体间性。总体而言，元话语具有人际性，有助于信息的理解，有利于交际的进行。此外，它还具有反身性、互动性、目的性、多功能性和语境依赖性等特征。

3. 元话语的界定

本书对元话语的界定主要遵循以下原则：1）反身性：元话语指涉当前交际，而不仅仅是当前语篇；2）互动性/人际性：元话语体现了交际者的受众意识和人际互动意识；3）目的性/策略性：元话语是交际者为了实现当前交际目的而有意使用的语言类或非语言类手段，它体现了信息发出者的存在与立场，并帮助信息接收者按信息发出者的意图理解语篇。元话语具有主体性、目的性、策略性和显性特征，但也不排除隐性元话语手段；4）功能性：元话语手段在言语交际中具有语篇组织功能和人际互动功能。功能性原则（而不是“非命题性原则”）是判断元话语的重要依据，即使有些话语在语篇中也传达了命题信息，但如果除此之外它还具有元话语功能，则在元话语研究中也应判断为元话语。

4. 元话语的分类模型

海兰（Hyland, 2005）的分类对元话语手段进行了较为细致的区分和合理的整合。他将主题结构标记、过渡标记、语码注释标记、内指标记、证据来源标记归为主要用于语篇组织的引导性元话语下的子范畴，而将涉及外显信息发出者观点的评论性手段及体现互动的自我标记和读者介入标记归为互动性元话语下的子范畴。这种分类较为全面地考虑了信息发出者在实施语言类元话语行为时作出的努力。此外，德国学者将非语言类元交际手段纳入其关注范围的做法也值得借鉴，有助于我们更全面地了解信息发出者通过语言类和非语言类元交际（即元话语）行为实现其言外行为意图的努力。在具体研究中，可以根据语料和语体的特点，对所聚焦的研究对象作出合理选择。

5. 具体语境下的元话语识别和界定

具体语境下，对元话语的识别和界定需要根据语料特点对元话语及其子范畴与子范畴下属的分类别进行合理的分类，以便对元话语手段或资源进行更加全面、合理的判断、标注和分析。在进行元话语识别和标注时，除了关注元话语的子范畴，还需要根据语料的实际情况区分子范畴下属的分类别。在不同的语篇类型和语料中，元话语的子范畴可能会呈现出不同的使用特点和样貌，子范畴下的分类别也往往具有其语料特殊性。

6. 元话语研究对外语教学的启示及应用

元话语作为言外行为标记，不仅有利于话语的产出，也有利于话语的理解。元话语给信息发出者提供了一种对命题内容进行合理组织、解释说明、清晰表达以及与受众互动的手段和可能性，使受众更容易理解和接受交际中传递的信息；而借助元话语，信息接收者也可以得到丰富的导向性帮助，更容易理解话语和信息发出者的言外行为意图。鉴于此，元话语对外语教学具有重要意义。在外语教学中融入元话语知识的传授和元话语能力的培养，可以有效提升学生的受众意识、互动能力、产出性语篇建构能力、输入性语篇理解能力和综合语言应用能力。当然，我们并不需要穷尽了解和掌握所有对外语交际具有重要作用的元话语手段，重要的是要增强学生的元话语意识，加强其元话语分析能力，进而提升其元话语（识别和运用）能力。所谓“授之以鱼不如授之以渔”，元话语教学的目的应该是帮助学生学会元话语分析的方法，帮助他们认识到元话语对成功交际的重要性。

本书不仅适用于对元话语研究感兴趣的读者，也对语篇分析、话语分析、语用学、翻译学和德语语言文学等领域的研究者具有参考价值。此外，它还可以为外（德）语教师和学习者有效提高其教学效果和外语交际能力提供借鉴和参考。

王颖频

2024年5月

目 录

图目录

表目录

第一章 引 言

1.1 选题背景和研究现状

“元话语”（metadiscourse）这一概念最早由美国学者哈里斯（Zellig Harris）于1959年提出，用于说明作者或说话者引导受众理解语篇的一种方式（Hyland, 2005）[3]或“说话人为引导受话人理解语篇所作出的尝试与努力”（谢群，2012）[19]。无论是书面语交际还是口语交际，无论是产出行为还是理解行为，元话语都发挥着重要的人际语用功能，并具有语境依赖性、多功能性和语体特殊性，因而自20世纪70年代起就一直得到学界的普遍关注，也日益成为语篇分析领域的研究焦点（如Liebsch, 1971; Schwitalla, 1979; Williams, 1981; Techtmeier, 1984, 1990, 2001; Vande Kopple, 1985; Gläser, 1987; Crismore, 1989; Göpferich, 1995; Hyland, 1998, 2005, 2017; Ädel, 2006, 2010; Schröder, 2018；姜峰 等，2020等）。

根据苏联语言哲学家巴赫金（Bakhtin）的话语理论，话语的本质在于其对话性，任何话语都具有内在对话性，这种对话性体现在两个层面：首先，话语在陈述客观对象时，会与他人的话语产生对话，是对他人话语的回应，或反驳此前的话语，或肯定它，或补充它，或依靠它，或以它为已知的前提等；其次，话语的对话性体现在话语的表达总是以听者或读者的存在为前提，以获得应答或对话为目的，希望被人聆听、让人理解、得到应答（萧净宇 等，2002）[138]。英国文化理论家霍尔（Hall）指出，意义的产生是依靠传播者编码、接受者解码来维持的，各种传播结构在有意义的话语形式下产生编码信息，而有意义的话语形式必须被解码，才能产生诸如影响他人、使人愉悦、命令和规劝等效果。（Hall, 2001）[168]可见，话语具有对话性，话语以被接受者理解和回应为目的。为了达到这个目的，每个人在产出话语时，无论是书面语还是口语交际，除了运用语言描述世界和传递信息外，还会运用一定的手段和资源对所表达的内容进行恰当的组织和解释，并在一定程度上表明自己对所表达信息的态度和看法，以此作为引导，确保自己所传递的信息能被受众所理解和接受。这种为受众提供引导的手段和资源就是元话语，是关于话语的话语。元话语现象的存在是学界共识，学者们认为，元话语是我们日常语言和各种语类交际中的一个普遍特征，任何语言交际都包括基本话语（［英］primary discourse；［德］Primärdiskurs）和元话语（［英］metadiscourse；［德］Metadiskurs）两个方面，其中基本话语是言语交际的主体，用于传递命题信息；元话语则不介入话语的基本命题内容，但起到组织话语、表明作者对话语内容的看法、与读者建立互动、帮助读者理解话语的作用。（Hyland, 2005）[37–38]

学界也将元话语称为元交际（［英］metacommunication；［德］Metakommunikation），笔者认为，元话语和元交际两个术语虽然表述不同，但实际上所指一致。为了顺应国内学界的表述习惯，本书主要采用“元话语”这一表述，但笔者认为两个术语不存在差别，所以有时也会交叉使用。由于学者们的研究领域、研究视角、研究语料和语类等各不相同，目前学界针对元话语尚没有统一的定义，对元话语的界定、判断和分类也存在着不同意见，但对于元话语手段或资源所具有的人际语用功能、语境依赖性、人际性、互动性、主体性和主体间性，学者们的看法都是一致的。如前所述，元话语体现了作者或说话者为了使自己的话语能被受众所理解和接受，以促进交际顺利进行所作出的主体性努力及因此而使用的引导性手段和资源，元话语的使用体现了人们在交际中的受众意识及对主体间性的重视。一方面，借助元话语资源和手段，人们作为作者或说话者可以在交际中更好地明示自己的交际意图和目的，为受众的理解提供帮助，进而促进交际顺利进行；另一方面，借助语篇中的元话语手段和资源，我们作为读者或听者也可以更好地理解交际伙伴的话语、了解其交际意图和目的。

国内元话语研究始于20世纪90年代末，刚开始学者们的表述存在差异，如亚言语（成晓光，1997）、元话语（李佐文，2001）、元语篇（徐海铭，2001），而后学界普遍接受“元话语”这一术语，元话语成为应用语言学和语篇分析领域的研究热点，内容涉及元话语的研究综述、理论基础、语篇分析、翻译问题和外语教学等诸多方面（如：徐海铭 等，2005；徐赳赳，2006；韩美竹，2009；唐建萍，2010；李秀明，2011；李发根，2012；严瑾，2012；鲁英，2012；柳淑芬，2013；吴格奇，2013；李娜 等，2013；鞠玉梅，2013；周岐军，2014；伍小君，2014；王强 等，2016；杨秀云，2018；林维燕 等，2019；何中清 等，2020；叶慧君 等，2021，等等）。总体而言，国内元话语研究更多地聚焦于学术语篇，近几年开始扩展至其他类型的语篇；此外，大多数研究都集中于英语，鲜有涉及其他语种。而本书的一个重要部分是聚焦于演讲类政治语篇，通过对同类语篇类型的德汉语料进行实证分析，旨在进一步拓展元话语研究。通过深入研究不同语篇类型中的元话语运用，我们可以探究人们在不同交际语境下的不同交际意图和目的，及其元话语运用特征。

本书的另一个重要部分是探究元话语对外语教学的启示及它的实际应用。国内已有学者关注了元话语在外语教学中的意义（如：韩美竹，2009；司炳月，2014；徐捷 等，2015；杨秀云，2018），但大多数研究仅涉及听说读写中的某个单项，鲜有学者针对外语教学进行全面研究，也鲜有研究涉及外语元话语能力这一层面。鉴于元话语特有的人际语用功能，基于元话语研究成果在外语教学中重视元话语知识的导入和元话语能力的培养，将有助于提升学生在产出和理解两方面的元话语能力和外语交际能力。相关研究值得进一步深入和推广。因此，本书将在元话语理论探讨和实证研究的基础上，探究元话语能力内涵及外语教学中提升学生的元话语能力和交际能力的方法。

1.2 研究目标和研究问题

本书一方面旨在通过特定语篇的元话语实证研究，进一步探究元话语的人际语用功能及其在话语建构中的作用和意义，另一方面尝试对外语元话语能力及其培养进行探索性研究，以期为学界进一步重视元话语能力在外语交际能力培养中的作用和意义提供依据，也为外语教学实践提供切实可行的参考。除此之外，由于国内元话语研究主要基于英美相关研究，本书在理论阐述部分，除了对英美学界的相关研究进行综述以外，还另辟蹊径，通过阐述和梳理德语国家学界关于元交际定义和功能等的理论探讨，以进一步了解国外元话语研究现状，明晰元话语的实质及其多功能性，以期为深化和拓展元话语研究提供一定的参考。

因此，本书的研究问题涉及以下几个方面：

1）元话语的定义、功能和分类；

2）元话语的实质及其判断标准；

3）特定语篇类型的德汉语料在元话语运用方面有何异同？

4）元话语能力内涵有哪些？如何提升学生的外语元话语能力？

1.3 本书构成

本书共由五章组成。第一章是引言，主要介绍选题背景、研究目标和研究问题及本书构成。第二章为理论部分，较详细地阐述元话语理论及元话语领域的研究成果，包括元话语的概念和定义、元话语的功能和分类，及元话语的识别与判断。第三章是实证研究部分，对德汉同类特定语篇的元话语运用进行基于语料的定性和定量分析。第四章阐述元话语研究对外语教学的启示和意义，探讨元话语在外语交际中的重要作用及元话语能力的内涵，并以德语为例对元话语能力培养的路径进行探索性研究。第五章为结语，主要对本书内容进行回顾与总结，并对元话语研究及外语元话语教学进行展望，提出建议。

关于写作方法和图表等标记方法需要说明的是：本书各章末尾都有针对该章内容的简短小结，方便读者理解；书中的图、表、实例都按所出现的章节和顺序进行编号、区分，比如：图2–1是指在第二章中出现的第1幅图；表3–2是指在第三章中出现的第2张表；例4–3是指在第四章中所举的第3个实例，以此类推。

第二章　元话语理论

“元话语”概念的提出是为了说明话语发出者表达自己意图、引导受众理解语篇的方式。20世纪70年代起，尤其在威廉姆斯（Williams）1981年将元话语概念运用于应用语言学领域后，学者们开始广泛关注和研究元话语现象，迄今已有四五十年历史。期间，不同领域的学者从交际、修辞、功能、心理、社会和认知等角度对元话语进行了研究和探讨（如：Vande Kopple, 1985; Crismore, 1989; Techtmeier, 1984, 1990; Crismore, et al, 1993; Hyland, 1998, 2004, 2005, 2017; Hyland, et al, 2004; Ädel, 2006, 2010；李秀明，2011；付晓丽 等，2012；柳淑芬，2013；冉志晗 等，2015；王强 等，2016；郭红伟，2017；姜峰 等，2020，等等），内容涉及元话语的定义、功能、分类模式和界定原则等，以及元话语在各类语篇分析中的应用。

尽管元话语研究如火如荼，但学界对元话语至今没有统一的定义，对元话语现象的表述也是多种多样，比如“元话语”或“元交际”。笔者曾以为“元话语”和“元交际”这两个术语的使用具有地域性，认为英美学界多用“元话语”（［英］metadiscourse），而德语国家学界多用“元交际”（［德］Metakommunikation），然而随着对文献的深入阅读，笔者发现这其实是一种误解。事实上，在早期英语文献中，“元交际”

（[英] metacommunication）这一术语也频繁出现（如：Bateson, 1955; Watzlawick, et al, 1967），其意涵与“元话语”并无二致；同样，在德语文献中“元话语”（[德] Metadiskurs）也是通用的术语（如：Bandhauer, 1989; Tiittula, 1993）。学者们之所以使用不同的术语，其原因并不完全在于地域的差别，而更多地在于研究侧重的不同，比如英美学界后来更加注重话语分析（[英] discourse analysis），而德语国家学界上世纪七八十年代以后，篇章语言学和言语行为理论研究得到了蓬勃发展，因此更注重语言的交际语用功能（参见Schröder, 2018）[89–92]。笔者认为，“元话语”和“元交际”虽然表述不同，但两者所指的实质内容是一致的，因此可以通用，在本书中两者将交叉使用。需要说明的是，为了顺应国内学界的术语运用习惯，且由于笔者的实证研究主要聚焦于语言类元话语，本书在总体表述上更倾向于使用“元话语”这一术语。

尽管学界对元话语尚未形成统一的定义和分类，但学者们普遍认同，元话语的功能和作用主要在于体现作者或说话者的存在和观点，对语篇进行组织和解释，引导和方便读者或听者理解，所以对书面语交际和口语交际都至关重要。而正因其重要的语篇组织和人际互动功能，元话语在过去的几十年里引起了学界持续的研究兴趣。目前，国内外元话语研究内容日益深化，研究视角从修辞功能拓展到语用认知领域，研究范围从学术语篇蔓延至各类非学术语篇，研究方法也从定性或定量的单一研究发展到两者相结合的综合研究。本章将聚焦于元话语理论及其在国内外的研究现状，通过文献综述的方式梳理元话语的定义和界定、功能和分类，以及识别和判断方法。在文献综述过程中，笔者将综合考虑英美学界关于元话语的探讨和德语国家学界关于元交际的探讨，将两者置于同一标题框架下进行比较和阐述。这样做不仅可以避免不必要的重复，还有助于我们更全面地认识元话语/元交际，以期为进一步深化和拓展相关研究提供一定的参考和借鉴。其中2.1节为元话语/元交际的定义、2.2节为元话语/元交际的特点与本质、2.3节为元话语/元交际的分类模式、2.4节为国内元话语研究现状、2.5节为本章小结。

2.1 元话语/元交际的定义

2.1.1 元话语现象与定义

针对元话语现象，学界存在多种表述方式，如“元话语”“元交际”，还有“元话语手段”“元话语语言手段”“元话语资源”等。在德语国家学界，还有诸如“元交际言语行为”（Meyer-Hermann, 1976）、“元交际话语”（Techtmeier, 1984)、“元交际元素”（Göpferich, 1995）等具体术语（详见本书2.1.2节）。产生这种表述差异并导致元话语定义和分类有所区别的主要原因在于学者们的研究视角、研究语料和对元话语认定范围的不同。而存在很多不同表述这个事实本身也从侧面证明学界普遍认同元话语现象的存在。根据苏联语言哲学家巴赫金的话语理论，话语具有对话性，旨在被受众理解和回应（萧净宇 等，2002）[138]。为实现这一目标，每个人在产出话语时，一方面运用语言描述世界、传递信息，另一方面则会使用一定的手段和资源对所表达的内容进行恰当的组织和解释，并在一定程度上表达自己对所传递信息的态度和看法，从而引导受众理解和接受信息。这些引导受众的手段和资源便是元话语。学者们普遍认为，任何言语交际都包含基本话语和元话语两个方面，基本话语用于传递命题信息，而元话语则起到组织话语、表明作者对话语内容的看法、与读者建立互动的作用，并帮助读者理解和接受话语信息（Hyland, 2005）[37–40]。在交际中，元话语和基本话语有机地结合在一起，是相互依存的统一体，共同促进交际的顺利完成。（柳淑芬，2013）[70]可见，元话语是我们日常语言交际和各种语类交际的普遍特征。

学者们对元话语现象的关注由来已久。作为初始性研究值得一提的有：1）贝特森（Bateson, 1951, 1955）提及了“元交际”概念，并区分了元语言信息（［英］metalinguistic messages）和元交际信息（［英］metacommunicative messages），前者指关于语言的言语，后者指互动话语。（参见Meyer-Hermann, 1978; Schröder, 2018）[120; 89–90] 2）雅各布森（Jakobson, 1960, 1972）将布勒（Bühler）的语言功能工具模式（［德］Organon-Modell）加以拓展，在原来的信息（也称指称功能，［英］referential function）、表情（也称情感功能，［英］emotive function）、呼吁（也称意动功能，［英］conative function）3个功能的基础上增加了寒暄（［英］phatic function）、诗学（［英］poetic function）、元语言（［英］metalingual function）3个功能，并指出元语言是任何交际的一部分。这一观点使语言学家们开始关注元语言和元交际现象。（Augst, 1978）[328f] 3）1959年，哈里斯提出了元话语概念，用于说明作者表达自己意图、引导受众理解语篇的一种方式。（Hyland, 2005）[3] 4）瓦兹拉威克（Watzlawick）、贝弗（Beavin）和杰克逊（Jackson）（1967, 1969）[56]认为，“任何交际都包含内容层面（［德］Inhaltsaspekt）和关系层面（［德］

Beziehungsaspekt）两部分，其中关系层面决定内容层面，因此是元交际。”内容层面的交际传递信息，而关系层面的交际为解读所传递的信息提供指示，说明信息发出者希望接收者如何理解这些信息，信息发出者通过这种方式来决定交际参与者之间的关系。（Watzlawick, et al, 1969; Techtmeier, 1984; Auer, 2013）[55; 123; 47]学者们的上述阐述也进一步证实了元话语的普遍存在，正如泰希特迈尔（Techtmeier, 1990a）[169]指出的那样：“毫无疑问存在一种人们可以称之为元交际的范畴，其中有一部分是无可争议的元交际话语核心部分，还有一部分是相对较难区分的过渡部分。”

“要区分元交际和语篇中的其他语言现象很困难，但这种困难不应该阻碍对这一现象的研究。”（Techtmeier, 1990a）[169]如同任何一个学术概念一样，学者们尝试对元话语这一范畴进行定义，以便进一步明确其所指及范围，然而学界至今没有统一的定义。以下罗列英美学界关于元话语的几种定义，汉语由笔者自译：

1）元话语是关于话语的话语，与所讨论的主题无关。

原文：Metadiscourse is a discourse about discourse, whatever does not refer to the subject matter being addressed. (Williams, 1981)[211–212]

2）元话语是作者在话语中的显性或隐性介入，用于提供指引，而不是提供信息，以便向读者展示该如何理解命题话语中所说的和所意谓的内容，及如何“理解”作者。

原文：[...] the author’s intrusion into the discourse, either explicitly or non-explicitly, to direct rather than inform, showing readers how to understand what is said and meant in the primary discourse and how to "take" the author. (Crismore, 1983)[2]

3）元话语是指书面语或口语语篇中不增加命题内容的语言材料，但有助于读者或听者对所给信息进行组织、解释和评估。

原文：Linguistic material in texts, written or spoken, which does not add anything to the propositional content but that is tended to help the listener or reader organize, interpret and evaluate the information given. (Crismore, et al, 1993)[40]

4）在元话语层面，我们不增加命题材料，但帮助读者对命题材料进行组织、分类、解释和评价并作出反应。所以元话语是关于话语的话语或关于交际的交际。

原文：On the level of metadiscourse, we do not add propositional material but help our readers organize, classify, interpret, evaluate, and react to such material. Meta-discourse, therefore, is discourse about discourse or communication about communication. (Vande Kopple, 1985)[83]

5）元话语是指语篇中显性指涉话语组织或作者关于话语内容和读者的态度和看法的那些语篇成分。

原文：Metadiscourse is defined here as those aspects of the text which explicitly refer to the organization of the discourse or the writer's stance towards either its content or the reader. (Hyland, 1998)[438]

6）元话语是语篇中用来协商互动意义的反身性语言表达的总称，帮助作者（或说话者）表达观点，并与作为特定群体成员的读者进行互动。

原文：Metadiscourse is the cover term for the self-reflective expressions used to negotiate interactional meanings in a text, assisting the writer (or speaker) to express a viewpoint and engage with readers as members of a particular community. (Hyland, 2005)[37]

7）元话语是指关于当前语篇的语篇，或作者对自己正在进行的话语的明确评论，体现其对当前语篇或语篇中语言使用的意识，以及对当前作者和读者作为作者和读者的意识。

原文：Metadiscourse has been defined here as text about the evolving text, or the writer's explicit commentary on her own ongoing discourse, displaying an awareness of the current text or its language use *per se*, and of the current writer and reader *qua* writer and reader. (Ädel, 2006)[183]

8）根据艾德（Ädel, 2006）的观点，本文中元话语定义为语篇中具有反身性的语言表达，指涉当前语篇本身或语言形式、当前语篇作者及当前语篇的潜在受众或实际受众。

原文：Metadiscourse is defined here as "reflexive linguistic expressions referring to the evolving discourse itself or its linguistic form, including references to the writer-speaker and the (imagined or actual) audience *qua* audience of the current discourse", following Ädel (2006). (Ädel, 2010)[75]

上述定义的一个主要差别在于元话语的命题性或非命题性。许多学者认为元话语不增加命题信息，不介入话语的基本命题内容，但它在组织话语、表明作者态度方面发挥着关键作用。比如威廉姆斯（1981）将元话语描述为“有关话语的话语，与所讨论的主题无关”，范德·科普勒（Vande Kopple, 1985）[83]将元话语定义为“关于话语的话语或关于交际的交际”，他强调元话语“不增加命题材料，但帮助读者对命题材料进行组织、分类、解释和评价并作出反应。”克里斯莫尔（Crismore, 1989）也持同样观点，认为基本话语和元话语是两类功能不同的话语。然而，海兰对将基本话语和元话语绝对分割的观点提出了质疑。他认为，基本话语和元话语有时候很难区分，很多情况下两者会存在重叠，也就是说，有些语言手段在特定语境下可能同时具有基本话语和元话语的双重功能。（Hyland, 2005）[24-25]因此，判断某语言手段是否是元话语，更为合理的办法是分析该语言手段在交际中所具有的修辞和语用功能。

作为元话语研究的代表性学者，海兰对元话语进行了包括定义、功能、分类和界定等在内的理论思考，并针对不同语篇类型（如学术语篇、商务语篇、教材等）进行了实证研究。在这些研究的基础上，他进一步探讨了元话语与文化、元话语与语篇类型之间的关系，分析了不同专业领域和不同语篇类型的元话语特征，并指出了元话语在外语教学中的重要意义。海兰（2005）[37]将元话语定义为“元话语是语篇中用来协商互动意义的反身性语言表达的总称，帮助作者（或说话者）表达观点，并与作为特定群体成员的读者进行互动。”这一定义突显了元话语在交际参与者互动中的重要意义，赋予了元话语重要的人际功能。元话语不仅是语篇内部的组织手段，更是作者（说话者）与读者之间互动行为和互动关系的体现。在界定元话语时，海兰（2005）[38]提出了3个关键原则：1）元话语与传达命题信息的基本话语不同，元话语具有非命题性（［英］non-propositional）；2）元话语特别指涉体现作者（说话者）和读者之间互动的语篇成分，元话语具有互动性；3）元话语研究要区分语篇内因素和语篇外因素，元话语指涉的是语篇内部。三大原则中的互动原则充分体现了元话语的人际性及元话语使用的目的性，即作者（说话者）通过运用元话语为受众理解话语提供引导和帮助，进而达成交际。海兰（2005）[49]正是基于元话语的人际互动特点提出了元话语的人际性分类模式（见本书2.3.1节）。但“元话语具有非命题性”这一原则与上段提到的海兰自己的观点相矛盾，因此受到了许多学者的批评和质疑（如Mao, 1993）[266]。而元话语指涉语篇内部这一点也有争议性，因为海兰（2005）[49]自己就将指涉语篇外部信息的证据来源标记列为元话语的一种子范畴。

为了更准确地界定元话语，瑞典学者艾德（2006）[38]提出了反身性原则。根据这一原则，识别一个语言手段是否属于元话语的依据不再是其非命题性，取而代之的是其反身性。换言之，在判断某一语言表达是否为元话语时，其反身性特征起着决定性作用。这里的反身性指的是，元话语指涉当前语篇及其作者（说话者）和读者。基于元话语的反身性特点，艾德（2006, 2010）[27–29; 75]提出了识别元话语的4个原则：1）语篇世界性。具体而言，元话语指涉的是语篇世界，而不是真实世界中的现象和行为，这一点与海兰3个原则中的语篇内部原则相似；2）当前语篇原则。即元话语指涉的是当前语篇，而非其他语篇，但同一个主题框架下的语篇（如系列讲座）可以视为同一个言语交际；3）显性或自我意识原则。该原则强调元话语是作者或说话者对当前语篇作出的显性的、有意识的评价；4）作者（说话者）作为当前语篇的作者（说话者）和读者作为当前语篇的读者原则。这一点为实证研究中对具体语料语篇的人称代词进行识别和标记指明了判断依据。

关于元话语的反身性，其实海兰（2005）[37]在其定义“元话语是语篇中用来协商互动意义的反身性语言表达的总称，帮助作者（或说话者）表达观点，并与作为特定群体成员的读者进行互动”中就已经提及，只不过没有在他提出的3个原则中进一步加以突出。而元话语这个术语中的“meta”（元）这个前缀本身就指明了反身涵义。该前缀源于古希腊，被用来“构建和研究更高层面的抽象规则的前缀”（Matthews, 2000）[22]。正如霍凯特（Hockett, 1960）所说的，人类能够用语言谈论语言，是人类区别于动物的重要特征。这种反身性（［德］Reflexivität）现象被许多语言学家以“meta”（元）这个前缀来讨论，比如元话语、元交际、元语言（［英］metalanguage，［德］Metasprache）、元语用（［英］metapragmatic，［德］Metapragmatik）等。“meta”（元）概念的运用也标志着“人们从关注知识本身转向探究语言和世界的关系、语言的本质、语言的意义、语言的理解和交流以及语言和人的关系等等”（姜晖，2013）[100]。由此可见，反身性是元话语的一个核心特征，而反身性原则有助于克服元话语概念的模糊性，降低元话语识别的主观性。（冉志晗 等，2015）[42]

但是关于元话语指涉当前语篇还是其他语篇这一点，即其涉及语篇内还是语篇外的问题，却有一定的争议性，对于艾德提出的四原则中“反身性”这一核心概念的理解也值得商榷。以证据来源标记为例，尽管这些语言手段似乎指涉语篇外信息，但其实目的是明确指出引用话语的信息来源。正如诺德（Nord, 2011）[127–154]所述，引言在语篇中可以用来引入话题和观点；或吸引读者继续阅读，具有寒暄功能；或用来解释或论证观点，具有信息功能；或用来增强话语的权威性或美化语言风格，具有呼吁功能。如果通过上下文分析可以看出，说明引言来源的证据来源标记在语篇层面具有提高话语效果和说服力等作用，并传达了作者旨在引导和帮助读者理解和接受信息、促进交际顺利进行的交际意图，那么它就符合元话语的使用目的和本质功能。因此，从这个意义上来说，证据来源标记就不应该被排除在元话语范围之外。判断和界定元话语的关键不仅仅在于其反身性，还在于在话语层面的交际语用功能。我们或许应该进一步明确反身性的意涵，并将原本基于“语篇内vs.语篇外”（[德] textintern vs. textextern）的考量调整为“交际内vs.交际外”的考量（[德] interkommunikativ vs. extrakommunikativ）。因为语篇是为交际服务的，交际才是最终目的，所以我们应该考虑的是元话语是否有利于整个交际，而不仅仅是元话语是否指涉语篇内。换言之，元话语指涉的是当前交际，而非仅仅是当前语篇。此表述调整可能在一定程度上解决元话语判断方面的困惑（参见冉志晗 等，2015）[38]。总结而言，反身性和当前交际原则是判断和界定元话语的两个关键因素。

海兰（1998, 2005）和艾德（2006, 2010）都提及了元话语运用的显性问题。在具体的实证研究中，元话语的显性和隐性（[德] explizit vs.

implizit）问题可能会对元话语手段的识别和判断造成困扰，但这个问题其实也不难解决。由于元话语是作者或说话者用来引导和方便受众理解语篇所做的尝试与努力，因此他们在很大程度上会外显自己的努力，以切实传达自己的交际意图、达成自己的交际目的。正如宁颖、杨玉晨（2013）[171]所指出的，明示或显性表达虽然是表象，但互动是其核心，所有元话语的目的都是为了促进交际主体间的有效互动。从这个意义上讲，笔者倾向于元话语运用的显性特征，认为大部分元话语应是显性的。尽管如此，这并不排除某些隐性表达的语言手段也可以被视为元话语。如果交际双方对特定的语言手段拥有某种特殊的共享信息，比如暗号、谐音双关、文化专有项等，那么这些隐性表达的语言手段也可能具有元话语功能。因此，在判断某一语言手段是否属于元话语时，还应该具体分析该手段在特定语境下的交际语用功能，同时特别关注作为语境重要组成部分的交际参与者。

此外，关于元话语涉及的是口语交际还是书面语交际这个问题，学者们的观点往往基于他们各自的研究领域和研究语料。有些学者的研究集中在口语语篇，因此他们的元话语定义主要指涉口语交际；而另一些学者关注的是书面语篇，其元话语定义则主要指涉书面语交际。鉴于元话语是我们日常语言交际以及各种语类交际的一个普遍特征，为了给出一个较为完整的元话语定义，我们不应将其局限于书面语交际或口语交际中的一种，而应该兼顾两者。至于元话语范畴是否仅限于语言类元话语，或者还应包括韵律性和可视性的非语言类元话语（[德] verbal vs. nonverbal），学者们根据各自的研究和语料也给出了个性化的解释。

虽然从英美学者提出的各种元话语分类模式（见本书2.3节）来看，通常没有考虑非语言类元话语，但在这个问题上学者们并没有完全排除非语言类元素。比如克里斯莫尔、马尔卡宁（Markkanen）和斯蒂芬森（Steffensen）（1993）[48]详细列举了口语和书面语中非语言类元话语的相关分类，其中口语交际的非语言类元话语包括副语言（语调、重音、音量、音质）、空间关系学（方位、接触、身体距离）、运动学（身势、姿态、服装和外表、脸部表情）；书面语交际中的非语言类元话语则包括印刷（装订质量、纸张质量、颜色）、语类和媒介（书、信、明信片、屏幕、印刷品、手写件）、标点符号（引号、下划线、斜体、感叹标记、表情符号）。（参见Hyland, 2005；李发根，2012）[28; 26]海兰、谢（Tse）（2004）[157]也专门讨论了标点符号等所具有的元话语功能。不过学界目前鲜有针对非语言类元话语的研究。

2.1.2 元交际现象与定义

在第二章的开头部分，曾经提到过学者们对“元话语”和“元交际”这两个术语的使用偏好，这种偏好并非完全源于地域差别，更多的是因为研究侧重点的不同。英美学界更注重话语分析，所以常用“元话语”这一术语，而德语国家学界更注重语言的交际功能，所以更倾向于使用“元交际”。由于国内学界的元话语研究主要基于英美学界的理论，对德语国家学界关于元交际的阐述除了个别学者（如：李慧坤2013; Chang X, 2014）的相关研究外，鲜有涉及，所以笔者觉得有必要对德语文献中关于元交际的理论讨论加以梳理和介绍，以期进一步深化对元交际/元话语的认识。

与英美学界一样，德语国家学界也敏锐地关注到了元交际现象的存在。雅各布森在1960年对布勒的语言功能工具模式进行了拓展，他在原有的信息、表情、呼吁3个功能基础上，进一步增加了寒暄、诗学、元语言3个功能。雅各布森特别指出，元语言是任何交际的一部分，这一观点促使语言学家们开始将更多的注意力投向元语言和元交际现象（参见Augst, 1978）[328–329]。瓦兹拉威克、贝弗和杰克逊在1969年提出内容层面与关系层面的区分对元交际概念的发展具有重要意义。他们认为，“任何交际都包含内容层面和关系层面两部分，其中关系层面决定内容层面，因而是元交际。”（Watzlawick, et al, 1969）[56]内容层面的交际主要传递信息，而关系层面的符号则是对所传递信息的理解指示，它指明了信息发出者希望接收者如何解读这些信息。通过这种方式，信息发出者决定交际参与者之间的关系。（Watzlawick, et al, 1969; Techtmer, 1984; Auer, 2013）[55; 123; 47]

这种二分法（［德］Dichotomie）被应用于交际理论中，哈贝马斯（Habermas）由此提出了话语的双重结构（［德］Doppelstruktur der Rede），将交际分为两个层面，一个是经验事实层面（［德］Ebene der Erfahrungen und Sachverhalte），一个是主体间性层面（［德］Ebene der Intersubjektivität）。他认为，传递意义的交际要同时伴随元交际才可能达成（Habermas, 1971）[101–141]。根据哈贝马斯的观点，“交际的关系层面与言语行为的以言行事（或言外行为）部分（［德］illokutiver Bestandteil des Sprechaktes）是一致的，而交际的内容层面与言语行为的命题信息部分（［德］propositionaler Bestandteil des Sprechaktes）是一致的”

（Techtmeier, 1984）[125]。这种二分法也被引入到篇章分析中，戈普费里希（Göpferich, 1995）[381]指出：“一个文本的组成部分不仅包括传递信息、涉及文本本身的内容元素（[德] Inhaltselemente），还包括另一些调控元素（[德] Steuerungselemente），这种调控元素用于解释通向这些信息的道路和这些信息的表达方式，以方便信息的接收。”

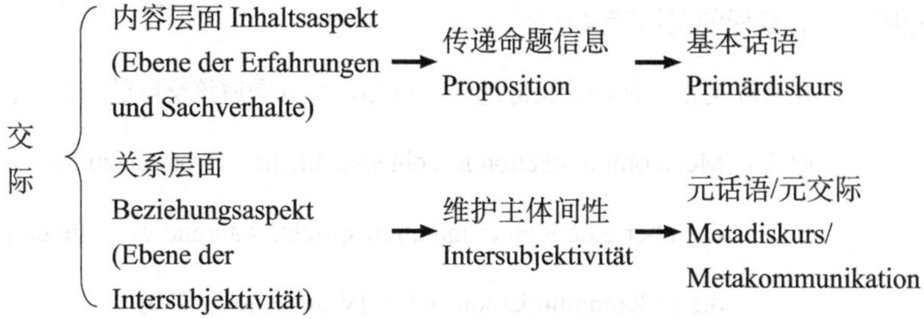

图2–1：元交际作为交际的一部分

综合英美学界和德语国家学界的相关论述，我们可以借助图2–1加以总结：任何交际都包含内容层面的交际和关系层面的交际，前者专注于传递命题信息，构成基本话语；后者则致力于维护交际参与者的主体间性，表现为元话语或元交际。

在20世纪80年代，篇章语言学、言语行为理论和话语分析研究的兴起影响了德国语言学界，推动了对元交际现象的系统研究。学者们普遍认同元交际现象的存在，但由于研究出发点、视角和语类各不相同，他们对元交际概念的表述也多种多样，如“元交际言语行为”（[德] metakommunikative Sprechakte, Meyer-Hermann, 1976）、“元交际行为”（[德] metakommunikativer Akt, Schmitter, et al, 1984）、“元交际话语”（[德] metakommunikative Äußerungen 或 metakommunikative Gesprächsakte,

Techtmeier, 1984）、“元交际语言行为”（[德] metakommunikative Sprachhandlungen, Gläser, 1987）、“元交际元素”（[德] metakommunikative Elemente, Göpferich, 1995）。如此丰富的表述进一步印证了学者们对元交际现象的广泛认同和关注。

在德语文献中，关于元交际的定义不胜枚举，以下罗列其中一些，并附上笔者自译的汉语释义：

1）元交际是指一种谈论交际的语言行为，并且同属该交际的一部分。

原文：Metakommunikation ist „ein sprachliches Verhalten zu nennen, das über eine Kommunikation spricht, während es zugleich in dieser Kommunikation steht“. (Wunderlich, 1970)[19]

2）元交际是指交际参与者针对之前发生和预期将要发生的交际所进行的谈论，目的在于重建或预防性维持交际参与者之间的一致性。

原文：Metakommunikation ist die Thematisierung der vorausgegangenen oder erwarteten Kommunikation durch die an dieser Kommunikation beteiligten Personen mit dem Ziel der Wiederherstellung oder prophylaktischen Aufrechterhaltung der Übereinstimmung zwischen ihnen. (Böttcher, 1975)[392]

3）在元交际言语行为中，元交际所指涉并确定的对象是一种言语交际互动（序列）或其中的一部分，出现于元交际言语行为之前或之后，并与元交际言语行为属于同一个交际互动单元。

原文：In einem metakommunikativen Sprechakt ist das Objekt, auf das referiert wird und über das prädiziert wird, eine verbalkommunikative Interaktion(ssequenz) oder der Teil(aspekt) einer solchen, welche — dem metakommunikativen Sprechakt voraufgehend oder nachfolgend — derselben kommunikativen Interaktionseinheit angehört wie der metakommunikative Sprechakt. (Meyer-Hermann, 1978)[128]

4）元交际是关于正在进行的交际过程的交际。

原文：Metakommunikation ist „Kommunikation über den laufenden Kommunikationsvorgang". (Techtmeier, 1984)[126]

5）元交际话语是指说话者用于谈论其所处的交际事件各种情况的话语，目的在于确保自身语言交际行为和信息接收者反应的交际适切性。

原文：Metakommunikative Gesprächsakte sind „solche Gesprächsakte, mit denen Sprecher Gegebenheiten des jeweiligen Kommunikationsereignisses, in das sie integriert sind, thematisieren mit dem Ziel, die kommunikative Adäquatheit des eigenen sprachlich-kommunikativen Handelns und der Partnerreaktion sicherzustellen". (Techtmeier, 1984)[133]

6）用于谈论语言交际的话语中，有一部分是元交际话语，其特点是它针对正在进行的交际，且它有利于正在进行的交际过程。

原文：Aus der Menge X von, mit denen über sprachliche Kommunikation geredet wird, soll die Teilmenge

X_1 metakommunikative Äußerungen heißen, die durch die Merkmale „Thematisierung der laufenden Kommunikation“ und „Auxiliarfunktion gegenüber dem laufenden Kommunikationsvorgang“ gekennzeichnet ist. (Techtmeier, 1990a)[169]

7）元交际是指交际参与者为掌控当前交际过程所运用的一系列话语，旨在从某个方面谈论当前交际过程，以符合自身的利益（或符合交际双方利益，当然这不是必须的）。

原文：Äußerungen eines Beteiligten, mit denen er den laufenden Kommunikationsvorgang selbst in irgendeiner Hinsicht thematisiert, um ihn im eigenen (nicht notwendig auch gemeinschaftlichen) Interesse zu steuern. (Unger, 1990)[187]

8）一个文本的组成部分不仅包括传递信息、涉及文本本身的内容元素，还包括另一些调控元素，用于解释通向这些信息的道路和这些信息的表达方式，以方便信息的接收。

原文：Ein Text besteht nicht nur aus solchen Elementen, die die Vermittlung von Informationen zum eigentlichen Textgegenstand dienen, sondern auch aus solchen, die den Weg zu diesen Informationen sowie die Art ihre Darbietung erklären und die Informationsaufnahme erleichtern. Erstere sind Inhaltselemente, letztere sind Steuerungselemente. (Göpferich, 1995)[381]

与海兰的观点相似，德国元交际研究的代表性学者泰希特迈尔（1984）[124–125]也反对将内容层面和关系层面进行绝对分割。元交际最简单的定义是“关于交际的交际”，但该定义过于笼统和抽象，对具体语境下的元交际界定无法提供具有可操作性的指导。泰希特迈尔（1984）[126]因此建议将其进一步表述为“元交际是关于正在进行的交际过程的交际”。她认为，元交际是指“关于交际1的、可以确保实现交际等值的交际2，其中交际1指的是功能上被界定的交际事件及其各个部分”（Techtmeier, 1984）[146]。“用于谈论语言交际的话语中有一部分是元交际话语，这些话语的特点在于它们针对正在进行的交际，且有利于正在进行的交际过程”（Techtmeier, 1990a）[169]。这一定义突出了元交际的两个特点：一是反身性，即元交际指涉正在进行的交际；二是元交际对当前交际的助益功能，而这种助益功能是指“确保自身语言交际行为和信息接收者反应的交际适切性”（Techtmeier, 1984）[133]。交际者运用此类元交际话语来实现元交际，进而保证交际的顺利进行。另一学者格莱泽（Gläser, 1987）[353]认为元交际是一种策略性交际行为，指出“篇章作者用这样的交际行为来说明篇章中信息传递的方式、顺序和结果，以及他所使用的方法程序、概念和名称体系”。综上所述，元交际是信息发出者为确保实现自己的交际行为而采取的策略性话语行为，方法是针对交际中所表达的内容给予信息接收者理解上的指引，目的是方便信息接收者按照信息发出者的期望理解信息。

德语国家学界在给元交际下定义时，亦面临着与英美学界在定义元话语时同样的问题：

1）元交际仅涉及口语交际，还是也涉及书面语交际？针对这一问题，学者们基于各自的研究语料和研究视角，在上述定义中作出相关的表述和说明。大部分学者的研究都聚焦于口语语篇，所以他们将元交际表述为“话语”（［德］Gesprächsakte或［德］Äußerungen）（如：Techtmeier, 1984; Unger, 1990），但也有学者基于其书面语语篇的研究，使用“元交际元素”（［德］metakommunikative Elemente）(Göpferich, 1995）[381]这一表述。

2）元交际范畴仅限于语言类元交际，还是也包括非语言类元交际？文德里希（Wunderlich, 1970）把元交际称为“一种语言行为”（［德］ein sprachliches Verhalten），戈普费里希（1995）[381]则明确指出，与“元交际话语”（［德］metakommunikative Äußerungen）相比，她更倾向于使用“元交际元素”这一术语，原因在于她认为，元交际还包括像句段符号等非语言类元素。与英美学界在元话语研究中较少关注非语言类元话语不同，德语国家学界中有相当一部分学者基于篇章语言学的传统和自身的书面语语篇研究，从一开始就关注到了诸如句段符号、标点、印刷形式等非语言类元交际方式或元素及其在语篇中的交际语用功能（如：Gläser, 1987; Göpferich, 1995）。

3）元交际指涉当前语篇还是当前交际？值得一提的是，与英美学界不同，德语国家学界关于元交际的讨论从一开始就基于交际行为而展开，因此元交际的反身性被自然地表述为关于交际的交际。具体而言，元交际指涉的是正在进行的交际，即当前交际。这种从交际视角出发的理解方式，使得德语国家学界在探讨元交际时能够避免纠结于元交际是指涉当前语篇还是当前交际的问题，也在一定程度上避免了元交际概念上的模糊性。

以上我们阐述了元话语/元交际定义中涉及的一系列问题，包括语篇内vs.语篇外、交际内vs.交际外、口语vs.书面语、语言类元话语vs.非语言类元话语、显性vs.隐性等方面。基于此，我们尝试给元话语/元交际提供一个初步的定义，以此对前述问题作出概括性的总结。**元话语/元交际是指说话者或作者在口语或书面语交际过程中有意运用的一系列语言类及非语言类手段或资源，这些手段或资源体现了说话者或作者的受众意识，具有反身性，指涉当前交际，被用来组织和解释话语，表达说话者或作者对命题信息的态度和观点，从而帮助受众按照说话者或作者的意愿理解语篇，进而达成交际的顺利进行**。元话语/元交际大部分是显性的，但不排除有些隐性手段依据其交际语用功能可判断为元话语。

2.2 元话语/元交际的特点与本质

2.2.1 元话语/元交际的特点及其功能

在2.1节中，我们详细探讨了与元话语/元交际定义相关的一系列问题。这些问题其实都涉及元话语/元交际的基本特点和属性，也是元话语/元交际定义及其范围界定中比较重要的问题。

在元话语研究和元话语界定过程中，有两个概念极易混淆，需要加以辨析，那就是元话语与元语言这两个概念（参见Techtmeier, 1984）[136–138]。两者都带有“meta”（元）前缀，都具有反身性特征，但要对两者进行准确的区分，需要对其学科来源、本质属性和运用目的进行分析和探究。元语言概念起源于语言哲学领域，学者们把语言分为两类：对象语言（[英] object language；[德] Objektsprache）和元语言（[英] metalanguage；[德] Metasprache）。对象语言用于谈论或描述客观事物和现象，而元语言则是用于谈论或描述对象语言的工具语言或二级语言。反身性或自我指称性（[英] reflexivity；[德] Reflexivität）是元语言的基本属性（Jakobson, 1960）[351–377]。元语言可以细分为知识体系元语言和自然语言中的元语言（参见姜晖，2013）[101]。知识体系元语言用于描述语言知识；而自然语言中的元语言则用于描述言语，比如释义、替换词、翻译语言等。一方面，在外语教学中，元语言作为解释和描述语言的手段，具有极其重要的意义（封宗信，2005）；另一方面，根据雅各布森1960年提出的语言功能模式，元语言是语言六大功能之一，是任何交际的一部分，元语言具有为实际交际中的话语进行注释的功能，能够帮助信息得到清晰传达，避免歧义的产生。因此，元语言具有层级性、反身性和释义性。

而元话语概念源于应用语言学领域，是关于（基本）话语的话语，具体而言是修辞学家们为了区别于谈论事物对象和命题信息的基本话语而命名的二等话语，但元话语和基本话语是任何言语交际中相互依存的两个部分，两者共同作用于话语意义的产生。在言语交际中，虽然表达命题信息的基本话语是确定的，是可以独立存在的，但命题信息的意义却是不确定的，需要借助元话语加以解释和明晰，以体现作者或说话者的态度、看法、身份和意图等。人们在言语交际中不仅要传达信息和概念意义，还要传达人际意义和语篇意义，以此对交际对象产生一定的影响，并帮助交际对象解读自己的话语，进而建立一种社会关系。元话语的运用正是体现了人在言语交际中的主体性、人际性和互动性。元话语不仅是作者标识话语组织和表达含义的明示性手段，也是交际者受众意识和互动意识的体现，是其为受众理解和接受语篇留下的痕迹。（参见李秀明，2011）[56]因此，元话语具有层级性、反身性、释义性、人际性和互动性。

郭红伟（2017）探讨了元话语和元语言之间的异同。他认为，元话语源于应用语言学，体现交际双方之间的互动关系，因此人际性被视为其根本属性；与之相对，元语言源于语言哲学，突显语言符号所指和能指之间的关系，并强调语言符号的自我指称性（郭红伟2017）[35]。德国学者格莱泽（1987）[353]对于元语言和元交际的区别给出了更为详细的阐述："元语言总是指涉语言这个对象，指涉从当前交际中抽象出来的语言结构及其在特定社会时空条件下如何发挥作用。这种抽象话语既不受限于口头或书面语篇，也不面向某个具体语境下的特定交际伙伴。与此相反，元交际则总是以面向交际伙伴的言语行为的形式出现，特定语境下的交际主体运用元交际来明示自己的交际意图，并为受众接受信息提供支持，以便实现交际目的。"（参见Göpferich, 1995）[382]

根据上述分析，我们不难看出，元语言和元话语都具有层级性、反身性和释义性，但两者的运用目的和层面存在差异，这也导致了它们的属性和特点各有不同，而人际性和互动性是元话语所独有的属性。作者或说话者在交际中运用元话语，其目的便是实现人际性和互动性，即为实现自己的交际意图、帮助受众理解而给予引导。这种引导不仅包括对话语进行解释，还包括对话语进行组织、传达自己对命题信息的看法、与受众互动等多方面的行为。因此，元话语所涉及的范围远比仅对语言进行解释和描述的元语言广得多。我们甚至可以说，元语言是单一的，元话语是立体的。在元话语研究中，如果我们从交际层面对所使用的语言手段进行相应的考察，那么即使是用来对语言进行解释的元语言，在交际层面发挥了元话语的话语解释功能时，也应被判断为元话语。这一认知有助于我们更全面地理解元话语在交际过程中的复杂性和多样性。

德国一些学者在实证研究中严格区分了元语言和元交际，并对两者分别进行分析，比如戈普费里希（1995）[383–389]在对专业交际进行研究时，明确区分了元语言元素和元交际元素。元语言元素包括下面几类：1）定义、解释、精确化（［德］Definitionen, Explikationen, Präzisierungen）；2）导入新术语（［德］Einführung neuer Termini）；3）导入同义词（［德］Einführung von Synonymen）；4）导入缩写、公式、符号（［德］Einführung von Abkürzungen, Formelzeichen, Symbolen）；5）交代命名动机（［德］Angabe von Benenungsmotivationen）；6）对术语使用方式进行评价（［德］Kommentierung der Verwendungsweise von Termini）；7）交代概念层级信息（［德］Überblick über Begriffshierachien）；8）其他（［德］Sonstige）。元交际元素包括以下3类：1）句段元素（［德］Gliederungselemente），即主要用于实现语篇组织功能的元交际话语，为了给予理解上的导向性帮助；2）评价性元素（［德］Kommentierende Elemente），指对作者意图、信息的命题内容进行评价并明确的元交际话语；3）内指元素（[德] Verweiselemente），指具有元交际特征的前指和后指标记。然而，本书并不赞成在具体的元话语/元交际研究中将元语言和元话语绝对分割的做法。相反，笔者认为在元话语研究中应重点关注元话语/元交际的手段或资源，运用于言语交际、具有释义功能的元语言手段在具体的交际语境下具有人际语用功能，体现了交际者的主体性和互动意识，以及帮助受众理解的交际意图时，根据它们在语篇中的交际功能，应将其纳入元话语的界定范围和研究范畴。

在前面的阐述中，笔者不止一次提到，判断某语言手段是否属于元话语范畴，应基于其在特定语篇中和特定语境下的交际语用功能。换句话说，在界定元话语时，除了考虑其反身性和当前交际原则外，元话语的实质，即元话语在交际层面的语用功能，也是考量的关键因素。也就是说，要分析和审视相关手段或资源在特定的交际语境下是否具有元话语功能。那么何谓元话语功能呢？元话语手段或资源具有哪些交际语用功能呢？要回答这个问题，就要先回答为何会出现元话语现象这一问题，即人们为何要使用元话语，以及元话语出现在语篇中的原因和目的。

海兰（2005）[9, 41]指出，元话语的运用说明了交际者的受众意识（[英] audience awareness），元话语表达了作者-读者间的互动（[英] writer-reader interactions）。这一观点笔者深以为然，在实施言语交际行为时，交际者之所以不会目中无人、自顾自说，而是会顾及到受众的认知水平、文化背景、立场态度、身份地位等因素，正是因为交际者具有受众意识及与受众进行互动和意义磋商的愿望和意图。基于这种愿望和意图，交际者会对话语的可理解性和可接受性进行预判，并有意识地、有策略性地在语篇中留下组织、解释、评价话语的痕迹或相关话语，为受众理解话语提供线索、支持、引导和帮助。因此元话语现象体现了交际者的受众意识和人际互动意识，其使用目的不仅在于清晰、明确地传达命题信息，使所传达信息在语篇组织层面具有逻辑性和可理解性，同时旨在引导和帮助受众理解和接收信息，使所传达信息在内容层面具有可接受性，进而有效推动交际主体之间的互动、促进交际的顺利进行。而元话语的功能也可以从表达和理解两个角度来分析。对于作者或说话者而言，运用元话语手段或资源能够更清晰地表达信息和自己的意图、引导受众理解和接受所传递的信息，从而实现交际互动。而受众借助语篇中的元话语手段或资源也可以更深入地理解语篇的含义、把握作者的观点和意图。

关于元交际的功能，德语国家学界的讨论十分深入。学者们普遍认为，明确元交际的功能，以及人们使用这些元交际手段的原因和目的，才能对元交际进行更加合理、科学的界定。换言之，这种功能视角以及对运用此类元交际（语言）手段的原因和目的的思考，对于元话语手段的界定至关重要（参见Techtmeier 1984）[131]。笼统地说，元交际有助于对当前话语进行组织、解释和评价，进而促进话语的理解和接收。（Techtmeier, 2001; Schröder, 2018）[1454; 90]那么元交际具有哪些具体功能呢？如2.1.2节所述，信息发出者使用元交际的目的在于为信息接收者提供理解上的帮助。这种帮助在利普施（Liebsch, 1971）[48]的研究中被称为导向性帮助（Orientierungshilfe）。他指出，说话者不仅产出他有意传达的信息，同时还会借助一些元素，通过告知自己的观点及对所表达内容进行评论，方便听者对信息进行理解和接收。泰希特迈尔（1985）将元交际称作言语交际中预测行为（[德] antizipatorische Aktivitäten）的证明，正因为信息发出者预见到交际对象在话语理解中可能遇到的问题或可能需要的帮助，才给予相应的导向性帮助。戈普费里希（1995）[382]更是称信息发出者所借助的这些元素为操控元素（[德] Steuerungselemente），其作用在于使交际变得容易，并确保交际按照信息发出者的意愿（[德] gemäß der Kommunikationsabsicht des Senders）进行。显然戈普费里希更加突出了信息发出者使用元交际手段实施元交际行为的主动性和主体性，目的是要操控或引导受众的理解。

如果说格莱泽（1987）[353]所提及的元交际方式是信息发出者告知交际伙伴自己表达信息的方式和顺序等，即告知自己是如何组织话语、传递信息的，这涉及了元交际的语篇组织功能。那么，利普施（1971）[48]注意到了另一种元交际方式，即信息发出者会对所传递的信息进行评价，表明自己的看法，以此给信息接收者提供导向，引导和影响信息接收者的理解，这更多涉及了元交际的人际互动功能。正如维蒂希（Wittich, 1984）[154]所认为的那样，元交际具有确保理解、影响接收者的理解行为、避免交际冲突等多重功能，元交际行为外显了信息发出者和接收者的互动关系。施维塔拉（Schwitalla, 1979）通过对政治家访谈话语的实证分析指出，元交际话语具有组织对话（[德] Dialogorganisation）和定义关系（[德] Beziehungsdefinition）的功能。这进一步明确了元交际的语篇组织和人际互动功能。一方面，元交际手段可以帮助作者或说话者对命题信息进行有逻辑性的语篇组织和可理解性的表达，以便受众能够很好地理解命题内容；另一方面，通过元交际手段，人们可以体现自己的存在、与受众建立互动，进而影响和引导他们的理解。

当然，要确定语篇中具体的元话语/元交际手段或资源所具有的交际语用功能，还需要借助具体语境和上下文进行具体分析。有些语言手段在具体语境下可能同时承担着传达命题信息的基本话语功能和传达作者意图的元话语/元交际功能；有些语言手段在具体的语境下可能展现出多重元话语功能。正如泰希特迈尔（Techtmeier, 1984）[144]所指出的，说话者使用某语言手段可能是为了同时实现多种目的。因此，元话语/元交际除了具有反身性、互动性、人际性、目的性和策略性，还具有多功能性（［德］Polyfunktionalität）和语境依赖性（［德］Kontextabhängigheit）。

2.2.2 元话语/元交际作为言外行为标记及其语体特殊性

元话语运用于语篇中，与基本话语共同构成语篇，是语篇不可或缺的一部分。所以在进一步探讨元话语的实质之前，笔者想先谈一谈“语篇”这一概念及“语篇功能”这一话题。

一般来说，语篇（［英］discourse）包括书面语语篇（即篇章，［英］text，［德］Text）和口语语篇（即会话，［英］dialog，［德］Gespräch）两种形式。篇章语言学研究者在使用“篇章”这一术语时，也将其应用于口语语篇，如德国著名篇章语言学家布林克尔（Brinker）在描述篇章时就同时考虑了说话者和作者两种言语行为主体（Brinker, et al, 2014）[16]。因此在很多情况下，篇章和语篇是一致的，篇章即语篇，语篇即篇章。但为了更为精确地界定研究对象，避免混淆，笔者倾向于用“篇章”指涉书面语语篇和独白性口语语篇，以区别于指涉作为对话性口语语篇的

“会话”，而用“语篇”作为书面语和口语语篇的上概念。为了尽可能扩大本研究的适用范围，本书主要使用“语篇”这一术语。

根据布林克尔的观点，语篇可以从两个角度去理解和定义，一个是语言角度，一个是交际角度。语言结构视角下的语篇是“句子的连贯性组合”（[德] eine kohärente Folge von Sätzen）；而交际语用视角下的语篇与语用概念“言语行为”和“交际功能”相联系，语篇不再是“语法相连的句子组合”（[德] grammatisch verknüpfte Satzfolge），而是“说话者或作者尝试与听者或读者建立某种交际关系的言语行为”[1]（Brinker, et al, 2014）[13–16]。布林克尔认为，进行篇章语言学分析需要同时关注上述两个视角，因此他给语篇的定义是：“语篇这个术语表示的是由信息发出者引发的有限的语言符号组合，具有内在连贯性，并作为整体表达一种可识别的交际功能。”[2]（Brinker, et al, 2014）[17]这一定义既表示出语篇的语法连贯性，又体现了其交际功能性，而语篇的交际功能是可以被语篇受众所识别的。

那么，语篇接受者如何识别语篇的交际功能呢？要回答这个问题，我们首先需要探讨“语篇功能”（[德] Textfunktion）这一概念。语篇功能一方面是指一个语篇在交际过程中所具有的意义，另一方面是指该语篇在交际语境下所实现的目的（Brinker, et al, 2014）[87]，那么语篇功能

1　德语原文为sprachliche Handlung, mit der der Sprecher oder Schreiber eine bestimmte kommunikative Beziehung zum Hörer oder Leser herzustellen versucht。

2　德语原文为“Der Terminus ‚Text‘ bezeichnet eine von einem Emittenten hervorgebrachte begrenzte Folge von sprachlichen Zeichen, die in sich kohärent ist und die als Ganzes eine erkennbare kommunikative Funktion signalisiert.”。

是否能与语篇生成者的交际意图和目的划上等号呢？布林克尔对语篇功能、交际意图（[德] kommunikative Absicht/Intention）、语篇效果（[德] Textwirkung）进行了区分和界定（Brinker, et al, 2014）[98]：首先，语篇功能不等同于语篇效果，语篇效果是指语篇对语篇接受者所产生的效果或效应，属于言后行为，既不是规约性的，也不是语篇生成者所能控制的。对于语篇功能与交际意图之间的关系，布林克尔认为，语篇生成者的“真正意图”（也称语篇生成者的“隐藏意图”）既可能和语篇功能相符，也可能与之不同。例如，一篇报道的主导性功能在于信息传递，但语篇生成者可能还隐藏有劝说读者或向读者发出呼吁的意图。在确定或推断语篇功能时，起决定作用的是语篇生成者愿意在语篇中通过语言和交际方面的某些规约性方式给予语篇接受者什么样的信号和信息。语篇接受者能否明白语篇生成者的意图，并判断出语篇的隐藏意图，关键在于语篇生成者是否在语篇中给出了相关的指示标记，即语篇中是否存在相关的标记或指示项，也取决于与同类型语篇相比较是否可以得到相应的支持，及语篇接受者是否掌握关于语篇生成者或所描述事实的额外信息等。笔者赞同汤春艳（2009）[101]的观点，她认为，语篇功能是语篇接受者凭借已有的语篇知识，在综合考虑语篇内部和语篇外部（交际场景）要素的基础上可以推断出的语篇生成者的主要或基本的交际意图。从这个角度理解，语篇功能本质上就是语篇的交际意图和目的，是语篇生成过程中语篇生成者的意图所在，更是语篇生成意义的体现。

布林克尔提出，可以借鉴言语行为理论中的“言外行为标记”（[德] Illokutionsindiaktoren，也称为“施为意图标记”）来确定或判断具体语篇的功能。他指出，“存在一些规约性的语言或语法现象，能够标示言语行为的类型”（Brinker, et al, 2014）[92]。与此相类似，语篇中也存在通过特定的篇内或篇外手段标示语篇功能的标记或指示项，布林克尔将其称为“语篇功能标记”（[德] Indiaktoren der Textfunktion）（Brinker, et al, 2014）[92]。（参见汤春艳，2009）[100–101]参照这一思路，我们也可以将“语篇功能标记”称为“交际意图标记”（[德] Indiaktoren der kommunikativen Intention）。通过这些标记，我们可以分析并推断语篇的功能及语篇生成者的交际意图和目的。正如2.2.1所述，元话语手段或资源是作者或说话者有意识地组织话语和表达含义的明示性手段，是交际者在言语行为中交际意图和互动努力的体现。元话语无疑是语篇中语篇功能标记或交际意图标记的重要组成部分。

一些元话语研究学者认为元话语承载着言外行为之力（即语力）。（Beauvais, 1989; Mauranen, 1993a；王强 等，2016）李秀明（2011）[56]甚至将元交际/元话语视为言外行为的外显标记，即言外行为标记，笔者对此观点表示赞成。如果说语言具有全息性（钱冠连，2002），话语是语言全息性的成品，那么我们在话语中就可以看到作者或说话者留下的语言选择和运用痕迹，以及他们在实施言语行为过程中的互动努力（参见李秀明2011）[56]。需要说明的是，在大部分的元话语研究中，语力标记是元话语标记中的子范畴或分类别（参见本书2.3.1节Vande Kopple, 1985; Crismore, 1989等的分类模型），涉及的是表达具体言语行为的动词，如to conclude、I hypothesize、to sum up、we predict等。而在本书中，笔者所理解的言外行为（Illokution）则是一个宽泛的概念，与语篇功能直接关联。正如林克（Linke）、努斯鲍默（Nussbaumer）、波特曼（Portmann）（2004）[210]所认为的那样，人们所说的每一句话都是在实施一种交际行为，说话者在特定语境下以言行事。他们通过产出话语，不仅表达和实现其交际意图，并可能达成一种交际效果（参见Barron, 2003）[12]。而元话语/元交际手段运用旨在表明语篇作者的交际意图，并有助于促进交际的有效实现。

粗略而言，语篇具有以下5个基本功能：1）信息功能（[德] Informationsfunktion）；2）呼吁功能（[德] Appellfunktion）；3）指令功能（[德] Obligationsfunktion）；4）联络功能（[德] Kontaktfunktion）；5）声明功能（[德] Deklarationsfunktion）（Brinker, et al, 2014）[105–120]。

表2–1：语篇功能和典型的语篇种类（Brinker, et al, 2014）[106–120]

序号	语篇功能	典型的语篇种类
1	信息功能	新闻（报刊、广播、电视）、报告、描述、鉴定、书评、通知
2	呼吁功能	广告、（报刊、电视、广播等）评论、使用说明书、工作指南、药方、菜谱、法律条文、申请书
3	指令功能	合同、（书面）协议、保证书、报价、承诺
4	联络功能	贺信、贺卡、吊唁信
5	声明功能	任命书、遗嘱、委托书、证明

事实上，每个具体语篇的功能并不一定是唯一的，有时一个语篇可能同时具有多个语篇功能，其中某个功能可能占据主导地位，而其他功能则是辅助性功能。以招聘广告为例，这类语篇主要用于对受众施加影响，呼吁和吸引受众前来应聘，具有呼吁功能，但招聘广告同时需要向

受众传递招聘岗位或职位的相关信息，具有信息功能；又如合作协议，其主要具有指令功能，明确协议双方的责任和义务，但同时协议文本也需包含传达合作相关细则的信息功能；再如禁止类公示语，其主要用于对受众施加影响，禁止受众的某种行为，具有呼吁功能，但禁止类公示语同时也传递重要的禁止信息，具有信息功能，且呼吁功能建立在客观信息基础上；此外，新闻标题和电影片名也往往兼具传递信息的信息功能和对受众施加影响的呼吁功能。在元话语研究过程中，我们可以将具体的语言类或非语言类话语手段与这些语篇功能相联系，由此分析行为主体的主要交际意图和言外行为，这种思路或许可以使元话语的界定和研究更具可操作性和可行性。

学者们（如Techtmeier, 1984; Wittich, 1984; Göpferich, 1995; Hyland, 2005；李秀明，2011；李发根 等，2014；姜峰 等，2020）[132, 186–187; 154; 381; 87–112; 176–236; 30; 24]很早就发现元交际具有语体特殊性。作为元话语研究的代表人物，海兰（2005）对语体特殊性的论述主要基于两个对比研究：1）探讨了学术语篇和商务语篇中通过元话语运用表达修辞、创建个人气质和互动关系的修辞和话语策略（Hyland, 2005）[63–86]。研究发现，学术语篇和商务语篇的作者都会运用元话语手段来增强话语的说服力、与受众互动，但两者在元话语的使用上存在一定的差异。在学术语篇中，模糊语和增强语占据了元话语运用的83%，这体现了学术语篇作者表达个性气质、讨论研究结果、说服受众的方式。而在商务语篇中，首席执行官给股东的信件与经理报告虽然同为商务类文本，但其中的元话语运用却大相径庭，前者在元话语的使用频率上几乎是后者的两倍，前者每千字使用的人际互动元话语是后者的7倍，且前者使用的元话语子范畴主要为过渡语和模糊语，很少使用证据来源标记。这体现了不同的语境、交际主体、交际目的对元话语运用的影响。2）对学术论文、科普文章和教材课本这3类主要学术语类中元话语的使用情况进行了对比研究（Hyland, 2005）[87–112]。研究发现，学术论文中信息交互式元话语的使用频率高于人际互动元话语，使用最多的子范畴依次是模糊语、过渡语、语码注释语和证据来源标记，这表明学术论文既传递具有精确度的信息，还以一定的主观性支撑命题观点；相比之下，科普文章中的元话语使用频率比学术论文低，且所使用的具体元话语手段也有其特殊性；与学术论文相比，课本教材则更偏爱使用较多的信息交互式元话语，这与教材这类语篇进行知识解释和传授的交际目的有密切的关联。基于这些实证研究，海兰认为元话语是一种社会行为，会根据社会语境、受众、交际目的的不同而发生变化，语类不同，其元话语使用也不一样。

笔者认为语体特殊性包含两层含义。一方面，元话语/元交际手段在某些语体中会有特别多的呈现，比如某些具有“信息–解释功能”（[德] informierend-klärende Funktion）（Wittich, 1984）[154]的语体，而在另一些语体中可能较为罕见；另一方面，在某些语体中出现较多的元话语/元交际手段，在另一些语体中可能并不重要，但可能会出现另一些重要的元话语/元交际手段。德国学者泰希特迈尔（1984）[186–187]在对比自己对学术交际的研究和施维塔拉（1979）对政治家访谈话语的研究后，也明确指出了元交际的语体差异性。她发现，1）两种不同的语料中出现了不同类型的元交际；在学术交际中，那些有助于融入、促进理解的元交际手段颇为典型，但在政治家访谈中，这些手段却几乎没有意义或作用甚微；相反，由于政治家访谈中存在一定的冲突惯例（[德] Konfliktrituale），讲究所谓的冲突策略（[德] Konfliktstrategien），因此语料中堆积呈现了强化冲突的元交际手段。2）有些元交际在两种语料中都有呈现，但其使用目的和功能却有所不同。3）相同的元交际手段在两种语料中的使用频率不同。可以说，“语类不同，元话语使用的方式不同；语类不同，元话语使用的数量也不同”。（李发根 等，2014）[30]这种现象体现了元交际手段运用和语体/语篇类型（[德] Textsorte）及信息发出者交际意图之间的关联性。也就是说，元交际手段是信息发出者为了表达和实现自己的交际意图而有意使用的，这些手段体现了信息发出者的言外行为意图。换言之，什么样的语篇类型和交际情境决定了信息发出者有什么样的交际目的和言外行为意图，而信息发出者有什么样的言外行为意图，就会相应使用什么样的元交际手段来达成交际行为。

元话语/元交际的语体特殊性充分体现了元话语/元交际运用与语篇类型或语类及其交际目的之间的关联性，体现了元话语/元交际手段运用与特定语境下的交际目的和行为之间的关联性，如图2–2所示，我们把元话语/元交际看作是信息发出者的言外行为标记，通过观察语篇中出现的元话语/元交际手段，可以分析信息发出者的元话语/元交际方式及其功能，探知其具体语境下的元话语/元交际行为及目的，进而了解信息发出者为达成其言外行为而作出的主体性尝试和努力。借助这一图示，我们可以分析或对比分析不同语类、不同语篇的元话语/元交际运用情况及所反映出来的交际意图和交际目的，进而探究交际主体如何在具体交际语境下体现和展示其主体性和主体间性，进一步探究语篇类型或语类与元话语/元交际运用及语言运用之间的关联。这一路径可以为语篇分析和话语分析提供新的思路和参考。

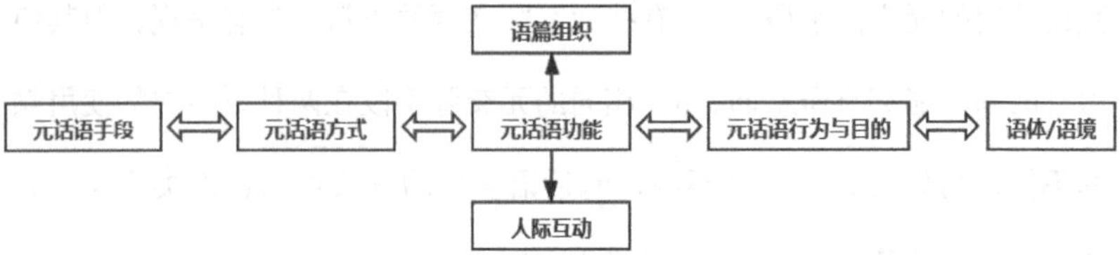

图2–2：元话语/元交际手段作为言外行为标记

元话语及元话语手段的识别与界定是每个元话语研究的关键所在，一旦对元话语的判断和界定不准确，后续的研究就会缺乏必要的根基和意义。学界对此有专文讨论，比如李发根、龚玲芬（2014）详细探讨了如何鉴别基本话语与元话语；冉志晗、冉永平（2015）[38]也指出，“学界对于‘什么是元话语’一直未能达成统一认识，进而影响到元话语的识别与分类”，并着重考量了反身性模式对元话语研究的突破；郭红伟（2017）则分析了元话语和元语言的特征差异。然而，在实际研究中，由于元话语特有的模糊性、开放性、语境依赖性和多功能性（Ädel, 2006）[21–26]，其识别和界定往往有很大的不确定性和主观性，这给学者们带来了不小的困扰。

通过前面深入梳理英美和德语国家学界关于元话语/元交际定义、特点、功能和语体特殊性等方面的理论探讨，我们可以进一步明晰元话语/元交际的实质。**元话语/元交际是信息发出者为实现其交际行为而主动采取的策略性（话语）行为，是其言外行为意图的标记，目的是为了方便**

信息接收者按照信息发出者的愿望理解和接收交际中所传递的内容，进而促进交际的顺利进行。实施元话语/元交际行为的方式有两大类，一类是借助元话语/元交际手段对语篇或话语进行合理有序的组织和解释，一类是通过向交际伙伴传达自己对命题内容的观点和态度等方式，影响和引导其对信息的理解。这两类元话语/元交际方式所起的作用和功能分别是语篇组织和人际互动，但都体现了信息发出者为实现自己的言外行为而实施元话语/元交际行为的主体性和策略性，也体现了交际参与者之间的主体间性。由此可见，元话语/元交际在总体上是人际性的，有助于信息的理解，有利于正在进行的交际过程，具有主体性和策略性、针对性和反身性。这为元交际/元话语的识别和界定提供了重要的启示和依据。在判断某语言或非语言手段是否是元话语/元交际时，我们应先从上述方面进行考量：该手段是否具有组织语篇、方便和引导理解的元话语/元交际功能；它是否能帮助信息接收者按照信息发出者的意愿对命题内容进行理解；它是否指涉当前语篇或是针对正在进行的交际所进行的反身性言语行为；它是否符合和体现了信息发出者在交际中的言外行为意图。

综上所述，元话语具有反身性、互动性、人际性、主体间性、目的性、策略性、多功能性和语境依赖性。如果说海兰（2005）的元话语界定原则是非命题性、互动性和语篇内部性3个方面，艾德（2006）的界定原则主要是反身性（即元话语指涉当前语篇），那么基于以上分析，本书的元话语界定原则主要包含以下几个方面：1）反身性。元话语指涉当前交际（而非仅指涉当前语篇），元话语运用有助于当前交际的顺利进行。2）互动性/人际性。元话语体现了交际者的受众意识和人际互动意识，具有互动性、人际性和目的性。3）目的性/策略性。元话语是交际者为了实现当前交际目的而有意使用的，体现作者的存在与立场，并帮助读者按作者的意图理解语篇，具有主体性、目的性、策略性和显性特征，但也不排除隐性元话语手段。4）功能性。元话语具有功能性，元话语手段或资源在言语交际中具有组织语篇和帮助理解的人际互动功能，功能性原则（而不是“非命题性原则”）是判断元话语的重要依据，即使有些话语传达了命题信息，但如果它们在语篇中发挥了元话语功能，那么在元话语研究中也应被判断为元话语。

在具体语境下，要对元交际/元话语手段进行识别和标注，还需要对元交际/元话语的范围和分类作进一步讨论。比如有些学者将非语言类元话语/元交际手段或资源纳入关注范围的做法，可以拓宽我们的视野，有助于更全面地观察信息发出者所使用的元话语/元交际手段或元素，更深入地了解信息发出者为实现自己的言外行为意图而实施的语言类和非语言类元话语/元交际行为，因而这种做法值得我们借鉴。下文将详细阐述和探讨元话语的分类模式。

2.3 元话语/元交际的分类模式

2.3.1 元话语的分类模式

本节将详细阐述元话语的具体分类，因为它关乎哪些手段、资源或元素被划归为元话语的范畴。不同的学者在其研究中，根据各自的观察和理解，提出了多种元话语分类模式，下文将对几种代表性分类模式的内涵与特点进行阐述。（参见冉志晗 等，2015；王强 等，2016）[38–44; 56]

1. 狭义模式

元话语的狭义模式将元话语定义为“关于文本的文本”（Mauranen, 1993a）[7]，并以反身性指涉当前文本作为识别元话语的主要原则。这一观点的代表人物有希夫林（Schiffrin, 1980）和莫拉宁（Mauranen, 1993a, b）。尽管这一模式强调了元话语的语篇组织功能，但却忽视了元话语的人际互动功能，忽视了语篇的社会性，以及语篇对文本作者和文本读者的指涉。

2. 广义模式

随着研究的深入，学者们从修辞学和韩礼德（Halliday, 1978）系统功能理论中的语言元功能视角出发，将元话语定义为“关于话语的话语”（Vande Kopple, 1985）[83]，并在对元话语进行分类和研究时，同时关注了元话语的语篇功能和人际功能，元话语模式也根据这一思路分为语篇元话语和人际元话语两大类。语篇元话语用于语篇组织，而人际元话语用于表达人际关系。这一模式的代表人物有范德·科普勒（1985）、克里斯莫尔、马尔卡宁和斯蒂芬森（1993）。

学者们认为，元话语在语篇中不增加语篇命题内容，他们将语篇中用来组织、分类、解释和评价命题信息的语言形式界定为元话语。如表2–2、表2–3所示，在范德·科普勒（1985）模式中，语篇元话语包括语篇连接词（包括序列词、提醒词、主题词）、代码注释词、效度标记语（包括模糊语、增强语、属性语）和叙说词；人际元话语包括语力标记语、态度标记语和评述词。而在克里斯莫尔、马尔卡宁和斯蒂芬森（1993）模式中，语篇元话语包括语篇标记语（逻辑连接词、序列词、提醒词、主题词）和解释标记语（语码注释词、语力标记语、宣告词）；人际元话语包括模糊限制语、确信标记语、属性词、态度标记语和评论词5种子范畴。

表2–2：范德·科普勒（1985）[82–92]的元话语分类模式

范畴	子范畴	功能
语篇元话语（Textual metadiscourse）	语篇连接词（Text connectives）	连接语篇各部分结构，包括序列词、提醒词、主题词
	代码注释词（Code glosses）	基于作者关于读者知识的评估，对话语进行解释、定义、明确，以帮助理解
	效度标记语（Validity markers）	表达作者对命题真值或可能性的评价，包括模糊语、增强语、属性语
	叙说词（Narrators）	告知读者信息的来源
人际元话语（Interpersonal metadiscourse）	语力标记语（Illocution markers）	明确作者话语行为，如to conclude、I hypothesize、to sum up、we predict
	态度标记语（Attitude markers）	作者对命题内容的态度，如unfortunately、I wish that、interestingly
	评述词（Commentaries）	直接对读者说话，直接评述读者可能有的态度或反应，如you will certainly agree that

表2–3：克里斯莫尔、马尔卡宁、斯蒂芬森（1993）[47–54]的元话语分类模式

范畴	子范畴	功能	英语中的例子
语篇元话语（Textual metadiscourse）	1）语篇标记语（Textual markers）		
	逻辑连接词（Logical connectives）	体现内容的连接	therefore、so、in addition、and
	序列词（Sequencers）	表示内容的顺序	first, next, finally; 1, 2, 3
	提醒词（Reminders）	指之前的语篇内容	as we saw in chapter one
	主题词（Topicalizers）	表示话题的转换	well, now we discuss ...
	2）解释标记语（Interpretive markers）		
	语码注释词（Code glosses）	解释语篇内容	for example, that is ...
	语力标记语（Illokution markers）	表达话语行为	to conclude, I hypothesize ...; to sum up, we predict ...
	宣告词（Announcements）	宣告后续内容	in the next section ...
人际元话语（Interpersonal metadiscourse）	模糊限制语（Hedges）	表示命题真值的不确定性	might、possible、likely
	确信标记语（Certainty markers）	表示命题真值的确定性	certainly、shows
	属性词（Attributers）	给出信息的来源	Smith claims that, ...
	态度标记语（Attitude markers）	表示作者的情感价值	I hope/agree, ...
	评论词（Commentary）	与读者建立关系	you may not agree that ...

从表2-2、表2-3可以看出，两个模式在子范畴分类和归类方面都有一定的不完整性、重叠性、模糊性和混乱性。比如范德·科普勒（1985）模式中的“提醒词”被归类为语篇连接词，用于提示语篇中的前述内容，但用于提示语篇后续内容的语言手段却未被纳入模式中，这一点在克里斯莫尔、马尔卡宁、斯蒂芬森（1993）模式中以“宣告词”的形式得以体现，却被归入了语篇元话语的子范畴“解释标记语”下；范德·科普勒（1985）模式中的“属性语”作为语篇元话语下的子范畴“效度标记语”的一种分类别，用于给出信息来源，常用的英语表达是*according to*，这与告知读者信息来源的“叙说词”之间的界限相当含糊；而在克里斯莫尔、马尔卡宁和斯蒂芬森（1993）模式中，“属性词”被归入了人际元话语中；在范德·科普勒（1985）模式中并未提及“逻辑连接词”，而在克里斯莫尔、马尔卡宁和斯蒂芬森（1993）模式中“逻辑连接词”得到了体现；两个模式虽然都包含“态度标记语”，但都没有明确涉及自我标记的语言手段。

两个模式虽然在子范畴的表述和归类上存在某些差异，但它们的总体思路是一致的，即它们都将元话语分为语篇元话语和人际元话语两大类，语篇元话语指的是语篇中连接命题信息、组词成篇的语言成分，而人际元话语指的是语篇中体现作者态度、与读者进行互动的语言成分。但这两个模式对元话语的界定比较模糊，分类不够合理，特别是元话语不增加命题内容的观点也遭到毛（Mao, 1993）等学者的反驳。此外，这两个模式将元话语分为语篇和人际两大类的做法也被人诟病。根据韩礼德（1978）[135]的语言功能三分法，语言同时具有概念功能、人际功能、语篇功能，语篇的意义是3个元功能融合的结果。这三大功能同时映射于元话语，而元话语也应同时具有这三大功能，可见语篇和人际这两个功能彼此间是无法割裂的。无论是语篇元话语还是人际元话语，它们的本质都是人际性的，因为它们都是为了向受众表明自己的态度、帮助受众理解语篇。元话语的运用是作者受众意识和主体间性意识的体现。

3. 人际性元话语分类模式（Hyland, et al, 2004; Hyland, 2005）

范德·科普勒（1985）以及克里斯莫尔、马尔卡宁和斯蒂芬森（1993）的分类模式在海兰和谢（2004）的观点中，被认为打破了韩礼德提出的语言具有概念、人际、语篇三大元功能的整体性。他们认为，元话语的语篇和人际功能并不能截然分开，元话语的本质是人际性的，是“语篇中用来协商互动意义的反身性语言表达，帮助作者或说话者表达观点，并与作为特定群体成员的读者进行互动”（Hyland, 2005）[37]。基于这样的认识，海兰（2005）提出了人际性模式（表2–4），将元话语分为引导式元话语（学界也称信息交互式元话语）（[英] interactive metadiscourse）和互动式元话语（学界也称人际互动元话语）（[英] interactional metadiscourse）[1]。引导式元话语不仅关注元话语的语篇组织功能，还注重元话语的解释功能，以及作者的受众意识及其通过元话语引导读者理解语篇、达成与受众互动的努力；互动式元话语体现作者对命题信息的态度，并吸引读者参与到语篇中，具有评价性和介入性。海

1 对于元话语两个范畴的表述，国内学界也称为信息交互式元话语和人际互动元话语。为了更好地区分两者，也为了体现两者都具有人际性的本质，笔者借鉴姜峰和海兰（2020）的观点，倾向于使用引导式元话语和互动式元话语。

兰的模式体现了韩礼德关于语篇三大元功能的整体性观点，并突出了元话语的人际性特征。这一模式有助于人们更加全面地理解语篇中作者与读者之间互动方式的多样性，认识元话语在作者建构语篇和读者解读语篇过程中的重要作用和人际意义，因而这一模式得到了学界广泛的接受和应用。（Hyland, 2005，王强 等，2016）[25; 56]

表2–4：海兰（2005）[49]的人际性元话语分类模式

范畴	功能	英语实例
1. 引导式元话语（Interactive）	帮助引导读者阅读语篇	
过渡标记（Transitions）	表达语段之间的语义联系	in addition、but、and
结构标记（Frame markers）	指出话语行为的顺序、阶段	finally、to conclude
内指标记（Endophoric markers）	指出语篇内部信息的联系	noted above、in section 2
证据来源标记（Evidentials）	指出与别的语篇的联系	according to A (2001)
语码注释标记（Code glosses）	帮助读者理解概念意义	such as、in other words
2. 互动式元话语（Interactional）	吸引读者参与到话语中	
含糊表达标记（Hedges）	对命题评价表达有所保留	might、perhaps、about
增强表达标记（Boosters）	强调作者话语的确定性	in fact、definitely
态度标记（Attitude markers）	表达作者对命题的态度	unfortunately、I agree

续表

范畴	功能	英语实例
自我标记(Self-markers)	显性表明作者的存在	I、we、my、our
读者介入标记(Engagement markers)	显性建立与读者的关系	You can see that …

具体而言，引导式元话语用于建构语篇内部的逻辑关系，展现作者的思维过程，使命题内容连贯、明晰，并指引读者按作者的期望去理解语篇；引导式元话语又分为过渡标记、结构标记、内指标记、证据来源标记、语码注释标记5个子范畴。而互动式元话语一方面表达作者对命题的态度和评价，体现作者的存在，是作者在语篇中的形象表达；另一方面则与读者进行互动，外显受众的存在，吸引读者参与到语篇中；这类元话语又包括含糊表达标记、增强表达标记、态度标记、自我标记和读者介入标记5个子范畴。人际性模式从语用角度出发对元话语进行分类，有利于人们借助元话语手段来表达自己的受众意识，促进互动交际的主体性努力，同时也有助于受众借助语篇中的元话语手段，了解作者的交际意图，更好地理解语篇。

但这一模式也存在一些问题。如2.1.1节所述，该模式有3个原则，即非命题性、互动性和指涉语篇内部（Hyland, 2005）[38–48]，并以指涉语篇内部作为识别元话语的重要依据。尽管海兰对范德·科普勒（1985）等学者关于元话语具有非命题性的观点提出了质疑，他仍然将非命题性列为元话语的3个原则之一。这种做法并未能有效地解决元话语概念的模糊性，以及如何区分元话语和基本话语这一问题。关于元话语的非命题性，本书2.1.1节已有讨论，此处不再赘述。而元话语指涉语篇内部这一原则也有争议性，因为海兰（2005）[49]自己在分类中就把指涉语篇外部信息来源的证据来源标记列为元话语的一种子范畴。这些问题的存在在一定程度上体现了海兰观点的矛盾性和不确定性。

4. 反身性元话语分类模式

反身性模式是由瑞典学者艾德（2006, 2010）所提出的。在这一模式中，元话语被定义为"语篇中具有反身性的语言表达，指涉当前语篇本身或语言形式、当前语篇作者以及当前语篇受众"（Ädel, 2010）[75]。该模式不再把"非命题性"作为识别元话语的依据，但特别强调元话语的反身性，而反身性指的是元话语指涉当前语篇、当前语篇的作者和受众。反身性模式（见表2–5）将元话语分为引导或元文本功能的元话语和互动功能的元话语两大类。前者主要用于引导受众解读语篇并对语篇中的语言使用进行评价，涉及语篇结构、语篇行为和语言措辞等；后者是指当前语篇的作者与读者进行互动的语言表达，是作者建立并保持其与受众关系的语言手段。（参见冉志晗 等，2015）[40]

表2–5：艾德（2006）[38]的反身性元话语分类模式

范畴	子范畴	英语实例
引导或元文本功能的元话语(Guidance/Metatext)	以文本为中心(Text-oriented)	thirdly, the above-mentioned list、in other words, the question is …、a definition of … involved …、this essay will primarily deal with …

续表

范畴	子范畴	英语实例
引导或元文本功能的元话语（Guidance/Metatext）	以交际参与者为中心（Participant-oriented）	as we have seen、in our discussion above、if we take … as an example, ...
	以作者为中心（Writer-oriented）	as I have shown、my conclusion is that …、as a writer, I would like to argue that …
	以读者为中心（Reader-oriented）	as you have seen
互动功能的元话语（Writer-reader interaction）	以交际参与者为中心（Participant-oriented）	I know you think that ...、Correct me if I'm wrong, but …
	以读者为中心（Reader-oriented）	now, dear reader, you probably ...

如表2–5所示，反身性模式突出并详细呈现了参与语篇的交际主体——作者、读者和参与者。艾德（2006, 2010）[27–29; 75]基于元话语的反身性特点，提出了识别元话语的4个原则，即语篇世界性、当前语篇原则、显性或自我意识原则、当前语篇作者和读者原则（见2.1.1节）。这些原则进一步界定了元话语的范围，特别是为实证研究中对具体语料的人称代词进行识别和标记指明了判断依据，从而使元话语的辨识变得更加明确。反身性模式对元话语研究的突破在于，一方面它有助于克服元话语概念的模糊性，降低元话语识别的主观性；另一方面它有助于从互动方式和互动对象两个角度来诠释元话语的人际功能（冉志晗 等，2015）[42]。

反身性模式主要基于学术语篇分析提出的，其适用性于其他语篇类型尚待进一步的研究验证。就这一模式本身而言，笔者认为至少有以下问题值得商榷：1）在反身性模式中，相较于突出呈现的交际主体和反复强调的反身性这两个方面，元话语的另一个部分，即以文本为中心的、用于语篇组织和解释的元话语，在分类别的种类和丰富性上却并未得到足够的呈现。与海兰的模式相比，艾德的模式对语篇组织或信息交互式元话语的分类上显得过于笼统。这种开放式的模式虽然给予人们关于不同语篇中元话语的想象和操作空间，却不利于人们借助此类丰富的元话语手段或资源，用不同的方式来表达作者的受众意识和交际意图，或了解作者的互动方式和意图，也不利于实证研究中相关元话语手段或资源的识别和标注。2）如何更好地理解反身性模式的核心概念“反身性”有待进一步探讨。比如虽然证据来源标记指涉语篇外或其他语篇的信息，并不指涉当前语篇，但其在交际中的运用却有助于作者或说话者阐明相关信息的来源，有利于清晰地表达命题信息，提升话语效果和说服力，有利于受众更好地理解语篇。证据来源标记的运用体现了作者或说话者的受众意识及其为帮助、引导受众理解语篇所作出的努力。从这个意义上来说，证据来源标记指涉当前交际，并起到了元话语的作用，发挥了元话语的功能，有助于当前交际的进行。因此，证据来源标记应被视为元话语手段或资源的一种，不应被排除在元话语范畴之外。也就是说，判断某语言手段是否是元话语时，重要的依据是审视其交际语用功能，即考察相关语言手段在特定语境下的交际中是否发挥着传达作者意图、帮助受众理解、促进交际顺利进行的元话语功能。功能视角在识别元话语手段时发挥着重要作用。

综上所述，笔者认为，在实证研究中对元话语进行界定和识别时，我们可以将海兰的人际性模式和艾德的反身性模式结合起来，基于具体的研究语料，制定出合适的元话语分类模式。这意味着，一方面要借鉴海兰模式中元话语子范畴和分类别种类丰富的优点及对人际性的重视，另一方面也需充分考量艾德模式中的反身性特点，但笔者建议对元话语反身性的理解作适当调整，即元话语指涉当前交际，而非当前语篇，因为语篇是为交际服务的，交际才是最终目的。

2.3.2 元交际的分类模式

正如2.3.1节所述，英美学者提出了很多分类模型（Vande Kopple, 1985; Crismore, et al, 1993; Hyland, 2005; Ädel, 2006）[82–92; 47–54; 49; 38]，其中海兰被认为是元话语领域最重要的研究者之一，他的分类被广泛用于实证研究。根据海兰的分类，元话语分为引导式元话语和互动式元话语两大范畴（Hyland, 2005）[49]。引导式元话语具有语篇组织功能，用于建构语篇内部的逻辑关系，使命题内容连贯、明晰，并指引读者按作者的期望去理解语篇；此类元话语分为过渡标记、结构标记、内指标记、证据来源标记和语码注释标记5个子范畴。而互动式元话语一方面表达作者对命题的态度和评价，体现作者的存在，另一方面则与受众进行互动，吸引受众参与到语篇中；此类元话语包括含糊表达标记、增强表达标记、态度标记、自我标记和读者介入标记5个子范畴。

在德语国家学界，随着20世纪70至80年代篇章语言学和言语行为理论研究的繁荣发展，元交际也因此成为研究的热点，学者们都把元交际理解为“人们用来指涉交际并处于交际中的交际行为”（Schmitter, et al, 1982）[61]。关于元交际是否仅涉及言语交际，还是也将韵律（[德]

prosodisch）和视觉（[德] visuell）交际手段纳入考量范围，学者们意见不一。大部分学者（如Wunderlich, 1970; Liebsch, 1971; Meyer-Hermann, 1978; Techtmeier, 1984, 1990）从狭义概念出发，倾向于将显性语言类手段标记为元交际的唯一形式，并明确地将研究对象命名为元交际话语（[德] metakommunikative Äußerungen）（参见Schröder, 2018）[90]。而另一些学者（如Meyer-Hermann, 1976b; Gläser, 1987; Göpferich, 1995）则持更宽泛的观点，他们认为元交际既包括语言类也包括非语言类元交际手段。尽管德语国家学者在围绕元交际行为的理论讨论中明确指出了元交际所具有的语篇组织和人际互动两种功能（如2.2.1所述），但在实际分类中，他们并没有按这两个功能进行归类；与海兰的分类相比，德语文献中针对语言类元话语子范畴的分类显得不够细致。在此我们罗列几种德语文献中较具代表性的元交际分类：

1. 泰希特迈尔（1984）[183–185]的元交际分类

泰希特迈尔（1984）[146–185]在她的专著中用了整整40页的篇幅，从功能视角出发，详细阐述了元交际的分类。她的分类主要基于其对口语语篇的研究。

表2–6：泰希特迈尔（1984）[183–185]的元交际分类

元交际层面	功能与方式	所针对的话语内容 及元交际方式
宏观层面元交际	确保实现交际目标要求的连续性	通过提前计划或后续回指的方式
	确保交际目标的实现	通过显性确定目标、显性确定流程的方式

续表

元交际层面	功能与方式	所针对的话语内容及元交际方式
微观层面元交际	确保理解	针对单个话语 1）确保对话语功能的理解，通过…… 2）确保对话语命题内容的理解
		针对话语间的关联 1）确保对话语之间内容与功能关联的理解，通过…… 2）确保对段落关系的理解，通过……
	确保效果	确保前后话语的接受性，通过提及自己话语的重要性；或直接论证自己的话语
		确保合作意愿
	确保交际过程达成目标	通过以下行为确保话语引导性行为 1）交代话语步骤 2）准备交代话语步骤 3）对话语过程进行以目标为导向的控制性干预
		针对交际参与者的行为 1）请交际对方交出话语权 2）对接过话语权进行标记、解释，通过…… 3）将自己的话语纳入到交际语境中，通过……

在泰希特迈尔的分类中，元交际分为宏观层面的元交际和微观层面（或分行为层面）的元交际两大类。宏观层面的元交际又分为用于确保交际连续性和确保实现交际目的这两种功能的元交际，微观层面的元交

际分为确保理解、确保效果、确保交际过程达成目标这3种功能的元交际。笔者在此并不想对泰希特迈尔的分类进行详细的解读，仅想谈一点初步印象：1）泰希特迈尔创造性地区分了宏观层面和微观层面的元交际，涵盖面非常广，但这种区分在具体研究或应用性研究中是否有益，需要实证研究进一步验证；2）该分类基于口语语料构建，其是否同样适用于书面语语篇的分析也需要进一步通过研究加以证实；3）该分类子范畴的划分是否合理有待探讨。比如，在笔者看来，微观层面元交际中用于话语引导、确保交际过程达成目标的元交际手段，似乎更应该归入宏观层面元交际；4）该分类基于对元交际功能的认识，强调了元交际在行为交际中确保理解、确保效果、确保交际顺畅的具体功能。“确保理解”在该分类中具体指的是确保对单个话语内容和功能的理解及对话语间关联的理解，这是否合理值得探讨。理论上，所有元交际都有助于话语的理解，因为元交际的基本属性就是人际性、互动性，其使用的重要目的就在于帮助受众理解话语和语篇。比如通过后续回指的方式来保证交际的连续性，这其实也包含了说话者为帮助听者理解话语提供的引导，似乎也可以归入确保理解的元交际中。从这个角度看，我们或许也可以对宏观、微观元交际之分提出一定的质疑。所以总体而言，泰希特迈尔的分类不够清晰明了，没有一目了然地突出元交际在话语组织和人际互动两方面的主要功能和特点。

2. 鲍曼（Baumann, 1992）[174]的元交际分类（参见李慧坤，2013）[132]

1） 用于说明交际伙伴的元交际行为，主要是对专业篇章接受范围的外显性说明、对专业篇章目的的说明、对专业篇章主题的表述；

2） 用于保证专业篇章理解的元交际行为，如：交际意图的说明、篇章价值的说明、概念以及定义的说明、预设的补充说明等；

3） 用于保证专业篇章内容可接受性的元交际行为，包括图表以及统计数字的应用、视觉符号的应用、篇章各部分的内容及主题安排、论述的质量、主要论点的标识、篇章中客观事实彼此间顺序的标识等；

4） 对交际双方进行控制的元交际行为，如：要求、结论说明、作业、对交际行为约束性的说明等。

鲍曼（1992）分类与泰希特迈尔（1984）分类的区别在于两位学者所依托的研究语料不同，导致两个分类中的元交际行为所指涉的交际类型不同，泰希特迈尔分类基于其对口语语篇的研究，而鲍曼（1992）指涉的是书面语交际，针对的是专业篇章中的元交际手段运用。但从实质来看，两者都是从功能角度出发对元交际进行分类，如鲍曼（1992）对4类元交际行为的区分就是基于其功能的不同，比如用于说明交际伙伴、用于保证篇章理解、用于保证篇章内容可接受性和对交际双方进行控制这些功能，这种功能分类法与泰希特迈尔分类是类似的。

3. 格莱泽（1987）[354]的元交际分类

1） 语篇中的句段元素（[德] Gliederungselemente），用来给受众提供获取信息的导向性帮助，包括标题、标点符号、印刷方式等；

2） 对语篇中的命题内容进行定义、解释、评论、限制等的表述（[德] Äußerungen）；

3） 篇章内前指性或后指性标记（[德] Anaphorische und kataphorische

Verweise)，既可使篇章具有连续性，同时又方便受众的篇章理解。

4. 戈普费里希（1995）[389]的元交际分类

1）句段元素（[德] Gliederungselemente），即主要用于实现语篇组织功能的元交际话语，为了给予理解上的导向性帮助；

2）评价性元素（[德] Kommentierende Elemente），指对作者意图、信息的命题内容进行评价并加以明确的元交际话语；

3）内指元素（[德] Verweiselemente），指具有元交际特征的前指和后指标记。

从格莱泽（1987）和戈普费里希（1995）的分类中，我们可以看出，相较于泰希特迈尔分类，这两者的分类要简洁很多，且主要适用于书面语篇。然而，尽管格莱泽分类和戈普费里希分类在整体上基本一致，两者的区别在于，格莱泽将定义、解释、评论、限制等归为一个范畴，而戈普费里希的相应范畴则更为狭窄，仅为评价性元素。究其原因，戈普费里希（1995）[383]在其专业语篇研究中，区分了元语言元素和元交际元素，而元语言元素包括6个类别，其中一个就是定义、解释、精确化（详见2.2.1节）。在格莱泽分类和戈普费里希分类中，句段元素都被视为元交际的一个子范畴，被看作为受众提供导向性帮助的元交际手段，而指明篇内联系的内指标记被视为另一种子范畴。但事实上，内指标记同样具有为受众提供导向性帮助的功能，只不过句段元素主要是从非语言符号上给予导向，而内指标记则是通过语言手段给予导向。此外，与英美学者的元话语分类模式相比，格莱泽分类和戈普费里希分类似乎都缺乏对某些具有元交际功能的手段或资源的关注，比如自我标记和读者介入标记这两类充分体现互动性、人际性的手段，在他们的分类中并未得到体现，用于明示篇章信息之间逻辑关系的过渡标记手段也未被纳入分类中。

比较英美学者和德语国家学者在元话语分类上的观点，我们可以发现，英美学者没有将非语言类手段纳入元话语范围，但分类更加细致；德语国家学者在分类时把非语言类元交际手段也纳入关注范围，但在语言类元交际手段的分类上却没有英美学者那么清晰、合理。相较而言，海兰的分类对元话语手段进行了更为细致的区分和合理的整合，比如他将主题结构标记、过渡标记、语码注释标记（包括定义、解释等）、内指标记、证据来源标记归为主要用于语篇组织的引导式元话语下的子范畴，将涉及外显信息发出者观点的评论性元话语及体现互动的自我标记和读者介入标记归为互动式元话语子范畴。这种分类更全面地考量了信息发出者在实施元话语行为时所作出的努力。

笔者认为，若要为具体语境下的元话语分类和识别制定一个适合当前语篇或交际的分析模型，我们可以将英美学界和德语国家学界关于元话语/元交际分类的相关讨论结合起来，取长补短。比如我们可以根据语料和语体的特点，对所聚焦的研究对象作出合理选择：针对书面语篇，标点符号、段落标识、印刷形式等非语言类元话语/元交际手段的使用可以帮助信息发出者传达和实现其言外行为意图和目的，因此将它们纳入研究范围可以使语料分析更加全面，从而更清晰地总结出信息发出者作出的元交际性努力；而如果语料是口语语篇，音律性非语言类元话语/元交际手段可能具有元话语/元交际功能，那么在实证研究中也可以对此进行合理的关注。此外，在对具体语料中的元话语进行识别和标注时，我们除了需要关注元话语的子范畴以外，还需要根据语料的实际情况来区分子范畴下属的分类别，这些分类别往往具有语料特殊性，也就是说，不同的语料可能会呈现出不同的分类别。

2.4 国内元话语研究现状

国内的元话语研究起步于20世纪90年代末（成晓光，1997, 1999；李佐文，2001, 2003；徐海铭，2001, 2004）。早期的学者们所使用的名称并不统一，如“亚言语”（成晓光，1997）、“元话语”（李佐文，2001）、“元语篇”（徐海铭，2001），而后学界广泛接受并采用“元话语”这一表述。在过去的20多年里，国内的元话语研究经历了从引进、学习到运用的过程，现已成为学界的研究热点，研究内容涉及以下方面：

1）对国外元话语的研究现状和成果进行介绍（如：徐海铭 等，2005；徐赳赳，2006；付晓丽 等，2012；黄勤 等，2013；刘琦，2015）；

2）对国内的元话语研究进行综述和反思（如：丁珊，2009；唐建萍，2010；宫军，2010；严瑾，2012；何中清 等，2020；张丹丹 等，2020）；

3）探讨元话语的理论基础（如：张玉宏，2009；李发根，2012；柳淑芬，2013；宁颖等，2013；李发根 等，2014；冉志晗 等，2015；赵文超，2015；王强 等，2016；郭红伟，2017）；

4）运用国外学者的元话语分类模式（主要是海兰2005年分类）对不同类型的语篇进行实证研究，比如针对学术语篇（如：杨信彰，2006；辛志英 等，2010；王冬梅，2010；吴格奇，2013；李娜 等，2013；鞠玉梅，2013；徐昉，2013；周岐军，2014；王强，2018；姜峰 等，2020；孙莉，2020）、政治语篇（如：鲁英，2012；陈京京，2015b；许宏 等，2020；冉志晗，2021）、商务语篇（如：谢群，2012）、新闻社论（如：穆从军，2010；黄勤，2014；王强 等，2014）、网络语篇（如：谢君，2011）以及口语语篇（如：胡春华，2008；刘平，2014）等；

5）进行汉语元话语研究（如：李秀明，2011；黄勤，2015）；

6）将元话语研究运用于外语教学或对外汉语教学（如：徐海铭，2004；韩美竹，2009；闫涛 等，2013；司炳月，2014；高健 等，2014；郭红伟，2014；陈京京，2015a；徐捷 等，2015；俞碧芳，2016；刘弘 等，2018；杨秀云，2018；林维燕等，2019）；

7）研究元话语的翻译问题（如：黄勤 等，2013；伍小君，2014；鞠玉梅，2015）。

总体而言，国内元话语领域的实证研究针对学术语篇的相对较多，近几年开始蔓延至其他类型的语篇，并有遍地开花的趋势。相关研究大多集中在英语领域，仅个别学者（如李秀明，2011）对汉语元话语标记语进行了研究，极少有其他语种相关的元话语研究（如：杨秀云2018；许宏 等，2020），德语界在元话语领域的理论探讨和实证研究还鲜有出现。下面笔者将对国内元话语研究的几个主要方面进行介绍和阐述：1）元话语理论基础探究（2.4.1）；2）元话语语篇分析（2.4.2）；3）元话语与外语教学（2.4.3）；4）元话语与翻译（2.4.4）。

2.4.1 元话语理论基础探究

元话语的理论基础涉及元话语研究的基本视角、元话语的定义、元话语分类模型的制定、元话语的界定标准等诸多重要问题。国内学界有很多学者探讨了元话语的理论基础（如：徐海铭 等，2005；张玉宏，2009；李发根，2012；柳淑芬，2013；宁颖 等，2013；李发根 等，2014；冉志晗 等，2015；赵文超，2015；王强 等，2016；郭红伟，2017）。下文将对相关讨论进行梳理和总结。

1. 元话语与功能语言学

韩礼德提出的系统功能语法为元话语研究奠定了坚实的理论基础。大部分学者的元话语研究都是基于功能语言学理论展开的，甚至可以说，元话语概念是在功能语言学的基础上逐步发展起来的。韩礼德（1978）[135]指出，语言同时具有概念功能（［英］ideational function）、人际功能（［英］interpersonal function）和语篇功能（［英］textual function），而语篇的意义正是这三大元功能相互融合的结果。概念功能是指语言传递命题信息，使作者或说话者借助概念功能能够表达事实及其对世界的经验。人际功能则使交际主体在语篇中出现，表达作者对命题的态度和评价，表明作者与读者之间的关系。而语篇功能则是指作者或说话者对要传达的信息进行合理组织，使其具有逻辑性和可理解性。在元话语的分类上，范德·科普勒（1985）、克里斯莫尔（1989）和克里斯莫尔、马尔卡宁、斯蒂芬森（1993）等人根据语言的三大元功能，将元话语分为语篇元话语和人际元话语。其中，语篇元话语指的是作者在语篇中用来连接语篇各部分、组词成篇的词或短语，帮助作者明示语篇在特定语境中所具有的意义；而人际元话语则主要是体现作者和读者关系的词或短语，它们帮助作者表达个性和情感，表达对命题信息的态度和评价，并进而说服读者。海兰（2005）认为上述学者的观点及其元话语分类模式打破了韩礼德提出的语言具有概念、人际、语篇三大元功能的整体性，因为三大元功能同时映射于话语和元话语之中，元话语应同时具有这三大功能，而不应将语篇和人际这两个功能割裂开来。同样基于功能语言学理论，海兰提出了元话语的人际性模式，将元话语视为作者指称语篇、作者或读者的一种方法。在他的分类中，元话语被分为导向式元话语和互动式元话语两类。导向式元话语包括元话语的语篇组织功能和解释功能，体现了作者的受众意识以及通过元话语引导读者理解语篇、达成与受众互动的努力；互动式元话语则体现了作者对命题信息的态度，并吸引读者参与到语篇中，具有评价性和介入性。海兰的观点和人际性模式体现了韩礼德语篇三大元功能的整体性，有助于人们更加全面地理解语篇中作者与读者之间互动方式的多样性，认识元话语在作者建构语篇和读者解读语篇过程中的重要作用和人际意义。（参见 Halliday, 1978；柳淑芬，2013；王强 等，2016）

2. 元话语与修辞学

古典修辞学为元话语提供了重要的理论支撑。亚里士多德曾指出，修辞即是演讲者用以说服听众的一种方式和艺术，修辞学的目的在于研究如何达到最佳的劝说效果。他提出了3种基本的说服方式：人格（[英] ethos）、情感（[英] pathos）和理性（[英] logos）。其中，人格方式是指演讲者自身的道德品质和个性气质；情感方式则是指通过了解听众心理，诉诸他们的感情，动之以情；而理性方式则是指演讲词本身的内在逻辑论证和言语表达技巧，晓之以理。元话语作为一种用于组织话语、表达态度，进而引导读者理解话语并作出相应反应的方法和手段，不仅是一种语言现象，更是一种修辞和语用现象。许多学者都注意到了元话语的修辞功能，如孔莱（Conley, 1983）将元话语视为实现有效交流的一种修辞策略；弗劳尔（Flower, 1987）则认为元话语应被看作是一种修辞手段；海兰（2005）专门探讨和分析了元话语在学术语篇和商务语篇中所具有的说服能力和修辞能力；而克里斯莫尔（1989）则从修辞和语用的角度出发，建立了元话语的语用修辞模式和具体的分类框架。从某种意义上来说，当过渡标记、主题结构标记、语码注释标记等元话语手段在发挥语篇组织功能、展示作者思维过程、引导受众理解时，它们体现了理性的修辞方式；同样地，当增强表达标记、证据来源标记等元话语被用于建立作者权威、树立相应形象、提升说话效力时，它们发挥了修辞的人格作用；而当态度标记、自我标记、介入标记等元话语被用于传达作者自身立场、与受众建立互动、进而影响和引导受众对语篇的接受时，它们就实现了修辞的情感作用。（参见徐海铭 等，2005；海兰，2005；柳淑芬，2013）

3. 元话语与巴赫金话语理论

巴赫金的话语理论为元话语研究提供了语言哲学角度的理论基础。话语理论的核心是，话语的本质在于其对话性，即任何话语都具有对话性。这种内在对话性体现在两个层面：一是所有话语都可以与先前的话语进行对话，或是肯定、或是否定、或是补充、或是作为依据等；一是任何话语都以受话者的存在为前提，以被受话者理解和回应为目的。为了达到受话者理解和回应的目的，每个交际主体在产出话语时，一方面运用语言描述世界、传递信息，另一方面还会运用特定的手段或资源来组织和解释所表达的内容，这些手段或资源在一定程度上表明了说话者对所表达信息的态度和看法，以此作为引导，确保自己所传递的信息能被受众理解和接受。这种为受众提供引导的手段或资源就是元话语。元话语和基本话语互相依存，共同促进交际任务的顺利完成。其中，基本话语体现语言的概念功能，而元话语则体现了语言的人际和语篇功能。元话语的目的就在于实现基本话语的可理解性和对话性，它直接体现了语篇的对话性。例如，用于表达对命题内容的评价和看法、吸引受众参与交际的元话语是其直接的对话表现；而用于语篇组织和为受众理解语篇提供引导的元话语则体现了作者或说话者的受众意识，体现了作者期待自己的话语被理解后得到反馈和互动的愿望。此外，与先前话语的对话性启示我们，在元话语研究中还可以探究不同的元话语手段所体现的对话方式，比如证据来源标记通过互文性方式，与其他语篇信息进行对话；而态度标记则通过表达对命题信息的观点和看法，与相关信息和立场进行对话。这两者都展示了元话语如何使语篇话语与先前话语进行对话。总之，巴赫金的话语理论为我们更深入地认识和理解元话语的本质提供了有力的理论支持。（萧净宇 等，2002；张玉宏，2009；柳淑芬，2013；王强 等，2016）

4. 元话语的识别与界定

元话语及其手段的识别与界定是元话语研究的关键。如果对元话语的判断和界定不准确，那么后续的研究将失去稳固的根基和意义。由于元话语特有的模糊性、开放性、语境依赖性和多功能性（Ädel, 2006）[21–26]，学者们在尝试识别和界定时常常面临较大的不确定性和主观性。学界对此已有专文讨论，比如李发根和龚玲芬（2014）探讨了如何鉴别基本话语与元话语；郭红伟（2017）则分析了元话语和元语言的特征差异；冉志晗和冉永平（2015）[38]指出，“学界对‘什么是元话语’尚未达成统一认识，进而影响到元话语的识别与分类”，他们特别强调了反身性模式在元话语研究中的突破，并认为反身性模式及其元话语识别的四原则（即语篇世界性、当前语篇原则、显性或自我意识原则、当前语篇作者和读者原则）有助于区分元话语与其他相邻语言范畴的主要差异，降低了元话语识别的主观性，提高了元话语分类的语篇分析适用性。尽管人际性模式和反身性模式都关注受众意识，并强调元话语的引导功能和互动功能，但两者之间存在差异，根据反身性模式，并非所有表达互动的语言手段都可视为元话语，只有当作者或说话者和实际或想象中的受众在“语篇世界”内进行语言交流时，这种人际互动才被视为通过元话语实现的。此外，冉志晗和冉永平也指出，反身性模式对元话语功能与分类的认识基于书面语学术语篇的分析，其是否适用于其他类

型的语篇和口语语篇研究仍有待进一步验证。（李发根 等，2014；冉志晗 等，2015；郭红伟，2017）

5. 元话语的其他研究视角

学者们还探论了元话语的其他研究视角。比如从语用学角度研究元话语，可以在言语行为理论中找到其理论依据。奥斯丁（Austin, 1962）提出的言语行为理论，将言语交际看作是一种交际行为，包括言内行为、言外行为和言后行为3个层次。而塞尔（Searle, 1969）进一步阐释了言外行为，认为它表达了言外之意，传递交际者的交际意图，是一种言外之力。元话语正是作者在语篇中用来传达自己的交际意图和互动努力、引导和帮助受众理解的（话语）手段，也是作者为了标识话语组织和表达含义的语言和修辞明示，是作者有意为受众理解和接受话语而留下的线索，是其语力标识的外显标记或言外行为标记。许多元话语研究者，如博伟（Beauvais, 1989）和莫拉宁（1993a），都将元话语视为一种承载言外之力的语言资源，助力实现交际的有效进行。因此，从言语行为理论视角来看，元话语的使用与交际意图和交际目的之间有着密切的关联，这对于我们进一步深入探究元话语的语用功能和特征具有重要意义。同时，从元话语运用的视角出发，我们也能更清晰地考察和揭示交际主体在言语行为过程中的互动努力。（李秀明，2011；王强等，2016）[56; 57]

元话语的认知研究视角可以从关联理论找到依据。斯珀伯（Sperber）和威尔逊（Wilson）（1986）提出，言语交际的本质在于根据语境建立关联性的明示–推理过程，旨在确保交际双方在交际中能够以最小的努力获得最佳的交际效果。在此过程中，说话者提供关于其意图的明示刺激，而听者则通过推理来寻求最佳关联，从而促进交际的顺利进行。根据关联理论，元话语作为组织语篇、表达说话者态度、为受众提供引导的（话语）手段，其实是提供了明示刺激，听者借助元话语进行推理，可以得到意义的关联，进而理解话语意义。因此，关联理论不仅有助于探究元话语使用和理解背后的认知机制，还能进一步揭示元话语在意义建构和意义解构中的作用。（王强 等，2016）[57]

综上所述，一方面我们可以借助语言学、修辞学、语用学、语言哲学等相关理论来加深对元话语本质的认识和理解，另一方面我们也可以拓展研究视野，在元话语研究中合理利用相关理论，找到合适的契合点，进而形成新的有意义的跨学科研究视角。

2.4.2 元话语语篇分析

将元话语理论应用于语篇分析是元话语研究的一个重要内容。在过去的20多年里，国内学者广泛采用了国外学者的元话语分类模式，尤其是海兰于2005年提出的分类，对不同类型的语篇进行了实证研究，所涉及的语篇类型主要包括学术语篇、政治语篇、商务语篇、新闻社论、网络语篇以及口语语篇等。一方面，学者们通过各自的实证研究，分析并进一步验证了元话语在特定语篇建构过程中的引导性和互动性人际语用功能，另一方面，这些研究也进一步证实了元话语的语体特殊性。

1. 元话语视角下的语篇分析

在元话语的语篇分析中，学术语篇无疑是研究最为集中的领域，这一现象在国外学界如此，在国内学界亦如此。学术语篇包括学术论文、书评、科普文章和教材课本等多种类型，不仅是知识传播和学术交流的重要媒介，也是学者或作者介绍科学信息、描述研究过程、阐述学术观点、评价理论思想、阐释研究结果等的重要活动平台，这些活动涉及了语篇组织、定义、解释、评价、论证、说服等诸多与元话语密切相关的交际行为和方式。正因如此，学术语篇不仅承载了重要的“信息–解释”功能，更蕴含了丰富的人际意义。正如姜峰和海兰（2020）[24]所指出的那样，文本的可信度不仅来源于科学发现的理性，更在于作者如何通过话语来增强说服力。数据本身并不足以说明问题，而是需要作者采用读者能够认可和信服的语言表达和话语方式，将科学研究的理据和价值呈现在读者眼前，以确保自己所提供的信息能够被读者理解和接受。英美学者（如：Crismore, 1989; Hyland, 2005; Ädel, 2006等）在元话语研究的初期就以学术语篇作为语料进行相关研究，并在此基础上提出了包括定义、分类模式等在内的元话语理论框架。国内学界在元话语的语篇分析方面也大多集中于学术语篇（如：成晓光，1997；杨信彰，2006；辛志英 等，2010；王冬梅，2010；吴格奇，2013；李娜 等，2013；鞠玉梅，2013；徐昉，2013；刘娜 等，2014；王月丽 等，2014；周岐军，2014；杨林秀，2015；王强，2018；姜峰 等，2020；孙莉，2020等）。学者们有的分析互动元话语，有的聚焦作者自称与身份建构，有的完整分析学术语篇中的元话语运用，语料涉及学术期刊论文、学术论文摘要、学术书评、学位论文等。

迄今为止，元话语的语篇分析基本上都是共时性研究或是针对不同学科学术语篇之间的对比性研究，在这样的背景下，姜峰和海兰

（2020）所进行的历时性研究特别值得一提。他们对近50年多学科学术论文进行了历时性分析，重点探讨了互动元话语在这段时间内的运用变化，揭示了论辩修辞、知识建构和话语共同体等学术语境的动态发展。研究发现，互动性元话语资源整体呈下降趋势，尤其是增强标记和态度标记；在应用语言学和社会学领域的语篇中，元话语的使用有所减少，但在生物学和电子工程学的语篇中，元话语的使用却在增加。这些变化不仅反映了学术话语共同体的动态变化，也为教学中强化学生的元话语意识提供了依据和参考。作者认为，“学术语篇的说服力不仅在于准确传递科学发现的真值信息，产出可信文本，而且一定程度上倚重作者与读者之间恰当的人际互动。在这一社会活动中，作者以读者期待和接受的方式，对命题及读者表达学术立场，创造能有效实现语篇意义的社会互动。元话语无疑是构建学术互动和论辩说辞的重要资源，增强文本的可读性和说服力。”（姜峰 等，2020）[27]这个认识对于其他语篇类型的元话语研究或许同样具有借鉴和启示意义。

相对于学术语篇，其他类型语篇的元话语研究还比较少，得到学者关注的有商务语篇（如：谢群，2012；胡春雨 等，2018）、新闻语篇（如：穆从军，2010；黄勤，2014；王强 等，2014）、政治语篇（如：鲁英，2012；陈京京，2015b；许宏 等，2020；冉志晗，2021），还有个别研究涉及网络语篇（如谢君，2011）和口语语篇（如：胡春华，2008；刘平，2014）等。特别值得一提的是，胡春华（2008）对学术讲座中的元话语运用进行了顺应–关联视角的语用学研究，这项研究既是将元话语语篇分析拓展至口语语篇的尝试，也是元话语与语用学相结合而产生的新的研究路径。尽管针对政治语篇的研究目前还不多见，但有慢慢增多的趋势，这与当前国内学界对对外话语体系建构日益重视密切相关，通过对政治语篇进行语言学视角的分析，特别是对其中的元话语运用进行研究，我们可以更深入地理解政治话语中所传达出来的观点和立场，同时也有助于我们分析政治家如何利用元话语手段和资源来建构语篇、传递信息、表达意图、与受众互动以及树立良好形象，从而探究元话语在政治语篇和对外话语建构中的重要作用。在当前的全球化、信息化时代背景下，网络语篇变得日益广泛和重要，网络语篇研究正得到学界越来越多的重视。已有学者开始进行多模态语篇中的视觉元话语研究（徐燕 等，2023），这无疑是一个有前景的尝试。

在元话语语篇分析中，学者们也关注到了语体特殊性问题（李秀明，2011；李发根 等，2014；姜峰 等，2020）[176–236; 30; 24]。语体实际上就是言语行为类型，体现了交际主体的交际意图和行为目的，交际主体根据交际需要所选择的语言使用方式就是其行为方式的体现（刘大为，1994）。由于语体是满足话语交际需要的功能变体，作为语篇中专门承担人际功能和语篇功能的元话语，在各类语体文本中可能会在使用手段、使用频率方面呈现区别性特征。李秀明（2011）在其专著中专门辟出“元话语标记与语体特征分析”一章，对不同语体的元话语运用特征进行了对比分析、详细阐述，具体包括：1）新闻语体两个支语体新闻报道与时评的比较；2）文言文、古代白话和现代汉语的比较；3）现代汉语3种语体文本，即宪法、力学学报、散文的比较；4）文学、语言学、力学这3个不同学科学术论文的比较。通过这些研究，李秀明发现元话语的运用受到语体规范（记述性语体vs.说理性语体）、话语体系规范（文言文vs.现代汉语）、语体类型（法律文本vs.科技文本vs.文学随笔）、学科领域（社会科学vs.自然科学）的影响。（详见李秀明，2011）[229]这些发现进一步证实了元话语使用具有语体差异性这个假设，对后续关于元话语语体相关研究具有很好的启发和借鉴意义。

2. 国内德语界的元话语/元交际语篇研究

在国内德语界，元话语领域的理论探讨和实证研究鲜有出现，值得一提的有两个：1）常暄（2014）主要基于海兰2005年的元话语分类模式，分析了高校德语专业学生四级考试论证性作文中的元话语运用情况，并据此提出了教学法建议；2）李慧坤（2013）以计算机专业篇章为例，从篇章语用学的角度对语篇中的元交际及元语言手段进行了实证分析。在研究中，李慧坤（2013）借鉴了德国学者戈普费里希（1995）的观点和方法，对计算机专业篇章中的元交际元素和元语言元素分别进行了分析。她的研究不仅关注了以语言符号出现的元交际手段，还注意到了以非语言符号形式出现的元交际手段。与戈普费里希一样，李慧坤也将释义、命名、定义等手段视为元语言功能的表现形式，具体包括1）定义，2）术语引入，3）同义词引入，4）缩写、公式、符号说明，5）术语使用说明，6）概念等级体系说明（李慧坤2013）[191–192]。此外，她还制定了元交际分类模式（表2–7），其中篇章性元交际手段分为结构性、指示性和评注性元交际手段3类；而人际互动、语境性元交际手段则分为人际互动性元交际手段和语境性元交际手段两大类。结构性元交际手段标识篇章的结构划分，包括段落标记、字体字号的变化、各种序列符号等印刷形式，及标题、副标题、结构提示语等手段；指示性元交际手段包括内指手段和证据来源性手段，分别标识篇章中某信息与篇章内和篇章外信息的关系；评注性元交际手段包括内容提要，编码注释，行动方式说明，图、表、实例说明，及总结或总论。人际互动性元交际手段标识交际主体间的关系和篇章的接受范围；语境性元交际手段标识时间、地点、写作缘由等篇章生产和接受的语境因素。

表2–7：李慧坤（2013）[133–134]的元交际分类模式

篇章性元交际手段		
手段		功能
结构性元交际手段		显示篇章的划分结构
指示性元交际手段	内指性手段	标识某信息与篇章内部其他成分的关系
	证据来源性手段	标识来自篇章外部的信息，指出篇章中某信息与外部信息之间的关系
评注性元交际手段	内容提要（摘要）	对篇章中的某一个或某几个命题，或者对整个篇章进行评注性说明
	编码注释	
	行动方式说明	
	图形、表格、实例说明	
	总结/总论	

续表

<table>
<tr><th colspan="3">人际互动、语境性元交际手段</th></tr>
<tr><td colspan="2">手段</td><td>功能</td></tr>
<tr><td rowspan="3">人际互动性元交际手段</td><td>篇章生产者</td><td rowspan="3">表示交际伙伴、伙伴之间的关系、篇章的接受范围等</td></tr>
<tr><td>篇章接受者</td></tr>
<tr><td>第三方</td></tr>
<tr><td rowspan="3">语境性元交际手段</td><td>时间</td><td rowspan="3">标识篇章生产、接受的语境因素</td></tr>
<tr><td>地点</td></tr>
<tr><td>写作缘由等</td></tr>
</table>

该分类模式较为合理地兼顾了语言类和非语言类元交际手段，与所分析的专业篇章语料特征相契合。但因为该研究将元语言和元交际分开进行分析，部分释义性行为或手段（如定义）被归入元语言手段范畴，而未纳入评注性元交际手段中的编码注释，所以从元话语/元交际研究的角度来看，该研究结果未能全面反映和揭示交际主体在专业篇章交际中所作出的多样化元交际行为和人际互动努力。

综上所述，国内的元话语语篇分析虽然已经开始从学术语篇向其他各类语篇蔓延，但对其他语篇的研究仍然相对有限。目前的研究大多集中在书面语语篇和英语领域，口语语篇和小语种的相关研究相对不足，后续研究有待进一步拓展和深化。

2.4.3 元话语与外语教学

国内元话语研究的一个重要内容是将元话语研究应用于外语教学或汉语教学，相关研究包括两个方面：一是对外语课堂话语的元话语研究；二是对外语教学听说读写各个单项教学中的元话语教学，大部分研究涉及的是后者。

1. 元话语与外语课堂话语

由于元话语特有的语篇组织和话语解释功能及人际互动功能，近年来国内学界逐渐有学者开始关注教师话语中的元话语运用特征及外语课堂教学中教师元话语的功能（如闫涛 等，2013；郭红伟，2014；郭红伟 等，2020；姜晖，2020）。

闫涛和张丽云（2013）对高校英语教师的课堂元话语使用情况进行了实证分析。研究发现，元话语功能在课堂话语这类学术口语话语中有多样化的表现。各种元话语手段相互协调、相互作用，服务于教学目的和任务，具有信息传递和交换功能机制及营造和谐气氛、优化可理解性输入、引起学生注意和增强师生互动效果的人际互动机制。基于这些发现，作者建议英语教师应掌握元话语策略，以优化教师话语的质量；建议教师和学生应学习并掌握语料库研究方法，通过真实的语言应用实践来提高英语思维和综合素养。郭红伟（2014）则针对中国高校英语教师课堂元话语提出了一个三维功能模式，即元交谈、信息引导式元话语、人际互动式元话语。实证研究表明，教师在课堂中使用的元话语在元语言功能和人际互动功能上的表现超过了其信息引导功能。作者认为，元交谈以元语言功能为基础，其自我指称和话题管理功能分别反映了元语言的自反性和层次性的特征；人际互动式元话语是巴赫金哲学对话性的直接体现；而信息引导式元话语则是元认知的体现。这3个维度上的教师元话语体系相辅相成，共同作用于教师话语。郭红伟和卢加伟（2020）进一步从元交谈、信息引导和人际互动3个功能维度出发，考察了母语为汉语和英语的两组高校英语教师课堂元话语的使用情况。研究发现，两组教师在元交谈功能上的使用没有显著性差异；母语为汉语的教师利用元话语实施信息引导功能显著高于母语为英语的教师，而母语为英语的教师利用元话语实施人际互动功能显著高于母语为汉语的教师。究其原因，共性主要源于课堂话语语体的反身性特征具有普适性，差异性可能源于两组教师因母语环境不同而对其授课对象的语言输入理解程度产生了认知差异。姜晖（2020）则强调了元话语在课堂话语中的人际关系构建作用，他基于人际关系管理理论，深入分析考察了教师如何运用各类元话语资源来构建课堂动态身份特征，维护师生面子，实现师生互动，构建和谐的师生关系，最终实现知识传递与和谐关系的共现。

总而言之，元话语研究为教师课堂话语研究提供了新的思路和切入点，也为进一步完善教师课堂话语、提升教学效果提供了依据。

2. 元话语与外语教学

随着学者们逐渐认识到元话语在交际中的语篇组织和人际互动功能，他们纷纷将元话语与外语教学相联系，并尝试将元话语的研究成果应用于外语教学中，以期优化外语教学效果、有效提升学生的外语交际能力。就目前的研究现状来看，相关研究大多聚焦于外语单项教学中的元话语教学，仅有个别学者对外语教学的各个单项进行了较为全面的初始性应用性研究（如杨秀云，2018）。而就外语单项教学而言，大部分学者探究的是元话语在口语交际中的作用或其在口语教学中的应用（如韩美竹，2009；孙明明，2012；司炳月，2014；俞碧芳，2016等），以及在外语写作或写作教学中的作用和应用（如：徐海铭，2004；王冬梅，2010；徐昉，2013；孙自挥，2013；孙莉，2020等）。目前只有少数学者关注了元话语在听力教学（如陈京京，2015a）和阅读教学（如徐捷 等，2015）中的作用和意义。这种情况表明，目前学界对于元话语在产出性交际行为（如口语表达和写作）中的作用有了较为深入的认识，并尝试将其应用于相关单项教学和教学研究中，但对元话语在输入性交际行为中的应用和意义还重视不够，相关研究有待拓展和深化。

林维燕和何安平（2019）基于语料库语言学视角下的“机切语块”深入探究了多国大学生的英语口语元话语能力。研究发现，与英国参照库相比，中国、德国、法国和日本4国子语库的元话语语块在频率上偏于少用、形式上缺乏多样性和流利性、语义功能上呈语气断然决然的倾向。值得注意的是，德国和法国大学生的元话语语块特征与目标语比较接近，而中国和日本的大学生则在这方面存在较大的差距，这显示母语背景对习得元话语有一定影响。基于这些发现，作者建议元话语应成为日常英语教学，尤其是大学英语教学中的重要内容，元话语能力应成为语用能力评价的一个指标。作者所提出的“元话语能力”这一概念对本书具有启示意义。我们在外语教学中融入元话语知识和元话语教学，目的就在于提升学生的外语元话语运用能力，提升外语学习者作为外语交际主体有意识地在交际中使用元话语手段和资源，进而传递交际意图、对话语进行组织和解释、帮助受众理解、有效促进互动、达成交际顺利进行的元话语能力。元话语能力是外语学习者在具体交际语境下受众意识、互动意识及其语言应用能力的综合体现。关于元话语能力内涵与培养的研究值得期待。

值得一提的还有，元话语写作教学研究不仅涉及一般的外语作文写作，还包括外语学位论文撰写，比如常暄的研究属于前者，而更多学者关注的是外语学习者在学术论文写作（包括外语期刊论文和外语本硕博学位论文）中的元话语运用，这种关注反映了大家对元话语在学术语篇中重要意义的共识，以及对撰写高质量学术语篇的期许。在当前国际学术交流日益密切的背景下，学术语篇的产出能力正变得越来越重要，这其中自然也应该包括口语学术语篇的产出。此外，也有学者将元话语与对外汉语教学相联系，如高健和金欣（2014）对不同跨文化适应水平的汉语学习者进行了元话语使用倾向的实证研究。相关学术语篇研究、对汉语元话语的系统研究及外汉元话语对比研究有待进一步拓展和深化。

2.4.4 元话语与翻译

无论是引导式元话语还是互动式元话语，都是作者或说话者为了引导读者或听者正确理解语篇、接收信息而作出的尝试与努力，其中包含了语篇生成者的意图，体现了作者的立场和态度。作为外显发话人的观点和目的、组织和解释语篇以及引导受话人进行语篇理解的手段或资源，元话语在确定话语意义和发话者意图中发挥着至关重要的作用。对于译者而言，元话语在理解原文时是不能忽视的，在翻译成目的语时也是不能疏漏的。所以学者们关注到了元话语在翻译中的重要性。合理、正确地解读原文中的元话语，并进行恰当的传译，这不仅是确保译者能够更好地帮助译文读者理解原文意思和作者意图的关键，也是保障翻译这一跨文化交际行为顺利进行的重要环节。因此，在翻译过程中，译者必须认真考虑这一重要任务。作为原文的解码者、译文的编码者和发话人，为了引导和帮助译文读者更好地理解原文和译文语篇，译者在翻译过程中应重视元话语的运用，具体而言，这涉及两个方面：一方面，译者需要对原文中的元话语进行合理解读，并在翻译中恰当地传达和处理这些信息；另一方面，译者在翻译表达时也需要运用目的语中的元话语手段，以确保译文既能传达原文意义，又能被译文读者理解和接受。

国内学界在元话语翻译方面的研究尚比较少（黄勤 等，2013；伍小君，2014；黄勤，2015；鞠玉梅，2015；孙杨杨，2018），其中，伍小君（2014）探讨了元话语翻译的重要性、所面临的困难以及元话语翻译中的译者主体性；黄勤、王佳怡（2013）和黄勤（2015）探讨了《红楼梦》中元话语的英译问题；鞠玉梅（2015）分析了《论语》英译文本中的人际元话语使用与修辞人格构建；孙杨杨（2018）探讨了汉英口译中逻辑衔接的显化现象。与元话语在语篇研究和外语教学研究中的蓬勃发展相比较，元话语翻译研究总体还很少，其重要性、相关理论探讨和实证研究期待得到学界的进一步关注和重视。

2.5 本章小结

本章详细梳理了英美学界、德语国家学界和国内学界关于元话语/元交际的研究现状和主要研究成果，阐述了元话语/元交际的定义、特点、本质、语用功能、分类模式、语体特殊性和界定标准等内容。虽然元话语研究如火如荼，但学界至今仍未就元话语的定义达成共识，且在元话语研究过程中存在界定标准不一等困惑。通过本章的文献综述和理论探讨，我们可以进一步明晰元话语/元交际的实质。**本书认为，元话语/元交际是信息发出者为确保表达和实现其交际行为意图和目的而主动采取**

的策略性语言类或非语言类行为或手段，是其言外行为意图的标记或言外行为标记，目的是为了方便信息接收者按照信息发出者的愿望理解和接收交际中所传递的信息，进而促进交际的顺利进行。实施元话语/元交际行为的方式有两大类，一类是借助元话语/元交际手段对话语进行合理有序的组织和解释，一类是通过向交际伙伴传达自己对命题内容的观点和态度、与受众互动等方式，从而影响和引导受众对信息的理解。这两类元话语/元交际方式所起的作用和功能分别是语篇组织和人际互动，均体现了信息发出者为实现其交际行为和目的而实施元话语/元交际行为的主体性和策略性，也体现了交际参与者之间的主体间性。总体而言，元话语/元交际是人际性的，有助于信息的理解，有利于正在进行的交际过程，具有反身性、互动性、人际性、主体性、目的性、策略性、主体间性、多功能性、语境依赖性。这些特性为元交际/元话语的识别和界定提供了重要的启示和依据。

因此本书的元话语界定原则主要包含以下几个方面：1）反身性：即元话语指涉当前交际，而非仅指涉当前语篇；2）互动性/人际性：即元话语体现了交际者的受众意识和人际互动意识；3）目的性/策略性：即元话语是交际者为实现当前交际目的而有意使用的语言类或非语言类手段或资源，体现作者的存在与立场，并帮助读者按作者的意图理解语篇，具有主体性、目的性、策略性和显性特征，但也不排除隐性元话语手段；4）功能性：元话语手段或资源在言语交际中具有组织语篇和帮助理解的人际互动功能，功能性原则（而不是“非命题性原则”）是判断元话语的重要依据，有些话语虽然传达命题信息，但如果在语篇中具有元话语功能，则在元话语研究中也应判断为元话语。几乎所有的语言手段都具有潜在的元话语功能，在判断某手段是否是元话语时，要在语篇或话语层面考量其所具有的语篇功能、所体现的言外行为意图。换言之，我们在判断某语言或非语言手段是否是元话语/元交际时，应首先从上述方面进行考量，审视该手段或资源是否指涉当前语篇或是针对当前交际所进行的反身性（言语）行为（反身性），是否体现了交际者的受众意识和人际互动意识（互动性/人际性），是否在话语层面具有组织语篇、调控理解、促进互动的元话语/元交际功能（功能性），是否体现了交际主体的言外行为意图，帮助信息接收者对命题内容按照信息发出者的意愿进行理解进而达成交际的顺利进行（目的性/策略性）。

在众多的元话语分类模式中，海兰（2005）的分类对元话语手段进行了较为细致的区分和合理的整合，比如将主题结构标记、过渡标记、语码注释标记、内指标记和证据来源标记归类为主要用于语篇组织的引导式元话语下的子范畴，而将涉及外显信息发出者观点的评论性手段以及体现互动的自我标记和读者介入标记归为互动式元话语子范畴。这种分类方式更全面地考量了信息发出者在实施语言类元交际/元话语行为时所做的努力。而德语国家学者将非语言类元交际手段纳入关注范围，这一做法有助于我们更全面地观察信息发出者所使用的元交际手段或元素，更深入地了解信息发出者为实现其言外行为意图而实施的语言类和非语言类元交际行为，因而值得借鉴。在具体研究中，应根据语料和语体的特点，对所聚焦的研究对象作出合理选择。比如针对书面语篇，标点符号、段落标识、印刷形式等非语言类元交际手段的使用可以帮助信息发出者传达和实现其言外行为意图和目的，将这些非语言类元交际手段纳入研究范围，可以使语料分析更加全面，能更清晰地总结出信息发出者作出的元交际性努力。而如果语料是口语语篇，音律性非语言类元交际手段可能具有元交际功能，那么实证研究也可以对此进行合理的关注。

总之，我们可以结合英美学界和德语国家学界的相关讨论，为具体语境下的元话语分类和识别制定适合当前语篇或交际的分析模型。具体语境下的元话语识别和界定还需要根据语料特点对元话语及其子范畴和分类别进行合理的分类，以便对元话语手段或资源进行更加全面、合理的判断、标注和分析。也就是说，在识别和标注具体语料中的元话语时，除了关注元话语的子范畴，还需根据语料的实际情况区分子范畴下属的分类别。在不同的语篇类型和语料中，不仅元话语的子范畴可能会呈现不同的使用特点和样貌，子范畴下的分类别也往往具有其语料特殊性。

通过梳理国内元话语研究，我们可以了解到，元话语研究已成为学界的研究焦点和重点，内容涉及元话语研究综述、元话语理论基础探究、元话语语篇分析、外语教学中的元话语研究以及元话语的翻译研究等诸多方面，并获得了丰富的研究成果。总体而言，国内元话语领域的实证研究主要聚焦于学术语篇，近几年开始蔓延至其他语篇，其他语篇的元话语研究（如政治语篇、网络语篇）、元话语在外语教学中的应用性研究（兼顾产出性和输入性交际行为）和元话语翻译研究有待学界进一步拓展。此外，国内元话语研究大多集中在英语领域，仅少数学者进行了汉语元话语标记语研究和小语种相关的元话语研究。

第三章　元话语实证研究

第二章的理论部分对元话语的定义、特点、语用功能、分类模式、界定标准等元话语研究相关的重要理论问题进行了系统的阐述，这为实证研究奠定了基础。在识别和界定具体语境中的元话语时，除了需要全面考量元话语反身性、互动性、人际性、功能性、目的性等特点和功能，还需根据语料的特点对元话语及其子范畴和子范畴下属的分类别进行合理的分类，以便对元话语手段或资源进行全面、合理的识别、判断、标注和分析。根据元话语的语体特殊性，语料不同，元话语的子范畴及其分类别都可能会呈现不同的特点和样貌。

鉴于当前小语种相关的元话语研究相对较少，笔者在本章将进行基于德语语料的元话语实证研究和德汉对比研究，以进一步探究元话语语篇分析的路径和方法，以及元话语在特定语篇建构中的作用和人际语用功能。在语篇类型的选择上，考虑到国内外元话语研究大多针对学术语篇的事实（见2.2节和2.4.2节），笔者想选取政治语篇——一种元话语手段和资源呈现丰富的语篇类型——作为实证研究的语料来源。具体而言，本章将分析德国前总理默克尔的新年致辞以及中国国家主席习近平的新年致辞和国际演讲的元话语运用。3.1节阐述元话语与政治语篇话语建构，3.2节介绍语料分析模型，3.3节分析默克尔新年致辞中的元话语运用，3.4节进行中德领导人新年致辞语篇的元话语对比研究，3.5节阐述习近平国际国内演讲中的元话语运用与对外话语建构，3.6节本章小结。

3.1 元话语与政治语篇话语建构

笔者选择政治语篇作为语料进行元话语语篇分析实证研究，主要基于以下两个根本原因：1）国内学界的元话语语篇研究多集中在学术语篇，而对于其他类型语篇的元话语研究尚显不足；2）政治语篇常常承载着作为语篇交际主体的政治家们的内政外交思想和社会发展理念，在全球化时代下的国家交往、国际合作、跨文化交际、社会生活以及经济领域中正变得日益重要。政治语篇的语言运用，特别是体现交际主体受众意识、人际性和互动性努力的元话语运用，应该得到学界的更多关注和研究。下文将对元话语与政治语篇建构作进一步讨论。

3.1.1 语言运用与政治语篇

政治家们常常需要借助语言的力量唤起民众的情感，进而获取民众的赞同和支持。邱海颖（2017）[12]在其著作中引用了格吕纳特（Grünert）的观点，明确指出政治是“通过（用）语言去设计、准备和唤起的，政治受语言引导、影响、控制和调节，并由其进行描述、阐释、激发、获得合理性、承担责任、操控、诟病、评价并批判”。[1]从中不难看出语言在政治中所起的作用及语言对政治的重要性。可以说，政治中的语言运

---

1 格吕纳特(Grünert)引言关键部分的德语原文是“[...] durch Sprache entworfen, vorbereitet, ausgelöst, von Sprache begleitet, beeinflusst, gesteuert, geregelt, durch Sprache beschrieben, erläutert, motiviert, gerechtfertigt, verantwortet, kontrolliert, kritisiert, be- und verurteilt.”（参见邱海颖，2017）[12]。

用是政治家们通过其语言行为实施其政治行为，因此政治语篇为政治家们阐述其政治观点、达成其政治行为而服务，具有较为明确的语篇功能和交际目的。也就是说，政治语篇中的语言运用与语篇作者的政治行为和交际意图之间具有密切的关联性，我们可以尝试对政治语篇进行话语分析，探究语篇作者的语言运用特征及其背后的行为目的和政治意图。

如本书2.2.2所述，语篇具有5种基本功能：1）信息功能；2）呼吁功能；3）指令功能；4）联络功能；5）声明功能（Brinker, et al, 2014）[105–120]。每个具体的语篇可能同时具有多个语篇功能，但通常会有一个功能占主导地位，其他功能则起辅助性功能。那么，本研究语料涉及的演讲类政治语篇究竟具有哪些语篇功能？其语篇作者具有哪些交际意图和行为目的呢？政治演讲，作为政治语篇的典型代表，常被政治家们用于评述国内外时事政治、阐明自己的立场和观点、宣传自己的政治主张，以期获取民众支持、凝聚人心。这类政治演讲包括就职演说、政治专题演讲、外交演讲等各类演讲。一方面演讲者以独白的方式、以一人面向众多受众传递信息、阐明观点；另一方面，在演讲这种特殊的交际方式中，演讲者试图通过话语传递感情，拉近与民众的距离，并期望通过话语传递的信息产生一定的反响，进而对受众的观点和立场产生一定的影响。如果用篇章语言学理论来分析，演讲类政治语篇主要具有信息功能、联络功能和呼吁功能。这是政治演讲最基本的语篇功能，也是演讲者最基本的交际意图和目的。这些功能和意图能否得到表达和传达，一定程度上取决于演讲者在演讲中是否运用了相关的语篇功能标记或交际意图标记，使受众接收到相关信息。此外，演讲能否实现这些功能、取得较好的交际效果，还取决于当时的情景和气氛以及双方的人际关系。因此，演讲者不仅要通过语言准确无误地表达自己的信息和观点，还需运用各种（语言）手段将自己和听众置于真实感人的情境中，创造出和谐友好的氛围，以达到交际目的。（参见陈京京，2015）

领导人新年致辞作为一种特殊的政治演讲，其内容主要是对国内外时事政治及社会发展的回顾与展望，通常包含对过去一年里所发生的国际国内重大事件进行总结，对民众的辛勤付出和不懈努力表示感谢，对国家所面临的任务和挑战进行剖析，对自己的内政外交思想及政府的相关政策与对策进行阐述和介绍，从而展示政府政绩、塑造国家形象、树立自身形象、揭示未来的政策和举措，以此呼吁民众与演讲者保持一致，支持并落实政策的实施。在新年致辞中，领导人作为语篇作者，通过与民众展开情感和信息交流，表达自己对民众的关切和关心、信任和感谢、倡议和呼吁，同时也期待获得民众的理解、认可和支持。因此，领导人新年致辞具有显著的联络功能、信息功能和呼吁功能。而在介绍政府下一阶段的政策和举措时，新年致辞可能还具有表达政府承诺的指令功能。对领导人新年致辞语篇进行话语分析，不仅能够了解相关国家乃至世界在过去的一年里所发生的对社会发展具有深刻影响的重大政治事件，也可以洞察相关领导人对来年的展望、其治国理政理念和内政外交思想，及其话语风格和语言运用特征。

3.1.2 元话语与对外话语建构

在中共十八届三中全会上通过的《中共中央关于全面深化改革若干

重大问题的决定》一文中，党中央提出了“对外话语体系”[1]这一概念。此后国家主席习近平强调，我们“要加强国际传播能力建设，精心构建对外话语体系”（习近平，2014）[162]。“这一使命的提出，一方面是因为对外话语体现着国家的综合实力，是塑造国家全球形象的关键手段，也是维护国家核心利益的有效载体，蕴含丰富的思想资源、战略意义与安全价值；另一方面，随着中国日益崛起与国际政治格局演变，涉华摩擦与冲突尤为凸显，全球话语秩序屡受挑战，而中国的国际话语权相对偏弱，对外话语能力尚显不足，尤其在向国际社会传播重要概念、应对全球重大事件时，存在话语运用欠妥、话语理解偏差等情况，并且往往受制于西方话语霸权，时常招致负面误读，处于有理说不出、说了传不开、传开叫不响的境地。”（吴赟 等，2019）[44]当前全球正处在百年未有之大变局，如何利用机遇，合理构建我们国家的对外话语体系，包括话语内容的选择、话语风格和策略的规范，是新时代中国包括国家、机构、个人等在内的各级对外话语主体和研究者们值得重视的问题，因为对外话语的总和呈现我们的国家形象，也体现我们的对外话语能力。

近年来，为了让世界更好地了解中国文化、中国智慧，更好地理解中国发展理念、中国道路和中国方案，国内学界开始关注中国文化思想和政治话语的对外传译效果，关注各国媒体中的中国国家形象和“一带一路”倡议的国际传播，进而探究中国新时代内政外交新理念的对外传播模式，及国家对外话语能力的提升机制。有学者认为，应

1　参见《中共中央关于全面深化改革若干重大问题的决定》，2013年。

从话语内容、话语风格、话语策略和话语规范等方面开展相关话语的中外对比研究，以阐明自身特征、吸收外来养分（胡开宝，2018；胡开宝 等，2018），还需从话语主体、话语对象、话语内涵、话语方式、话语效果等方面构建合理有效、融通中外的对话话语体系（吴赟等，2019）[47]。就话语主体而言，对外话语可分为国家领导人话语、机构话语和民间话语3个层级，而国家领导人话语作为官方话语，直接体现治国理政方针和外交理念，是对外话语中的最高层级，并决定其他两种话语的思想内涵。（吴赟 等，2019）[48]针对话语方式，专家学者提出优化对外话语表述方式的建议："中国话语要让外国民众听得懂、听得进，就必须富有感召力，同时具有修辞性，尤其需贴近国外民众的话语习惯和接受模式，善于使用接地气的表达方式，把刚性的话语诉求转变成为富有感染力和亲和力的'中国故事'，产生共情，让国际社会在生动、形象、真实的跨语际沟通中，了解中国的社会面貌，领略中国的现实成就，理解中国的观点立场，使中国对外话语更好地得到世界的接纳与认同，真正做到民心相通。"（吴赟 等，2019）[50]

现有对外话语建构研究主要聚焦于一些中国政治话语关键词的翻译与传播效果，以此探讨对外话语的翻译视角和传译方法，从语言学角度开展对外话语的风格和策略研究还方兴未艾。在话语建构过程中，作为基本话语的信息和内容固然重要，但组织这些基本话语、引导读者理解、建立人际互动关系的元话语手段和资源同样不容忽视。作为外显信息发出者的观点和目的、组织和解释语篇及引导信息接收者进行语篇理解的话语手段，元话语对话语意义、信息发出者意图的确定和传达具有极其重要的作用。合理运用元话语手段将有助于对话语进行有效的组织和解释，与受众进行互动，引导和影响其理解，有助于对外话语建构。

一些有较强元话语运用倾向的语篇一直是国内学者关注的对象，比如学术类书面语篇、政府工作报告和外交演讲等。领导人演讲是演讲者以其特殊又重要的身份有意识地进行思想传播和理念阐述的重要载体，演讲者作为话语主体有明确的传达信息、阐述观点、表明态度、引导受众理解的目的，此类语篇属于具有“信息–解释功能”和人际互动功能的语体，有较强的元话语运用倾向，其元话语运用特征值得探究。对领导人演讲中的元话语运用进行研究，一方面可以分析演讲者的元话语运用特征，使受众了解其话语特色，并对其意图和演讲内涵作出合理的解读和理解；另一方面也可以深入探究演讲者作为话语主体运用元话语手段组织语篇、为受众理解提供引导、对受众施加影响的动态努力过程，进而明晰元话语在话语建构中的作用和策略性意义。在政治语篇中，语言是实施政治影响的重要手段，而元话语作为交际意图标记，是语篇作者为帮助受众理解语篇及其交际意图而有意留下的痕迹和标记，是语篇作者实施其政治影响极为重要的话语手段。

3.2 元话语分析模型介绍

如第二章所述，本书将元话语定义为说话者或作者在口语或书面语交际中有意运用的、体现其受众意识的语言类及非语言类话语手段或资源，具有反身性，指涉当前交际，用于对话语进行组织和解释，表达自己对命题信息的态度和观点，以帮助受众按说话者或作者的意愿理解语篇，进而达成交际的顺利进行。在实证研究中，除了明晰元话语相关的定义、功能、特点等理论问题，制定恰当、合理的语料分析模型同样至关重要。由于元话语概念和体系的开放性、语体特殊性、语境依赖性以及多功能性，在笔者的元话语研究过程中，对语料分析模型的确定进行了较长时间的摸索和探索，现将这一逐步发展的过程阐述如下。

3.2.1 元话语分析模型的确定

首先借鉴的是前人的研究成果，尤其是海兰（2005）的分类模式对本研究具有很大的启示作用。海兰被认为是元话语领域最重要的研究者之一，他的分类被广泛运用于实证研究。他强调了元话语在作者建构语篇和读者解读语篇中的重要作用（Hyland, 2005）[25]，其分类模式相比于其他模式也更细致、更具合理性。根据他的分类，元话语可以分为引导式元话语和互动式元话语两大类（如表3–1所示）。引导式元话语也可称为语篇功能元话语，具有语篇组织功能，用于建构语篇内部的逻辑关系，展现作者的思维过程，使得命题内容更加连贯、明晰并具有说服力，并指引读者按作者的期望去理解语篇；引导式元话语又分为过渡标记、结构标记、内指标记、证据来源标记和语码注释标记5个子范畴。而互动式元话语一方面表达作者对命题的态度和评价，体现作者的存在，构建作者的身份，是作者在语篇中的形象表达；另一方面则与读者进行互动，外显受众的存在，吸引读者参与到语篇中；互动式元话语又包括含糊表达标记、增强表达标记、态度标记、自我标记和读者介入标记5个子范畴。

为了兼顾自己作为德语研究者的背景，也为了与所参考的德语文献相联系，同时为后续可能撰写德语论文的需求做好准备，我尝试用德语进行相关术语的表达，在这一过程中我参考了常暄博士论文（Chang X, 2014）中的部分表述，并结合自己的思考进行了适当调整。如表3–1所示，左栏是海兰（2005）分类中的原英语表述和我给出的中文对应表述，中栏是我给出的德语表述，括号内列出常暄的德语表述作为参考，右栏则是对相关元话语子范畴的功能说明。从中可以看出，在进行德语表达时，我尽量注意词形的一致性而更多运用了以-ung结尾的名词，比如使用*Verstärkungen*而不是*Verstärker*、用*Übergangsmarkierungen*而不是*Übergangskonnektoren*。此外，“过渡标记”（［德］Übergangsmarkierungen）这个词也比“过渡连接词”（［德］Übergangskonnektoren）更具合理性，因为前者的涵盖范围比后者更广。事实上，在语料中用于连接语篇各段落、各部分的话语手段不一定都是语法连接词，有时也会有其他的语篇组织方式，比如在德语语料（默克尔新年致辞）中，可以发现排比句式作为段落并列关系的标记方法；而汉语中的“标记”一词能够涵盖语言类和非语言类元话语。所以用“标记”一词比用“连接词”更能反映元话语手段的丰富性和多样性。“标记”（［德］Markierungen）这一表述也比较符合本书关于元话语实质的讨论，在笔者看来，元话语就是交际者言外行为的外显标记（即言外行为标记或语力标记），是作者或说话者为了传达意图、引导受众理解语篇而在话语中留下的努力痕迹（见第二章）。

表3–1：海兰的人际性元话语分类（Hyland, 2005）[49]

范畴 （英、汉对照表达）	范畴的德语表述	功能
Interactive **引导式元话语**	**Interaktiver Metadiskurs**	帮助引导读者阅读语篇
Transitions 过渡标记	Übergangsmarkierungen (Übergangskonnektoren)	表达语段之间的语义联系
Frame markers 结构标记	Rahmenmarkierungen (Rahmenmarkierungen)	指出话语行为的顺序、阶段
Endophoric markers 内指标记	Verweise (Textintern verweisende Redemittel)	指出语篇内部信息的联系
Evidentials 证据来源标记	Quellenangaben (Textextern verweisende Redemittel)	指出与别的语篇的联系
Code glosses 语码注释标记	Interpretationsmarkierungen (Erklärungen)	帮助读者理解概念意义
Interactional **互动式元话语**	**Interaktioneller Metadiskurs**	吸引读者参与到话语中
Hedges 含糊表达标记	Abtönungen (Absicherungen)	对命题评价表达有所保留
Boosters 增强表达标记	Verstärkungen (Verstärker)	强调作者话语的确定性
Attitude markers 态度标记	Einstellungsmarkierungen (Einstellungsmarkierungen)	表达作者对命题的态度
Self-markers 自我标记	Selbstmarkierungen (Selbsterwähnung)	显性表明作者的存在
Engagement markers 读者介入标记	Rezipientenbezugsmittel (Ansprache durch den Autor)	显性建立与读者的关系

对我分类模式的制定具有借鉴、参考意义的还有李秀明（2011）的分类模式（见表3–2），他对汉语元话语标记语进行了研究，并将汉语元话语分成语篇功能元话语和人际功能元话语两大类，语篇功能元话语包括话题结构标记语、衔接连贯标记语、证据来源标记语和注释说明标记语4类子范畴，人际功能元话语分为含糊表达标记语、明确表达标记语、评价态度标记语和交际主体标记语4类子范畴。

表3–2：汉语元话语分类（李秀明，2011）[100–101]

范畴	子范畴	功能	汉语中的实例
语篇功能元话语	话题结构标记语	标识话题开始、变换、结束、结构的分层以及为了展开后面的话题	话说，上回说到，按下不表，其次，最后
	衔接连贯标记语	反映语篇中各语段的连接，表达语篇中的程序意义	无独有偶，推而广之，由此可见，话又说回来，顺便说一句
	证据来源标记语	说明话语判断的证据，指出语篇中某信息与其他语篇信息间的联系	据悉，正如……所说，诚如……所言
	注释说明标记语	对话语中的某个语词或命题进行解释	即，也就是说，换句话说
人际功能元话语	含糊表达标记语	对说话人所作的论述表示有所保留，表现协商性	在某种意义上，甚至可以说，在某种程度上
	明确表达标记语	加强说话人所作论述的肯定性，表现权威性	说到底，归根到底，很显然

续表

范畴	子范畴	功能	汉语中的实例
人际功能元话语	评价态度标记语	表现作者对话语的评价、情感、态度	很遗憾，令人兴奋的是
	交际主体标记语	承认读者的存在，召唤读者对话语的积极反应	请注意，亲爱的读者，我们看到，大家知道，你，毋庸讳言

李秀明（2011）和海兰（2005）的分类其实大同小异，区别主要在于元话语一个范畴表述上的差异，海兰为了避免将语篇功能和人际功能割裂开来，所以将范德·科普勒（1985）和克里斯莫尔、马尔卡宁、斯蒂芬森（1993）分类模式中的语篇功能元话语称为引导式元话语，而李秀明则称为语篇功能元话语，保留了关键词“语篇”两字。其实两者所指一致，不管是引导式元话语还是语篇功能元话语，都是用于对语篇进行组织和解释，进而为受众理解提供引导的手段。考虑到后续外语教学相关的元话语研究，并拟为外语教学和外语学习者提供具有可理解性的建议，笔者倾向于借鉴李秀明的做法，采用“语篇组织元话语”这一术语，以便从名称上清楚明了地告知外语教师和学习者元话语的功能所在，即元话语一方面主要用于语篇组织和解释（语篇组织元话语），另一方面则用于明示作者的态度、与受众建立互动（人际互动元话语）。两者都基于作者的受众意识和互动意识，具有引导理解、促进互动的人际语用功能。具体而言，无论是语篇功能元话语还是人际功能元话语，都是交际主体在表达层面为引导受众正确理解语篇而作出的尝试与努力，其中包含了语篇生成者的交际意图，体现了作者的立场和态度；而

元话语作为外显作者的观点和意图、组织和解释语篇以引导受众对语篇进行合理理解的话语手段，也在理解层面对话语意义、作者意图的解读和确定具有极其重要的作用。这样会使外语元话语教学和学习更具可理解性和可操作性。

李秀明（2011）和海兰（2005）分类的区别还在于两个子范畴的归类。李秀明分类中的证据来源标记语说明篇外信息的来源，而海兰分类中除了证据来源标记，还有指涉篇内信息来源的内指标记。此外，海兰分类中的自我标记和读者介入标记在李秀明分类中被合并为交际主体标记语，因为交际主体分为信息发出者和信息接收者两方面。经过比较，海兰（2005）分类中的子范畴种类更为完整，归类更为细致。所以笔者在确定自己的分类模式时，元话语范畴界定方面借鉴李秀明的表述，主要是为了突出元话语的语篇组织功能和人际互动功能；而子范畴分类方面主要参考了海兰的观点，目的是为了使分类更为细致。事实上，无论是语篇组织元话语还是人际互动元话语，元话语在语篇中的运用都体现了作者对于交际主体间的互动和人际关系的重视，一方面通过语篇组织元话语，明示语篇的构建线索，帮助受众更好地解读语篇，争取付出尽可能小的努力就达成理解，另一方面则运用人际互动元话语，外显作者的存在，也外显受众的存在，吸引受众参与到语篇互动中。

基于上述两个分类模式（Hyland, 2005；李秀明，2011），并基于自行构建的小型语料库，笔者确定了元话语分类的基本模型，将元话语分为语篇组织和人际互动两大类（见表3–3）。其中，语篇组织元话语包括主题结构标记、过渡标记、内指标记、证据来源标记和注释说明标记5个子范畴；人际互动元话语包括含糊表达标记、明确表达标记、态度标记、自我标记和读者介入标记5个子范畴。为了使元话语范畴涵盖语言类和非语言类元话语手段和资源，笔者倾向于用“标记”替代“标记语”。

表3–3：本研究元话语分类及功能一览表

范畴	子范畴	德语表述	英语表述	功能
语篇组织元话语	主题结构标记	Rahmen-markierungen	Frame markers	标示话题引入和转换，或语篇和段落结构
	过渡标记	Übergangs-markierungen	Transitions	标示并列、因果、对照等语篇关系
	内指标记	Verweise	Endophoric markers	标示与篇内信息的联系
	证据来源标记	Quellenangaben	Evidentials	标示篇外信息来源
	注释说明标记	Interpretations-markierungen	Code glosses	标示通过定义、解释等方式说明事物
人际互动元话语	含糊表达标记	Abtönungen	Hedges	对事物进行不确定表达，缓和语气，对话语有所保留
	明确表达标记	Verstärkungen	Boosters	对事物进行确定表达，加强话语的肯定性
	态度标记	Einstellungs-markierungen	Attitude markers	标示对事物的评价、态度和看法
	自我标记	Selbstmarkierungen	Selfmarkers	标示体现作者存在的不同方式
	读者介入标记	Rezipienten-bezugsmittel	Engagement markers	标示与读者进行对话、建立互动的方式

如表3–3所示，笔者同时列出了元话语子范畴的德语和英语表述，以方便读者进行对比。其中，英语表述来源于海兰的分类表述，德语表述主要源于我个人的相关思考。在实际的语料分析过程中，笔者发现，借助表3–3的基本分类模型还不足以在语料中对元话语及元话语手段或资源进行成功的标注，原因是语料中每个元话语子范畴框架下还有很多不同的语言手段运用需要加以辨别和区分，否则无法客观、具体地呈现元话语资源丰富多彩的样貌及其功能。因此从2015年开始，笔者开始在研读语料的基础上，对元话语的子范畴进行基于语料的细化和分类别的区分，并不断修正，至2018年，笔者基本上确定形成了修正版的元话语分类模型（见表3–4）。由于新年致辞是演讲类口语语篇，本研究的语料分析将主要关注语言类元话语手段，而不涉及标点、印刷符号等非语言类元话语手段和资源，因此，在本章后文阐述中，元话语手段也会被称为元话语语言手段或话语手段。

表3–4：本研究元话语分类模型修正版（王颖频，2018）

范畴和目的 Kategorien	子范畴 Subkategorien	分类别及功能 Untertypen und Funktionen	德语中的实例 Beispiele im Deutschen
语篇组织元话语 Textorganisierender Metadiskurs (TMD)：建构和明示语篇内部的逻辑关系，指引读者按作者的期望去理解语篇	主题结构标记 Rahmen-markierungen (R)	标示主题引入或转换（R1）Hinweise auf Themeneinführung und -wechsel；或标示语篇结构、篇章构成（R2）Hinweise auf den Textauftbau, Markierungen der Struktur des Teiltextes	**R1:** Das Thema lautet、Das Ziel besteht darin; **R2:** zuerst, dann, anschließend, im Folgenden, zum Schluss、Im nächsten Kapitel wird genauer darauf eingehen.

范畴和目的 Kategorien	子范畴 Subkategorien	分类别及功能 Untertypen und Funktionen	德语中的实例 Beispiele im Deutschen
语篇组织元话语 Textorganisierender Metadiskurs (TMD)：建构和明示语篇内部的逻辑关系，指引读者按作者的期望去理解语篇	过渡标记 Übergangs-markierungen (Ü)	标示并列(Ü1)、因果(Ü2)、目的(Ü3)、条件(Ü4)、方式(Ü5)、对照/转折(Ü6)、让步(Ü7)等篇内段落或话语关系的语言手段 Sprachmittel, die additive, kausale/ konsekutive, finale, konditionale, modal, adversativ, konzessive Beziehungen zwischen Textteilen/ Diskursteilen ausdrücken	**Ü1:** und、zudem、neben、außerdem、darüber hinaus; **Ü2:** denn、weil、wegen、infolge、aufgrund、deswegen、deshalb、aus diesem Grund、das ist der Grund für ...、sodass、also、so、folglich、somit、eine Folge ist ...; **Ü3:** um...zu、damit; **Ü4:** wenn、falls、unter diesen Umständen、bei; **Ü5:** indem、durch、dadurch, dass ...; **Ü6:** während、im Vergleich zu、dagegen、dennoch、aber、jedoch、allerdings; **Ü7:** trotzdem、trot、obwohl、auch wenn
	内指标记 Verweise (V)	标记篇内信息 Hinweise auf eine andere Textstelle V1：重复、部分重复 V2：代词或代副词 V3：总结性复现 V4：明示与篇内信息的关联：如上所述	**V1:** Wiederholung、Teilwiederholung; **V2:** Pronomen; **V3:** Wiederaufnahme; **V4:** wie oben schon erwähnt、die obengenannten Gründe、die folgenden Aspekte
	证据来源标记 Quellen-angaben(Q)	标记篇外信息 Hinweise auf Informationsquelle außerhalb des Textes	Nord (2009) meint、nach Meinung von vielen Wissenschaftlern、nach der Statistik
	注释说明标记 Interpretations-markierungen (I)	定义、概念解释（I1）Definitionen, Begriffserläuterungen, Paraphrasen 举例或具体化(I2) Exemplifizierungen/ Konkretisierung 修辞(I3) Rhetorik 总结(I4) Zusammenfassung	**I1:** das heißt (d.h.)、das bedeutet、darunter versteht man、mit anderen Worten、also、Apposition、erweiterte Attribute、Relativsatz; **I2:** wie zum Beispiel (z.B.)、dazu gehört、genauer gesagt、ich meine; **I3:** Metapher/Sprichwort; **I4:** Zusammenfassend kann gesagt werden、daraus zu erschließen/resultieren

范畴和目的 Kategorien	子范畴 Subkategorien	分类别及功能 Untertypen und Funktionen	德语中的实例 Beispiele im Deutschen
人际互动元话语 Interaktioneller Metadiskurs (IMD)：表达作者对命题的态度与评价；外显受众的存在，吸引读者参与到互动中	含糊表达标记 Abtönungen (A)	对于命题信息的不确定表达 unsicherer Ausdruck der Überzeugtheit zur Proposition	möglicherweise、kann sein、vielleicht、KII
	明确表达标记 Verstärkungen (V)	对于命题信息的确定表达 sicherer Ausdruck der Überzeugtheit zur Proposition	mit Sicherheit、müssen、werden、ich bin davon überzeugt、es steht außer Frage、keinesfalls
	态度标记 Einstellungs-markierungen (E)	对命题信息的评价 Bewertung zur Proposition	es ist notwendig/wichtig/…
	自我标记 Selbst-markierung (S)	自我指称 Selbsterwähnung, -darstellung	**S1:** Ich; **S2:** wir; **S3:** die Regierung
	读者介入标记 Rezipienten-bezugsmittel (RB)	直接与受众对话，建立与受众的互动 Direkte Ansprache und Herstellung der Interaktion mit den Rezipienten	**RB1:** Sehr geehrter ...、Damen und Herren, ...; **RB2:** Sie、Ihnen、Ihr、Du; **RB3:** wir、unser; …

如表3–4所示，为了更加精细地对语料进行标注和分析，笔者在一些子范畴下区分了基于语料的分类别及其下属元话语手段，尤其是过渡标记、内指标记、注释说明标记、自我标记、读者介入标记这几个子范畴下的分类别。在后文提及子范畴或分类别时，笔者会运用相关概念德语表述的首字母或缩写，比如R表示的是主题结构标记，是该范畴的德语表述Rahmenmarkierungen的首字母（德语表述详见表3–1或表3–4）。

具体而言，语篇组织元话语中有4个子范畴下设分类别：1）主题结构标记有的标示话题的引入与转换（R1），如“*Das Jahreswechsel ist traditionell ein Zeitpunkt guter Vorsätze. Nur ein Wort noch zum Fußball.*” / 2014年是令人难忘的。新年的钟声即将敲响。；有的标示语篇与段落结构（R2），如*die einen, ... die anderen, ...*、*zum einen, zum anderen, zum Schluss*/一方面，另一方面，首先。2）过渡标记标示并列（如*außerdem*、*und*、*aber auch*/也、此外）、因果（如*denn*、*weil*、*aus diesem Grund*、*deshalb*/因为、所以、因此）、目的（如*um...zu*、*damit*/为了）、条件（如*wenn*/如果）、方式（如*indem*、*durch*/通过……方式）、对照转折（如*dagegen*、*dennoch*、*aber*/与此相反、然而、但是）、让步（如*trotzdem*、*auch wenn*/尽管如此）等语篇关系和篇内语义连贯，分别用Ü1、Ü2、Ü3、Ü4、Ü5、Ü6、Ü7表示。3）内指标记标示与篇内信息的联系，包括重复或部分重复（V1）；通过代词或代副词进行复现（V2），如*dazu*、*dafür*、*dabei*、*das*、*das alles*/这一年……，这说明……；总结性复现（V3），如*zu diesen Fragen*/这些活动；明确提示（如*wie oben schon erwähnt*/如上所述）（V4）4个分类别。4）注释说明标记用于对命题内容进行解释，包括4个分类别：概念定义或解释（I1），如*das heißt (d.h.)*、*mit anderen Worten*、*also*/就是说、换句话说，即；举例或具体化说明（I2），如*wie zum Beispiel (z.B.)*、*und zwar*、*ich meine, ...* /比如说、具体而言、我的意思是；修辞（I3），如“*... dass wirtschaftlicher Erfolg und sozialer Zusammenhalt zwei Seiten einer Medaille sind*”/我们要让全面深化改革、全面推进依法治国如鸟之两翼、车之双轮；总结（I4），如*Zusammenfassend kann gesagt werden*/总之。5）证据来源标记标示篇外信息，不设分类别，如“*Der Philosoph Kahl Popper hat gesagt, ...*”/根据……的观点。

表3–5：人际互动元话语子范畴下设的分类别

子范畴	针对德语语料的分类别及例子	针对汉语语料的分类别及例子
自我标记（S）	S1: ich	S1：我
	S2: wir	S2：我们
	S3: die Regierung	S3：中国、中国政府
读者介入标记（RB）	RB1: liebe Bürgerinnen und Bürger	RB1：同志们，朋友们
	RB2: Sie、Ihnen、Ihr	RB2：您
	RB3: wir、unser + Nomen	RB3：我们、我们的
	RB4: Deutsche、Deutschland	RB4：中国人、中国
	RB5: Polizisten、Studenten	RB5：港澳同胞、老人们
	RB6: alle、jeder、diejenigen, die…	RB6：大家、每个人

人际互动元话语中有两个子范畴下设分类别（见表3–5），由于自我标记和读者介入标记直接标示当前语篇的交际参与者，因而它们具有特别明显的语料特殊性（[德]datenspezifisch）。可以想象，不同的语类语料因交际主体和受众的不同，在这两个子范畴下的具体元话语手段运用会呈现出这样抑或那样的差异。本研究所采用的德汉对比语料（3.3节、3.4节）都涉及同一种语类，即领导人的新年致辞。在这些语料中，交际主体分别是德国和中国的领导人，面向的受众则主要是德国和中国的民众。因此，用于自我标记和读者介入标记的元话语手段和资源具有很大的相似性，这使得我们可以尝试运用同一种分类模型进行语料分析。而在3.5节中，习近平国际国内演讲元话语运用研究所涉及的汉语语料同

属于演讲类政治语篇，可以想象其元话语运用有很大的相似性，但因为演讲场合不同，面向的受众不同，所以用于自我标记和读者介入标记的元话语手段和资源会存在一定的差异。这一点将在后文中进一步阐明。

如表3–5所示，自我标记显性标示作者的存在，包括3个分类别，以德语语料为例，S1指*ich*，表示演讲者自己；S2和S3分别指*wir*和*die Regierung*，表示演讲者所代表的德国政府。而读者介入标记用来与受众建立互动，将其注意力吸引到演讲内容上来，共有6个分类别。同样以德语语料为例：RB1指直接称呼受众，与之进行直接对话，如*Liebe Mitbürgerinnen und Mitbürger*; RB2指第二人称代词的单数或复数，如*Sie*、*Ihnen*或*Ihr*; RB3是第一人称复数，如*wir*、*unser*; RB4指*Deutsche*或*Deutschland*; RB5指通过提及受众的职业与其进行间接对话，如*Polizisten*、*Soldaten*; RB6是用第三人称代词与受众进行间接对话，如*jeder*、*alle*。

而汉语语料中的相关元话语表达和资源举例如下：自我标记有3个分类别：用“我”表示自己（S1），用“我们”（S2）和“中国/中国政府”（S3）表示演讲者所代表的中国或中国政府。读者介入标记包括6个分类别：直接称呼受众（RB1），如新年致辞中的“同志们、朋友们”及国际演讲中的“尊敬的……”“女士们先生们”；第二人称代词的单数或复数（RB2），如“你、您、你们”；第一人称代词复数（RB3），如“我们，我们的”；根据演讲场合的不同而变化的受众介入标记（RB4），如新年致辞中的“中国、中国人”等和国际演讲中的“两国、中俄双方、二十国集团领导人”等；通过提及受众的身份、职业与其进行间接对话（RB5），如“海外侨胞、老人们、孩子们、工人、农民、知识分子”等，这一分类别仅出现在新年致辞中；用第三人称或泛指与受众对话（RB6），如“他们、大家、每个人”等。

人际互动元话语还包含另外3类不设分类别的子范畴：含糊表达标记表示对事物进行不确定表达，对话语有保留，如“*Das ist vielleicht das größte Kompliment.*”中的*vielleicht*；明确表达标记表示对事物进行确定表达，加强话语肯定性，如*vor allem*、*müssen*、*werden*、*wollen*、*stärker denn je*/特别是、我们要……、必将……；态度标记标示对事物的评价、态度和看法，如*leider*、*sollen*/我坚信。

上述表3–4所示的元话语分类模型及表3–5所示的元话语子范畴分类别的区分是在对德汉语料进行判断和标注的过程中经过反复修正而确定的，事实证明这一分类模型（包括分类别的区分）适用于笔者针对演讲类政治语篇德汉语料所进行的分析。

3.2.2 元话语识别中的一些说明

具体语境下的元话语识别和界定往往有些似是而非的问题，比如如何区分基本话语和元话语、如何区分元话语各子范畴等，对此笔者基于个人的研究体会提出以下几点建议：

1. 根据德国学者泰希特迈尔（1984）[126]的观点，元话语是指关于正在进行的交际过程的交际，这就是元话语的反身性。因此笔者建议在识别元话语时，将不涉及当前语篇或不针对正在进行的交际的语言手段或元素都排除在外，比如文中如果出现间接引语段落，其中的类元话语语言手段就不应该判断为元话语。

例A

Auch heute gibt es in unserem Land viele Mutige und Hilfsbereite. Ein junger Teilnehmer meines Bürgerdialogs in Heidelberg erzählte mir, *dass ein Spieler aus seinem Fußballteam die Schule abbrechen wollte. Daraufhin ging er zu seinem Trainer und bat ihn, das ganze Team zusammenzurufen, damit jeder erzählen konnte, warum es gut ist, in die Schule zu gehen. Das taten sie beim nächsten Training, und das hat gewirkt. Der Mitspieler brach die Schule nicht ab.* Das ist nur eine von vielen Geschichten.（2013年默克尔新年致辞）

在例A这个段落中，斜体部分是默克尔演讲中插入的一段经由他人转述的话，在此转述部分中，有下划线的词*daraufhin*、*damit*和句子*das hat gewirkt*都表达了上下文间的关系，它们属于过渡标记范畴，*das*则是指上文提及的内容，即每个人都说一说上学的好处、上学的原因，这属于内指标记范畴。但这些似乎具有元话语功能的语言手段在具体研究中都不被判断为元话语，因为它们仅是他人转述的话语，从语篇层面来看，它们针对的是转述语篇，并不针对当下正在进行的交际语篇，对默克尔的新年致辞语篇没有针对性。

2. 基本话语和元话语的区分是值得探讨的问题，许多学者倾向于认为元话语不涉及命题信息，与基本话语截然不同，两者是可以完全相互区分的。然而，在实际语境下，要把两者区分开来并非易事，甚至可以说，几乎所有的语言手段都具有潜在的元话语功能。如第二章所述，笔者认为元话语的界定有4个原则，即反身性、互动性/人际性、目的性和功能性。其中，功能性原则（而不是“非命题性原则”）是判断元话语的重要依据，有些话语手段或资源虽然传达命题信息，但如果在语篇中具有反身性、发挥元话语功能，即在言语交际中发挥组织语篇、调控理解、促进互动的人际互动功能，那么在元话语研究中就应判断为元话语。换言之，在判断元话语时考量的关键因素是某话语手段在语篇层面所体现的言外行为意图。比如某语言手段传达命题信息，具有基本话语功能，但同时又在话语层面具有体现作者存在、表达作者交际意图、对言语行为进行评价、组织语篇、引导理解的元话语功能，那么该语言手段就被判断为元话语，并根据其功能进行具体标示。

例B

Ich danke an diesem Silvesterabend besonders allen Polizistinnen und Polizisten, Soldatinnen und Soldaten, den vielen Rettungskräften und all denjenigen, die sich in Krankenhäusern und in der Pflege um andere kümmern, genauso wie den Millionen ehrenamtlich Tätigen.（2019年默克尔新年致辞）

在例B中，下划线部分是默克尔在逐一罗列除夕夜仍坚守岗位的各行各业的人员，包括警察、士兵、救援人员、医院工作人员、护理人员和志愿者，以表达自己作为德国总理对这些职业人群工作和付出的感谢。从命题层面来说，这些语言手段确实传递了内容信息，属于基本话语；但从关系层面来看，这些语言手段体现了默克尔通过提及受众职业的方式间接与他们进行对话和互动的愿望和努力。通过这种方式，默克尔一方面使民众感受到自己被提及，自己的付出得到总理的关注与肯定，另一方面使他们觉得新年致辞内容与自己密切相关，吸引他们的注意力；从中也体现了默克尔用这一方式与民众拉近距离，建立互动，创造共鸣，进而促进民众团结一致、共同迎接挑战的良苦用心。这有利于默克尔阐述政论、呼吁民众理解和支持，而这正是默克尔新年致辞的言外行为意图和目的。因此，这些划线部分虽然是表达命题信息的基本话语，但同样具有元话语功能，所以在元话语研究中标注为人际互动元话语下的读者介入标记。

同样的，在每个新年致辞的结尾部分，默克尔总是会给民众送上新年祝福，从内容层面来看，这些祝福语是默克尔向大家表达她的新年祝福和对新年的美好祝愿，但从元话语角度来看，默克尔通过这些祝福语其实也是隐性告知受众自己即将结束演讲，所以我们可以将这些祝福语标注为语篇组织元话语中的语篇结构标记。

3. 有些元话语手段在语篇中可能具有多个元话语功能。在这种情况下，建议对这些功能进行尽可能全面的考量和标注，只要某个语言手段在话语层面发挥了某些功能，就可以同时标注几个子范畴或分类别。比如每次新年致辞都以称呼*Liebe Mitbürgerinnen und Mitbürger*（亲爱的公民们）开始，这个称呼既是演讲者与受众直接互动的标记，也起到了引入整个新年致辞语篇内容（往往先开始回顾过去的一年）、开启结构的作用，因此在进行元话语研究时，这个称呼被同时标注为读者介入标记、主题引入标记、语篇结构标记。

4. 过渡标记中的并列标记和注释说明标记中的具体说明标记有时很难区分，在进行判断时，应着重考量语言手段的话语功能。如果某语言手段是信息发出者有意用来通过举例或具体化手法对某话语内容和信息进行解释，以便受众能够更好地理解，那么这种语言手段应标注为注释说明标记中的具体说明标记。

例C

Das ist nur eine von vielen Geschichten, die überhaupt nicht spektakulär, aber dennoch bezeichnend für unseren Zusammenhalt sind.

Es sind Freunde und Nachbarn, die Initiative ergreifen oder einen Missstand beheben. Es sind die Familien, die sich Tag für Tag liebevoll um ihre Kinder und um ihre Angehörigen kümmern. Es sind Gewerkschafter und Unternehmer, die gemeinsam für die Sicherheit der Arbeitsplätze arbeiten.（2013年默克尔新年致辞）

例C的3处划线部分*Es sind*...从形式上看确实是对同一个句型结构的重复，给人的感觉它们好像是并列关系，但结合上下文来看，演讲者通过排比重复实际上旨在罗列一些例子来具体说明上文提到的*Zusammenhalt*（团结一致）这个词的内涵，所以从话语功能来看，例C中这个排比手法应该标注为具体说明标记。

下面笔者将对具体的语料进行分析。

3.3 默克尔新年致辞中的元话语运用研究[1]

3.3.1 语料介绍

3.3节将以默克尔2010至2019十年间的新年致辞为语料进行实证研究。默克尔在德国政坛的16年执政期间，连续9年荣登福布斯“全球最具影响力女性榜单”榜首，被誉为21世纪欧洲“铁娘子”，她于2021年卸任德国总理职位，标志着“默克尔时代”正式画上句号。自从2005年默克尔成为德国首位女性总理以来，她的一言一行始终是世人关注的对象，她领导的德国政府也引领着德国的发展，并深刻影响着欧洲政治乃至世界格局的变化。从2005年众人口中的“科尔的女孩”到后来成为欧洲政坛的领头人，乃至世界政坛举足轻重的政治家，默克尔的执政魅力及危机管理能力令人称道。鉴于国内区域国别学研究领域对默克尔的探讨，迄今为止大多限于政治学、经济学或社会学层面，而较少从语言学视角进行话语分析，本研究选择对默克尔的新年致辞进行元话语研究，不仅可以为区域国别学研究提供新的视角，还有助于探究如何树立良好对内对外形象的有效方法和途径，为相关研究提供一定的参考。

作为德国总理，默克尔巧妙地利用新年致辞这一时机，与民众进行情感交流，向民众阐明自己的内政外交思想，这无疑是一次与民众拉近距离、获取他们信任和支持的极佳机会。为了实现这个目的，受众能够充分理解话语内容显得十分重要，而要确保受众理解，就有必要将话语表达得易于理解。本研究目的即在于通过语料分析，分析演讲者的元话

1 笔者基于该研究撰写的一篇德语论文已刊发在德国A&HCI期刊*Muttersprache* 2022年第一期上，见Wang Y P (2022)。

语运用特征，探究演讲者的交际目的和言外行为意图与其语言和元话语运用之间的关联。

3.3.2 语料分析1——定量分析

根据手动标注和统计，语料中共有1409次元话语手段的运用，子范畴的使用次数如表3–6所示。从中可以看出，人际互动元话语共出现847次，占所有元话语运用的60%，语篇组织元话语出现562次，占所有元话语运用的40%。

表3–6：默克尔新年致辞中元话语各子范畴使用一览表

范畴	子范畴	Σ
语篇组织元话语（TMD）	主题结构标记 Rahmenmarkierungen (R)	96
	过渡标记 Übergangsmarkierungen (Ü)	194
	内指标记 Verweise (V)	131
	证据来源标记 Quellenangaben (Q)	12
	注释说明标记 Interpretationsmarkierungen (I)	129
	TMD - Σ	**562 (40%)**
人际互动元话语（IMD）	含糊表达标记 Abtönungen (A)	11
	明确表达标记 Verstärkungen (VS)	127
	态度标记 Einstellungsmarkierungen (E)	25
	自我标记 Selbstmarkierungen (S)	143
	读者介入标记 Rezipientenbezugsmittel (RB)	541
	IMD- Σ	**847 (60%)**
	Σ	**1409 (100%)**

表3–7罗列了语料中十个元话语子范畴的使用情况，以及使用频率较高的元话语分类别即各类元话语手段的使用情况。从表中数据可以看出，元话语子范畴的使用依次为读者介入标记541次（占所有元话语运用的38.4%）、过渡标记194次（13.8%）、自我标记143次（10%）、内指标记131次（9.3%）、注释说明标记129次（9.2%）、明确表达标记127次（9%）、主题结构标记96次（6.8%）、态度标记25次（1.8%）、证据来源标记12次（0.9%）和含糊表达标记11次（0.8%）。而使用频率较高的前10个元话语分类别是读者介入标记RB3（349 次）、明确表达标记VS（127 次）、自我标记S1（94次）、内指标记V2（84次）、注释说明标记I2（79次）、过渡标记Ü1（77次）、主题结构标记R1（62次）、读者介入标记RB2（59次）、读者介入标记RB5（44次）和过渡标记Ü2（40次）。

表3–7：默克尔新年致辞中元话语子范畴和分类别的使用情况

序号	子范畴	分类别
1	读者介入标记RB: 541 (38.4%)	读者介入标记之RB3: 349 (24.8%)
2	过渡标记Ü: 194 (13.8%)	明确表达标记VS: 127 (9%)
3	自我标记S: 143 (10%)	自我标记之S1: 94 (6.6%)
4	内指标记V: 131次 (9.3%)	内指标记之V2: 84 (5.8%)
5	注释说明标记I: 129次 (9.2%)	注释说明标记之I2: 79 (5.6%)
6	明确表达标记VS: 127次 (9%)	过渡标记之Ü1: 77 (5.5%)
7	主题结构标记R: 96次 (6.8%)	主题结构标记之R1: 62 (4.4%)
8	态度标记E: 25次 (1.8%)	读者介入标记之RB2: 59 (4.2%)
9	证据来源标记Q: 12次 (0.9%)	读者介入标记之RB5: 44 (3.1%)
10	含糊表达标记A: 11次 (0.8%)	过渡标记之Ü2: 40 (2.8%)

可见，默克尔在新年致辞中总体使用了更多的人际互动元话语，她在演讲时一方面注重通过各类读者介入标记（特别是RB3）与受众进行互动，通过自我标记突出自己的存在，通过明确表达标记强调自己的话语和观点；另一方面她也尝试借助过渡标记、注释说明标记和内指标记对话语进行合理组织和解释说明，为受众理解提供指引和帮助。定量研究结果初步体现了默克尔运用元话语与受众互动、强调观点、组织语篇、解释信息的交际意图和行为。

3.3.3 语料分析2——定性分析

下文将按照表3–7的顺序，对语料中的元话语子范畴进行基于实例的分析。实例中的元话语手段用下划线加以突出，例子后面括号内的数字标注相应的新年致辞年份。

1. 读者介入标记

读者介入标记用于跟受众对话、建立互动，是语料中出现次数最多的子范畴。此类元话语手段数量大、种类多，在一定程度上体现了新年致辞语篇的特殊性，充分表达了交际主体默克尔利用新年致辞这一机会与民众互动的愿望和努力。6个分类别使用情况如下：

（1）RB1（26次），用*Liebe Mitbürgerinnen und Mitbürger*（亲爱的公民们）直接称呼受众，与之对话，而没有使用*Sehr geehrter ...*, *Meine Damen und Herren*（尊敬的……、女士们先生们）这类传统称呼语，前者符合新年致辞这一特定语境，后者或许更适用于其他演讲场合。

（2）RB2（59次），用第二人称代词*Sie*、*Ihnen*、*Ihr*（您、您的）直接与受众交流，而没有使用另两种显得过于亲密的第二人称代词如

du、*ihr*（你、你们的），这样比较得体、合理。

（3）RB3（349次），用第一人称复数*wir*、*unser*（我们、我们的）来代表广大民众说话，其中物主代词“我们的”更与各种不同的名词合并使用，如*unser Wohlstand*（我们的富裕）等。

（4）RB4（38次），用*Deutsche*、*Deutschland*（德国人、德国）吸引受众注意，提醒其作为德国人、是德国一份子的身份。

（5）RB5（44次），通过提及受众的职业与其进行间接对话，如*Polizisten*（警察们）。

（6）RB6（25次），用第三人称代词与受众间接对话，如*jeder*、*alle*、*viele*、*diejenigen*、*die*（每个人、所有人、许多人、那些……的人）。

例3–1

Ich danke an diesem Silvesterabend besonders allen Polizistinnen und Polizisten, Soldatinnen und Soldaten, den vielen Rettungskräften und all denjenigen, die sich in Krankenhäusern und in der Pflege um andere kümmern, genauso wie den Millionen ehrenamtlich Tätigen. (2019)

例3–1中有RB5和RB6这两种比较特别的读者介入标记分类别（如划线部分所示），*Polizistinnen und Polizisten*、*Soldatinnen und Soldaten*、*den vielen Rettungskräften*（警察、士兵、救援人员）是RB5, *denjenigen, die …* 是RB6。默克尔并不是简单地重复演讲开头的称呼*Liebe Mitbürgerinnen und Mitbürger*（亲爱的公民们）来与受众直接交谈，而是通过罗列那些在除夕之夜仍然在工作的各行各业的人员，包括警察、士兵、救援人员、医护人员和志愿者，与他们进行间接对话，并表达自己作为德国总理对这些人员的工作和付出的感谢，体现了默克尔通过提及受众职业的方式间接与他们进行对话和互动的努力。通过这种方式，默克尔一方面使民众感受到自己被关注，自己的付出得到总理的肯定，另一方面使他们觉得新年致辞的内容与自己息息相关，从而更加专注于演讲内容；这种提及不同职业民众的做法也有助于拉近总理与民众之间的距离，建立更加紧密的互动关系，进而能够团结一致迎接挑战，为自己阐述政论、呼吁民众理解和支持打下基础，而这正是她新年致辞的交际目的和言外行为意图。演讲者运用RB6（第三人称代词）看似不是在与所涉及的民众进行直接对话，但运用此类语言手段与RB5一样可以标示自己关注到这群人的存在，同时向他们发出间接对话的信号。

读者介入标记中出现最多的是RB3（349次），占所有元话语运用的24.8%。例3–2中，物主代词*unser*（我们的）和不同的名词搭配在一起成批出现（如下划线部分所示），是使用RB3元话语的典型实例，也是语料中的常见现象。

例3–2

Es steht völlig außer Frage, dass der Zuzug so vieler Menschen uns noch Einiges abverlangen wird. Das wird Zeit, Kraft und Geld kosten — gerade mit Blick auf die so wichtige Aufgabe der Integration derer, die dauerhaft hierbleiben werden. Dabei wollen und müssen wir aus Fehlern der Vergangenheit lernen.

Unsere Werte, unsere Traditionen, unser Rechtsverständnis, unsere Sprache, unsere Gesetze, unsere Regeln — sie tragen unsere Gesellschaft, und sie sind Grundvoraussetzung für ein gutes, ein von gegenseitigem Respekt geprägtes Zusammenleben aller in unserem Land. (2016)

在例3–2的开头，默克尔提到了难民涌入给德国带来的诸多问题，正如她所说，这些问题需要时间、力量和金钱才能解决，尤其是要面对这么多难民要融入社会的艰巨任务。在此背景下，默克尔马上提出了自己的解决思路，那就是“我们的价值观、我们的传统、我们对法律的理解、我们的语言、我们的法律、我们的规则，它们承载着我们的社会，也是我们国家所有人相互尊重、友好共处的基本前提。”通过反复使用“我们的”这一物主代词，默克尔不仅提及了自己，也将所有民众纳入到当前语篇中，使他们感受到总理与民众有着共同的身份认同，她代表着他们，并和他们是一体的。在此基础上，她呼吁民众共同应对困难和挑战的话语显得更加易于接受，受众对命题信息的接收过程由此受到默克尔的引导和影响。

总体而言，默克尔倾向于使用不同方式的读者介入标记与受众进行对话，她一方面尝试与其互动，吸引他们关注自己的演讲内容，另一方面则使新年致辞尽可能面向所有民众，向他们表达自己的关注、理解、认可、希望和新年祝福。

2. 过渡标记

过渡标记用来标示语篇中各部分之间的内在联系，此类元话语手段的大量使用体现了信息发出者合理组织语篇、使命题内容表达得清晰易懂的努力。过渡标记中的很大一部分是语法连词，但还有另外一些语言手段具有类似功能。语料中标示并列、因果、对照转折的过渡标记分别出现77、40、39次，远远超过其他分类别。

要说明一个事物、阐明一个主题，往往需要罗列或堆砌一些命题信息，因此默克尔会运用很多标示并列关系的连词和其他语言手段，如*und*、*aber auch*、*genauso wie*、*aber ebenso*、*verbunden mit*，此类并列标记是语料中使用频率最高的过渡标记。而在例3–3中则包含一种较为特别的并列标记，即3个由*dass*引导的从句。默克尔通过排比的方式阐述观点，使听者能够通过这3个*dass*连词及其引导的从句判断出，这3个句子在内容上属于并列关系，是在补充并列信息。这种通过重复关键句式、构建和显示话语命题间并列关系的做法在语料中屡见不鲜。

例3–3

Es ist mein Verständnis als Bundeskanzlerin, dass unsere Demokratie von der mehrheitlich getragenen Übereinkunft lebt, dass ihre Staatsdiener alles in ihrer Macht Stehende für den inneren Frieden und den Zusammenhalt unseres Landes tun. Dass sie sich immer wieder prüfen, was sie auch ganz persönlich dazu beitragen können. (2019)

例3–4

Deutschland ist so erfolgreich, weil Sie alle Tag für Tag Ihre Arbeit machen. Sie sind früh morgens auf den Beinen. Sie arbeiten im

Schichtdienst, an Sonn- und Feiertagen. Sie kümmern sich um Aufträge und um Ihre Mitarbeiter. Sie meistern Ihren Alltag, wie schwer er oft auch sein mag. So haben wir gemeinsam Enormes geleistet. (2011)

例3–4中有两个因果标记。首先，默克尔使用*weil*来标示后文是前文的原因，即德国人之所以如此成功，是因为每个德国人每天努力工作；随后，又用*so*来标示前文是后文的原因，后文是前文的结果，也就是说正是因为德国人努力工作，才共同取得了巨大的成绩。借助这些过渡标记，使得话语的内在逻辑、语义连贯及说话者的观点得以清晰地表达。

语言手段*andererseits*和*aber*等是常用的对照转折标记，默克尔经常通过这种手段来强调和突出后文的转折内容，巧妙地将说话重点移到后文内容上。通过语料分析，我们发现并列标记、对照转折标记等有时能帮助演讲者在不知不觉中转换话题或引入新话题。这或许能在一定程度上解释为什么语料中，用于引入话题、具有重要语篇组织功能的主题标记R1出现次数相对较少（62次）。或许，默克尔正是通过运用其他元话语手段来协助标示主题和结构的。

3. 自我标记

语料中共有143处自我标记，其中S1 (*ich*)出现了94次，是使用频率最高的自我标记分类别，S2 (*wir*)和S3 (*die Regierung*)分别出现了38次和11次。通常当默克尔谈及自己的经历、向民众表达感谢和祝福，或是认可民众的工作与付出时，她会用S1；而如果涉及政府政策，或是呼吁民众团结一致克服困难和挑战时，她就会使用S2或S3。

例3–5

Lassen Sie mich ganz offen sein: Als ich vor einem Jahr genau hier saß und zu Ihnen sprach, da habe ich bei aller Zuversicht durchaus auch mit gemischten Gefühlen in die Zukunft geschaut, denn unser Land steckte tief in der Finanz- und Wirtschaftskrise. Es war die schwerste Krise seit über 60 Jahren. (2011)

如例3–5所示，默克尔用*ich*来标示自我，通过对自己心理的具体描述，塑造了一个对民众敞开心扉、平易近人、尽心尽力处理政府事务的总理形象。在语料中，她不仅用*ich*也用*wir*、*die Regierung*来标示自我，原因在于她作为德国总理，其话语很多时候代表着政府的立场和观点。对她而言，新年致辞也是向民众阐述政论的好时机，可以帮助他们了解自己的国家正在发生些什么，今后政府会推行什么政策，等等。

4. 内指标记

为了使受众留意语篇中提到的内容及内容之间的关联性，以方便受众理解，信息发出者会运用前指或后指的内指标记来复现相关信息。在语料中共有131次这样的内指标记，其中重复或部分重复（V1）、总结性复现（V3）、明确内指标记（V4）分别出现了32次、10次和5次，而代词或代副词类复现（V2）有84次，是使用最为频繁的内指标记分类别。需要说明的是，在语料标注时，考虑到元话语的显性特征，并不是所有的代副词都标记为V2，如果代副词的运用纯粹是因为语法原因，即由于某动词的介词搭配要求，与该动词搭配使用，本研究都不将其判断为内指标记元话语。

例3–6

Deutschland hat die Krise wie kaum ein anderes Land gemeistert. Was wir uns vorgenommen hatten, das haben wir auch geschafft: Wir sind sogar gestärkt aus der Krise herausgekommen. Und das ist vor allem Ihr Verdienst, liebe Mitbürgerinnen und Mitbürger. (2011)

例3–6中，代词*das*指涉的是前文内容，即德国战胜了危机并变得更加强大这个事实。语料中经常出现的另一种V2表达是*das alles*、*all dies*。通过这类代词和代副词既可建立篇内联系，又可避免复杂冗长的句子，言简意赅，有助于实现语言经济性。

例3–7

Blicken wir einen Moment gemeinsam in die Zukunft: Wie wollen wir zusammenleben und denen helfen, die noch am Rande stehen? Wie sichern wir unseren Wohlstand? Zu diesen Fragen habe ich mit über 100 Experten einen Dialog über Deutschlands Zukunft begonnen, und dazu möchte ich auch mit Ihnen ins Gespräch kommen.

Ab Februar können Sie im Internet mitdiskutieren und Vorschläge einbringen. Ich lade Sie alle ein. Machen Sie mit. (2012)

例3–7中，除了使用V2 (*dazu*)以外，还有V3的用法，*diesen Fragen*（这些问题）即是对前面几个问句（我们如何共处？如何帮助还处在边缘的那些人？如何确保我们的富裕？）的总结性复现。针对这些问题，默克尔提到她已经开始与100多位专家就德国的未来展开了对话，也表达了与民众进行交流的意愿。话语重心似乎就这样自然而然地转移到了后面那个想与民众交流的部分。事实上，我们也确实可以看到，默克尔紧接着就告诉民众将在二月份开始举办总理与民众的网络讨论，并呼吁民众积极参与讨论、提出建议。可见，内指标记有效地帮助演讲者构建和传达了语篇的内在连贯，借助内指标记语言手段，默克尔时而可以围绕某个主题滔滔不绝，时而可以巧妙而顺利地从一个内容跳转到另一个内容。

5. 注释说明标记

使用注释说明标记基于信息发出者对受众关于所表达信息的已知信息和背景知识的预判。为清晰明了地表达自己的思想和观点，使之为受众所理解，默克尔经常使用注释说明标记，其中举例或具体化（I2）79次，定义和解释（I1）38次，修辞（I3）7次和总结（I4）5次。显然，默克尔较多运用举例或具体化方式对命题内容进行解释。

常用的I1标记是*das heißt*、*das bedeutet*、*also*等，语料中还有两种比较特殊的I1标记，即关系从句和扩展定语，它们出现的次数虽然不多，却体现了德语语言特色。典型的I2标记性语言手段是*wie*、*und zwar*、*dazu gehören*、*zum Beispiel*、*von ... bis…*、*ich meine*、*es wird darum gehen*等，受众听到这些语言表达，就会期待后面有举例或具体化说明的出现。

例3–8

Die Zukunft Deutschlands ist bei all dem untrennbar mit der Zukunft Europas verbunden. 27 Staaten in Europa müssen stärker denn je dazu bewogen werden, als eine Gemeinschaft zusammenzuhalten. Das wird die entscheidende Frage der nächsten Jahre sein.

Es wird darum gehen, ob wir Europäer in der globalen und digitalen Welt unsere Werte solidarisch und selbstbewusst nach innen wie nach außen vertreten, ob wir so auch für ein wirtschaftlich erfolgreiches und gerechtes Europa arbeiten und konsequent für den Schutz unserer Außengrenzen wie auch die Sicherheit der Bürgerinnen und Bürger eintreten. (2018)

例3–9

Das ist nur eine von vielen Geschichten, die überhaupt nicht spektakulär, aber dennoch bezeichnend für unseren Zusammenhalt sind.

Es sind Freunde und Nachbarn, die Initiative ergreifen oder einen Missstand beheben. Es sind die Familien, die sich Tag für Tag liebevoll um ihre Kinder und um ihre Angehörigen kümmern. Es sind Gewerkschafter und Unternehmer, die gemeinsam für die Sicherheit der Arbeitsplätze arbeiten. (2013)

例3–8的*es wird darum gehen*是具体化的信号和标记，它所具体说明的是默克尔的欧洲政策，即欧洲各国在今后几年如何团结一致的理念。而例3–9则出现了另一种I2标记，即对*Es sind ...*句型结构的3个重复。与前面例3–3不同，此处的排比性句式重复被判断为具体说明标记I2而不是并列标记Ü1，这是因为这3个重复的句子是在进行罗列，目的是对前面提到的内容作进一步说明，即针对前文*Zusammenhalt*（团结一致）这个词举出一些实例，使人更好地理解该词内涵：团结一致可以指朋友和邻居间的团结一致，他们积极主动或消除隔阂；团结一致也指家人间的团结一致，人们日复一日细心地照顾着家人和孩子；团结一致也指企业家和工会成员之间的团结一致，他们共同致力于保障工作岗位。通过这种方式，默克尔用自己对这个词的延申性解释引导和影响着受众的理解和观点。

6. 明确表达标记

与含糊表达标记相比，明确表达标记在语料中得到了大量使用，一共有127次（占元话语总体使用的9%）。此类增强性手段一方面有助于默克尔强调所传达信息和观点，另一方面也体现了她对所传达信息的确定性及坚定决心。

例3–10

Das vergangene Jahr stand im Zeichen der größten weltweiten Finanzkrise unserer Zeit. 2010 wird sich entscheiden, wie wir aus dieser Krise herauskommen.

Ich sage es sehr offen: Wir können nicht erwarten, dass der Wirtschaftseinbruch schnell wieder vorbei ist. Manches wird gerade im neuen Jahr erst noch schwieriger, bevor es wieder besser werden kann.

Aber wir können mit guten Gründen hoffen, dass Deutschland diese Krise meistern wird; dass unser Land stärker aus ihr hervorgehen wird, als es in sie hineingegangen ist; dass sich eine solche Krise nie mehr wiederholt.

Dazu müssen und werden wir weiter entschieden daran arbeiten, neue

Regeln auf den Finanzmärkten einzuführen, die das Zusammenballen von Maßlosigkeit und Verantwortungslosigkeit in Zukunft rechtzeitig verhindern.

Dazu müssen und werden Politik und Wirtschaft sich in den kommenden Monaten vor allem um die Sicherung der Arbeitsplätze kümmern; dabei vor allem auch um ausreichende Kredite für unsere Betriebe, insbesondere im Mittelstand.

Dazu müssen und werden wir als Bundesregierung alles tun, um Wachstum zu schaffen. Denn wir wollen mit mehr Wachstum klug aus der Krise kommen. (2010)

在例3–10开头，默克尔提及了德国所面临的经济危机，而后话锋一转，以一系列明确的表达标记表达了对克服危机的坚定信心。她提到“但我们可以有充分的理由希望德国终将克服这次危机，希望我们的国家走出危机时会变得更强大，希望这样的危机永远不再发生。”为了达到这一目标，默克尔进而阐述了“德国人应该做些什么呢？”后面的内容正是默克尔要强调的，应对经济危机的思路及政府后续的举措也是她借新年致辞的机会想向德国民众阐明的。因此在例3–10后半部分，我们可以观察到一系列明确表达标记的运用。通过*nie mehr*、*vor allem*、3次*müssen*和*werden*，默克尔不仅突出了自己的话语和观点，强调了说话内容的肯定性和不容置疑性，也传达了她应对危机的清晰思路和施政的坚定意愿，在此基础上也能更好地向民众发出呼吁信号，呼吁他们支持政府的政治和经济措施，共同克服危机。除此之外，例3–10中重复3次的*Dazu müssen und werden...*句式在话语层面也是在说明该如何或通过哪些方式和途径才能达到前面提到的克服危机的目的，因此也起到了过渡标记Ü5的作用。

语料中用于明确表达和加强语气的语言手段有很多，包括*niemals*、*buchstäblich*、*völlig*、*besonders*、*gerade*、*sicher*等词汇，*noch nie*、*ganz besonders*、Komparativ + *denn je*、*ohne Zweifel*、*vor allem*、*nicht zuletzt*、*gar nicht hoch genug*、*jederzeit und gegen jede Form von*、*nicht ... sondern*等词组或搭配形式，*es steht völlig außer Frage*、*genau das war es*、*ich bin überzeugt, dass*...、*egal, wie mühsam das ist*、*ist es nicht großartig, dass* ...等句子结构，以及情态动词*wollen*、*müssen*和表达许诺意思的动词*werden*。这些语言手段有利于默克尔传达自己对话语内容的强调和信心，进而实现她影响和鼓励民众的交际意图。

7. 主题结构标记

主题结构标记是用于标记话题引入或转换、标记语篇结构和语篇段落的语言手段。语料中共有96次主题结构元话语运用，占元话语运用总量的6.8%。

例3–11

Aus zahlreichen Gesprächen und Begegnungen in diesem Jahr weiß ich, dass sich viele von Ihnen Sorgen über den Zusammenhalt in Deutschland machen. Schon lange gab es darüber nicht mehr so unterschiedliche Meinungen. Manche sprechen gar von einem Riss, der durch unsere Gesellschaft geht.

Die einen sagen: Deutschland ist ein wunderbares Land, in dem die Werte unseres Grundgesetzes gelebt werden. Ein Land, das stark und wirtschaftlich erfolgreich ist. In dem noch nie so viele Menschen Arbeit hatten wie heute. Ein Land mit einer weltoffenen und vielfältigen Gesellschaft, mit einem starken Zusammenhalt, in dem sich tagtäglich Millionen Menschen ehrenamtlich für andere engagieren, zum Beispiel im Sport, für Kranke und Schwache oder auch in der Flüchtlingshilfe.

Die anderen sagen: Es gibt zu viele Menschen, die an diesem Erfolg nicht teilhaben. Die nicht mit dem Tempo unserer Zeit mitkommen. Die sehen, dass es ihre Kinder in die Großstädte zieht und sie allein bleiben, in Gebieten, in denen vom Einkauf bis zum Arztbesuch der Alltag immer schwieriger wird. Die sich sorgen, dass es zu viel Kriminalität und Gewalt gibt. Die sich fragen, wie wir die Zuwanderung in unser Land ordnen und steuern können. (2018)

默克尔在新年致辞中常常运用语言手段*die einen ..., die anderen ...*。例3–11中，这种语言手段（第二、第三段开头）不仅为注释说明标记，对第一段命题信息"*unterschiedliche Meinungen*"（不同的观点）进行具体说明，同时也是一种主题结构标记，兼具R1话题引入和R2标记语篇结构的双重功能。通过*die einen ..., die anderen ...*这种手段，默克尔导入两个相对立的观点，使整段话语的结构清晰，受众借助该话语手段能得到关于后续话语主题和语篇结构的明确提示。此外，这一典型的主题结构标记元话语手段在例3–11中还被标注为过渡标记Ü6，这是因为该手段表达了两个段落之间的对照/转折关系。通过对例3–11的分析，我们可以清晰地观察到元话语的多功能性。

例3–12

2013 wird ein Jahr vieler 50. Jahrestage.

Vor 50 Jahren wurde der Silvester-Klassiker „Dinner for One“ in Hamburg aufgezeichnet. Es fand der 1. Spieltag der Fußball-Bundesliga statt. Der deutsche Erfinder und Fernsehpionier Walter Bruch stellte sein Farbfernsehverfahren PAL vor.

Vor 50 Jahren war es auch, als der amerikanische Präsident John F. Kennedy im durch die Mauer geteilten Berlin seine legendären Worte sagte: „Ich bin ein Berliner“.

Im selben Jahr unterschrieben Frankreich und Deutschland, Charles de Gaulle und Konrad Adenauer, den Elysée-Vertrag. Sie bekräftigten damit den Wunsch beider Völker, sich nach zwei furchtbaren Weltkriegen zu versöhnen. (2013)

语料中用于话题引入的语言手段常常具有语境依赖性（[德] kontextabhängig），也就是说在不同的语境下，所呈现的语言手段或表达方式也会有所不同。如例3–11开头的那个句子“*Aus zahlreichen Gesprächen und Begegnungen in diesem Jahr weiß ich, dass …*”，（经过今年无数次的交谈和碰面，我了解到……）是一个证据来源标记，演讲者通过这个证据来源说明其实是引入了一个新话题，即很多德国人担心团结的问题，由此引出后面的不同观点。而例3–12同样以一个具有语境特殊性的语言手段“*2013 wird ein Jahr vieler 50. Jahrestage.*”（2013年是庆祝许多50周年的年份。）作为开篇，引出了后续语篇中关于50周年的具体描述和解释，这种内容上的关联性由于后面3段段首的*vor 50 Jahren*和*im selben Jahr*而变得显而易见。通过对语料的分析，可以观察到许多此类具有语境特殊性的话题引入元话语。

8. 态度标记

态度标记用于表达作者或说话者针对命题信息的立场和态度。语料中态度标记的运用共出现了25次（占元话语总体运用的1.8%）。典型的例子是*leider*、*es ist selbstverständlich*等。

例3–13

Eine Folge dieser Kriege und Krisen ist, dass es weltweit so viele Flüchtlinge gibt wie noch nie seit dem Zweiten Weltkrieg. Viele sind buchstäblich dem Tod entronnen. Es ist selbstverständlich, dass wir ihnen helfen und Menschen aufnehmen, die bei uns Zuflucht suchen.

Kürzlich erzählte mir jemand von einem Kurden, der heute Deutscher ist. Vor vielen Jahren sei er aus dem Irak geflohen — unter sehr schwierigen Bedingungen. Unter Lebensgefahr. Er habe gesagt, das Wichtigste sei für ihn in Deutschland, dass seine Kinder hier ohne Furcht aufwachsen könnten.

Das ist vielleicht das größte Kompliment, das man unserem Land machen kann: dass die Kinder Verfolgter hier ohne Furcht groß werden können. (2015)

态度标记可以通过上下文的功能分析来与明确表达标记加以区分。例3–13中，*buchstäblich*和*Es ist selbstverständlich*分别被判断和标注为明确表达标记和态度标记，因为*buchstäblich*在话语中表达和强调的是“许多人死里逃生”（*Viele sind dem Tod entronnen.*）这个命题信息的确定性（[德]Überzeugtheit），而*Es ist selbstverständlich*是默克尔用于表达自己对某一事物的看法和观点的语言手段，即她认为，帮助和接收那些难民是理所当然的事。

有些语言手段如*Es steht außer Frage, Ich bin davon überzeugt*不仅能用于强调，也能表达自己的观点，则可以同时标注为明确表达标记和态度标记。

9. 证据来源标记

证据来源标记用于标示当前语篇之外的信息来源，而引出的篇外信息通常是“文化、政治生活中的名人”名言，引言还包括“成语、谚语”“交际伙伴的话语或自己以前说过的话”（Nord, 2011）[128]等。语料中，证据来源标记很少出现，仅有12次（占元话语总体运用的0.9%）。如下面3例所示，默克尔在新年致辞中引用的内容主要来源于哲学家（例3–14）、诗人（例3–15）和社会改革家（例3–16）说过的话。

例3–14

Zuversicht für das kommende Jahr kann sich auch aus einem Satz des griechischen Philosophen Demokrit speisen. Er hat gesagt: „Mut steht am Anfang des Handelns, Glück am Ende“.

Lassen Sie uns in diesem Sinne auch 2013 gemeinsam diejenigen tragen, die es schwer haben, die einsam oder krank sind oder die Trost brauchen. (2013)

例3–15

Blicken wir einen Moment gemeinsam in die Zukunft: Wie wollen wir zusammenleben und denen helfen, die noch am Rande stehen? Wie sichern wir unseren Wohlstand? Wie lernen wir als Gesellschaft? Zu diesen Fragen habe ich mit über 100 Experten einen Dialog über Deutschlands Zukunft begonnen, und dazu möchte ich auch mit Ihnen ins Gespräch kommen. Ab Februar können Sie im Internet mitdiskutieren und Vorschläge einbringen. Ich lade Sie alle ein: Machen Sie mit.

Der Dichter Heinrich Heine hat es auf den Punkt gebracht, als er geschrieben hat: „Deutschland — das sind wir selber.“ Für viele von Ihnen ist das Mitmachen ganz selbstverständlich und wichtig. Von dieser Tatkraft lebt unser Land. Sie macht es menschlich, und sie macht es erfolgreich. Dafür bin ich dankbar. Darauf baue ich. Auch in Zukunft. (2012)

例3–16

Am Anfang sind es oft nur wenige, die vorausgehen, einen Stein ins Rollen bringen und Veränderung möglich machen. „Wer Mut zeigt, macht

Mut." — dieser Satz des Sozialreformers Adolph Kolping bringt das auf den Punkt.

Auch heute gibt es in unserem Land viele Mutige und Hilfsbereite. […] (2013)

通过这些证据来源标记及后面引出的在政治、文化生活中产生过一定影响的名人话语，说话者的思想和观点可以得到论证、验证或突出，从而在一定程度上增强了话语的权威性和确定性。语料中也出现个别对演讲者自己话语的引用，如"*Am Silvesterabend vor einem Jahr habe ich gesagt, …*"（一年前的除夕我说过，……），及对他人话语的引用，如"*Kürzlich erzählte mir jemand …*"（最近有人跟我讲……）（例3–13）。

10. 含糊表达标记

含糊表达标记用于表达对语气的缓和及表达对命题信息的不确定性。与语料中具有丰富呈现的明确表达标记（共127次）不同的是，*vielleicht*、*kann*等含糊表达标记在语料中仅出现了11次（占元话语运用总量的0.7%），是出现最少的元话语子范畴。例3–17中有一种用于表达缓和语气的语言手段，即第二虚拟式，这种形式常被用来谨慎地表达愿望、请求和观点。

例3–17

Die weltweite Krise darf aber keinesfalls als Ausrede dafür dienen, andere Herausforderungen der Menschheit in den Hintergrund zu drängen. Im Gegenteil, die Welt muss zeigen, dass sie ihre Lektion umfassend gelernt hat. Wirtschaft und Umweltschutz sind keine Gegensätze, sie bedingen einander — mehr denn je. Davon dürfen wir uns auch durch Rückschläge wie den der Klimakonferenz in Kopenhagen nicht beirren lassen.

In Kopenhagen haben wir guten Willen und Bereitschaft zum Handeln erlebt, aber leider eben auch viel Zögern und Eigensinn. Sich davon entmutigen zu lassen, das wäre denkbar falsch. Deutschland wird das nicht tun. Deutschland bietet an, über die in Europa vereinbarten CO2-Minderungsziele noch hinauszugehen. Deutschland stellt Mittel für die ärmeren Staaten bereit, die eine Unterstützung beim Klimaschutz brauchen. Deutschland wird weiter dafür werben, dass globale Probleme nur gemeinsam gelöst werden können. (2010)

例3–17中的*wäre*这个词被判断为含糊表达标记。本例讲的是默克尔在陈述自己对于环保问题的看法，她认为人类应当吸取教训，但在2009年哥本哈根世界气候大会上，有一些国家或地区对于环保问题表现出迟疑或自私的态度，默克尔称之为一种倒退。在这一背景下，默克尔认为如果某些国家选择与环保原则背道而驰，那将是错误的。这个句子其实是对某些国家的批评，为了使这个批评不至于太过直接，默克尔运用了第二虚拟式这个用于婉转表达的语法形式；接着她又使用了表达许诺的动词*werden*和*Deutschland wird das nicht tun*（德国肯定不会这么做），表达了德国政府在环保问题上的坚定立场。这种一弱一强的语气叠加更加凸显出默克尔在环保问题上的态度和立场。

3.3.4 小结

3.3节以德国前总理默克尔2010年至2019年这10年的新年致辞为实证研究语料，深入剖析了其中的元话语手段和表达及其语用功能。研究发现，语料中共有1409次元话语手段的运用，其中语篇组织元话语占40%，人际互动元话语占60%，使用较为频繁的元话语子范畴依次是读者介入标记（占38.4%）、过渡标记（13.8%）、自我标记（10%）、注释说明标记（9.3%）、内指标记（9.2%）、明确表达标记（9%）和主题结构标记（6.8%），而态度标记（1.0%）、证据来源标记（0.9%）和含糊表达标记（0.7%）这三类元话语手段的使用则较为罕见。这一研究结果清晰地展现了默克尔在演讲中的策略性。她一方面注重通过各类读者介入标记与受众互动，通过自我标记来突出自己的存在，通过明确表达标记强调自己的话语和观点；另一方面借助过渡标记、注释说明标记、内指标记、主题结构标记对话语进行合理组织、解释说明，为受众理解提供指引和帮助。研究结果体现了默克尔运用元话语组织语篇、传达信息的主体性和策略性，体现其对交际参与者主体间性的重视，其元话语运用特征体现了新年致辞这一政治语篇所蕴含的言外行为意图。

实例分析也体现了元话语手段的多功能性，如例3–11中的*die einen ..., die anderen ...*既是主题结构标记R1和R2，又是过渡标记Ü6，还是注释说明标记I2。我们在进行语料分析和元话语的识别与标注时，要对相关话语手段在语篇中的语用功能进行细致、全面的分析。同一个话语手段可能具有多种功能，应尽可能完整地标注出相应的元话语子范畴及其分类别，以充分挖掘相关话语手段的元话语性语用功能，这样才能更充分、更全面地呈现话语主体运用元话语手段引导和帮助受众理解的努力，也使得研究结果更具借鉴意义。

3.4 中德领导人新年致辞语篇的元话语特征对比研究[1]

3.4.1 语料介绍

如前所述，新年致辞作为演讲者以其特殊且重要的身份，有意识地阐述自己治国理政思想和内政外交理念的重要载体，演讲者有明确的传达信息、阐述观点、表明态度、引导受众理解的意图和目的，此类语篇属于具有信息–解释功能及人际互动功能的语体，其元话语运用特征值得探究。3.4节拟以习近平2014年至2019年这6年和默克尔2010年至2019年这10年的新年致辞为语料，对这两位领导人演讲中的语言类元话语手段运用进行对比分析。通过这样的对比，以探究中德政治家演讲中元话语运用的共性与差异，并进一步探讨演讲类政治语篇中的元话语语体特征，以及元话语在话语建构中的意义和作用。为了确保3.3节和3.4节的内容相对独立，并减少读者在阅读过程中需要回顾前文或翻页查找的麻烦，即使在本部分（3.4节）需要引用前面已经举过的例子，笔者仍会进行展示和分析。至于德汉语料对比研究所需的元话语分类模型，笔者已在3.2.1节中加以详细阐述，在此不再赘述。

1　基于本对比研究，笔者撰写了一篇汉语论文，已刊发在《同济大学学报》（社会科学版）2022年第一期上，见王颖频（2022）。

3.4.2 语料分析1——德汉语料元话语运用的总体情况和一致性倾向

根据语料分析和统计，德汉语料中的元话语运用总体情况如表3–8所示。

表3–8：德汉语料元话语运用总体情况比较

范畴	子范畴	分类别	汉语语料(6篇)	德语语料(10篇)
语篇组织元话语(TMD)	主题结构标记(R)	R1	44	62
		R2	39	34
		R-Σ	83	96
	过渡标记(Ü)	Ü1	30	77
		Ü2	0	40
		Ü3	0	14
		Ü4	0	8
		Ü5	0	7
		Ü6	5	39
		Ü7	0	9
		Ü-Σ	35	194
	内指标记(V)	V1	7	32
		V2	39	84
		V3	15	10
		V4	0	5
		V-Σ	61	131
	证据来源标记(Q)	Q	0	12

续表

范畴	子范畴	分类别	汉语语料(6篇)	德语语料(10篇)
语篇组织元话语(TMD)	注释说明标记(I)	I1	0	38
		I2	15	79
		I3	36	7
		I4	0	5
		I-Σ	51	129
		TMD -Σ	**230(39.4%)**	**562(39.9%)**
人际互动元话语(IMD)	含糊表达标记(A)	A	0	11
	明确表达标记(Verstärkungen)	VS	30	127
	态度标记(E)	E	7	25
	自我标记(S)	S1	41	94
		S2	29	38
		S3	11	11
		S-Σ	81	143
	读者介入标记(RB)	RB1	18	26
		RB2	0	59
		RB3	68	349
		RB4	35	38
		RB5	94	44
		RB6	21	25
		RB-Σ	236	541
		IMD-Σ	**354(60.6%)**	**847(60.1%)**
		IMD+TMD-Σ	**584(100%)**	**1409(100%)**

虽然本研究所分析的德汉语料在篇数上存在差异，但所分析的都是新年致辞，从语篇类型来看，其内容和目的具有相似性，因此这些语料具有相当的可比性，且我们比较的是某类元话语在整个语料中的占比，所以对比结果的合理性得以保证。从表3–8可以看出，汉语6篇语料共有584次元话语手段运用，其中语篇组织元话语出现230次，占39.4%，而人际互动元话语则有354次，占60.6%；相比之下，德语10篇语料中共有1409次元话语手段的运用，其中语篇组织元话语为562次，占39.9%，人际互动元话语为847次，占60.1%。这些百分比显示，习近平和默克尔在新年致辞中，元话语的运用方面展现出了显著的共性。与语篇组织元话语相比，两位领导人在新年致辞中总体上都运用了更多的人际互动元话语。这一共同点从一个侧面体现了他们与受众进行互动的主观性努力，以及对受众的高度重视。

3.4.3 语料分析2——德汉语料元话语子范畴和分类别运用的共性和差异分析

那么，德汉语料在具体的元话语子范畴和分类别运用方面又会呈现何种共性和差异呢？我们接下来将作进一步比较和分析。

1. 德汉语料元话语子范畴和分类别运用共性量化分析

首先，我们来看子范畴的运用情况。如图3–1所示，汉语语料中的元话语子范畴按运用频率依次为读者介入标记236次（占所有元话语运用的40.4%）、主题结构标记83次（14.2%）、自我标记81次（14%）、内指标记61次（10.4%）、注释说明标记51次（8.7%）、过渡标记35次（6%）、明确表达标记30次（5.1%）、态度标记7次（1.2%），证据来源标记和含糊表达标记没有运用。而德语语料中的元话语子范畴按运用频率依次是读者介入标记（占38.4%）、过渡标记（13.8%），自我标记（10.1%），内指标记（9.3%）、注释说明标记（9.2%）、明确表达标记（9%）和主题结构标记（6.8%）、态度标记（1.8%）、证据来源标记（0.9%）、含糊表达标记（0.7%）。

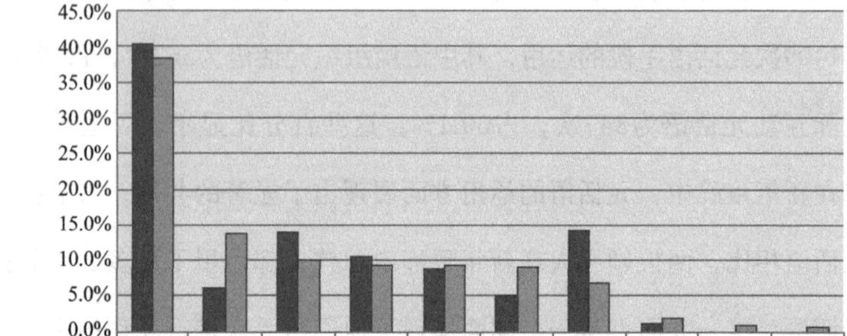

	读者介入标记(RB)	过渡标记(Ü)	自我标记(S)	内指标记(V)	注释说明标记(I)	明确表达标记(VS)	主题结构标记(R)	态度标记(E)	证据来源标记(Q)	含糊表达标记(A)
■ 汉语语料	40.4%	6.0%	14.0%	10.4%	8.7%	5.1%	14.2%	1.2%	0.0%	0.0%
■ 德语语料	38.4%	13.8%	10.1%	9.3%	9.2%	9.0%	6.8%	1.8%	0.9%	0.7%

图3–1：德汉语料元话语子范畴运用比较

尽管德汉语料在元话语子范畴的运用频率高低顺序上稍有不同，且各子范畴在全部元话语手段中所占的比例也有所不同，但一个显著的现象是，运用频率较高的前7个子范畴在两种语料中是一致的。从中可以看出，习近平和默克尔在新年致辞时，在元话语运用方面有着明显的一致性倾向。具体而言，他们一方面都注重通过大量及不同种类的读者介入标记与受众互动，通过自我标记凸显自己的身份及所表达的观点，通过明确表达强调自己的话语；另一方面他们也都借助过渡标记、内指标记、注释说明标记、主题结构标记对演讲内容进行合理组织和解释说明，为受众提供理解的指引和帮助。值得注意的是，含糊表达标记、态度标记和证据来源标记这3类子范畴在两种语料中的使用都相对较少。这个结果有一定的合理性，符合领导人在新年致辞中面向民众发表演讲时的说话方式和交际目的。减少（德语语料中）或避免（汉语语料中）使用含糊的、不确定的表达，有助于增强话语的确定性和可信度，突出自己的话语和立场，更好地引导和影响受众的理解；虽然态度标记使用得不多，但演讲者的态度通过频繁使用的明确表达标记得以强调；而证据来源标记的较少使用，可能跟演讲内容有关，演讲者在回顾旧年、展望新年过程中，围绕的都是民众大多熟知的事实或内政外交思想，无需过多引用证据加以说明，此外习近平在演讲中常引用民众耳熟能详的语典，这也无需说明来源。

再来看元话语分类别的运用情况。表3–9分别列出了德汉语料中使用频率较高的前10个分类别的使用次数和占比。从中可以看出，汉语语料中使用较多的分类别依次为RB5（16%）、RB3（12%）、R1（7.5%）、S1（7%）、R2（6.7%）、V2（6.7%）、I3（6.2%）、RB4（6%）、Ü1（5%）、VS（5%）；德语语料中使用较多的分类别依次为RB3（24.7%）、VS（9%）、S1（6.6%）、V2（5.8%）、I2（5.6%）、Ü1（5.5%）、R1（4.4%）、RB2（4.2%）、RB5（3.1%）、Ü2（2.8%）。

表3–9：德汉语料使用较多的元话语分类别比较

序号	汉语语料（共6篇，584次元话语运用）	德语语料（共10篇，1409次元话语运用）
1	RB5: 94 (16%)	RB3: 349 (24.7%)
2	RB3: 68 (12%)	VS: 127 (9%)
3	R1: 44 (7.5%)	S1: 94 (6.6%)
4	S1: 41 (7%)	V2: 84 (5.8%)
5	R2: 39 (6.7%)	I2: 79 (5.6%)
6	V2: 39 (6.7%)	Ü1: 77 (5.5%)
7	I3: 36 (6.2%)	R1: 62 (4.4%)
8	RB4: 35 (6%)	RB2: 59 (4.2%)
9	Ü1: 30 (5%)	RB5: 44 (3.1%)
10	VS: 30 (5%)	Ü2: 40 (2.8%)
Σ	占所有元话语手段使用的78.1%	占所有元话语手段使用的71.7%

德汉语料均较多地运用了RB3、RB5、S1、VS这些人际互动元话语的分类别，以及R1、V2、Ü1这些语篇组织元话语的分类别，这充分展现了德汉语料在元话语分类别运用上的诸多共同之处。可以想象，演讲者会较多使用这些分类别来传达和实现自己的言外行为意图，或与受众进行互动，或对自己的观点进行强调，或对话语内容进行有序组织和解释说明。下面试举例加以说明。例子后面括号里的数字即新年致辞的年份。

2. 德汉语料元话语子范畴和分类别运用共性实例分析

1）读者介入标记RB3

如表3–9所示，读者介入标记RB3（我们，我们的）在德汉语料中均占有显著地位。在德语语料中，RB3是使用频率最高的元话语分类别，占比高达24.7%；而在汉语语料中，它位列第二，占比为12%。

例3–18

Unsere Werte, unsere Traditionen, unser Rechtsverständnis, unsere Sprache, unsere Gesetze, unsere Regeln — sie tragen unsere Gesellschaft, und sie sind Grundvoraussetzung für ein gutes, ein von gegenseitigem Respekt geprägtes Zusammenleben aller in unserem Land. (2016)

例3–18中，物主代词*unser*（我们的）和不同名词搭配成批出现（如划线部分所示），这是使用RB3元话语的典型实例，在德语语料中尤为常见。默克尔通过这种方式，不仅提及了自己，更将广大民众纳入到当下语篇中，使他们感受到总理与民众之间有着相同的身份认同，她和他们是一体的。在此基础上，默克尔呼吁民众共同应对挑战的话语会显得更为贴近和易于接受，受众对命题信息的接收过程也由此受到默克尔的引导和影响。

例3–19

我们只有一个地球，这是各国人民共同的家园。这一年，我国领导人参加了不少国际会议，开展了不少外交活动，推动"一带一路"建设取得实质性进展，参与了联合国2030年可持续发展议程、应对全球气候变化等国际事务。世界那么大，问题那么多，国际社会期待听到中国声音、看到中国方案，中国不能缺席。面对身陷苦难和战火的人们，我们要有悲悯和同情，更要有责任和行动。中国

将永远向世界敞开怀抱，也将尽己所能向面临困境的人们伸出援手，让我们的“朋友圈”越来越大。(2016)

RB3在汉语文本中的运用同样有很多体现。如例3–19中的划线部分所示，习近平所用的第一人称复数“我们”“我们的”这一读者介入标记，不仅代表自己，更将广大听众纳入其中，其用意是向所有聆听新年致辞的受众或潜在受众传达中国在气候、环境和可持续发展等方面的观点、态度和作为，呼吁大家共同爱护地球这一全世界人民共同的家园。同时，习近平也号召全体中国民众参与到有责任的行动中，并通过实际行动扩大中国人民的朋友圈。RB3这类元话语的运用有利于演讲者传递“我们是一个整体，我们有共同的愿望和目标，我们共同应对挑战和问题”等信息。

2）读者介入标记RB5

读者介入标记RB5在汉语语料中是使用频率最高的元话语分类别，占比为16%。

例3–20

在这辞旧迎新之际，无数工人、农民、知识分子、干部仍然坚守在工作岗位，不少同胞依然奔波在世界各地为祖国辛勤工作，许多人民解放军和武警官兵、公安干警正在履行光荣使命。他们有的远离祖国、远离亲人，有的不能同家人团聚。

我代表祖国和人民，向他们致以诚挚的问候，祝他们平安顺利！(2014)

例3–21

2016年即将过去，新年的钟声即将敲响。在这辞旧迎新的美好时刻，我向全国各族人民，向香港特别行政区同胞、澳门特别行政区同胞，向台湾同胞和海外侨胞，向世界各国各地区的朋友们，致以新年的祝福！(2017)

如例3–20和例3–21的划线部分所示，RB5这个读者介入标记的分类别在习近平的新年致辞中得到了大量的运用。其具体的语言手段包括：香港特别行政区同胞、澳门特别行政区同胞、台湾同胞、海外侨胞；工人、农民、知识分子、干部；人民解放军、武警官兵、公安干警；老人们、孩子们；快递小哥、环卫工人、出租车司机，等等，涵盖了各行各业、各种类型的中国人。新年致辞中出现如此丰富的RB5读者介入标记，充分说明习近平通过提及受众的身份、职业与其进行互动交流的倾向和努力，并在新年之际向国内外所有中国人表达新年祝福的意愿。

例3–22

Ich danke an diesem Silvesterabend besonders allen Polizistinnen und Polizisten, Soldatinnen und Soldaten, den vielen Rettungskräften und all denjenigen, die sich in Krankenhäusern und in der Pflege um andere kümmern, genauso wie den Millionen ehrenamtlich Tätigen. (2019)

这种做法在德语文本中的使用频率虽然相对较低，仅占整体元话语的3.1%，但同样有所体现。以例3–22的划线部分为例，我们可以看到读者介入标记RB5的运用。默克尔并未仅仅局限于演讲开头的称呼*Liebe*

*Mitbürgerinnen und Mitbürger*来与受众直接交谈，而是通过罗列除夕之夜仍坚守岗位的警察、士兵、救援人员、医护人员、志愿者等各行各业的人士，与其进行间接对话，并向他们表达由衷的感谢，这一做法同样体现了默克尔与民众建立互动的努力。

无论是汉语文本还是德语文本，RB5的使用均展现出国家领导人对不同职业和身份民众的关怀与尊重。通过提及这些民众的工作和付出，无疑可以拉近与民众之间的距离，增进相互理解和信任，进而激发民众共同应对挑战、解决问题的决心和动力。此外，RB5的使用还为领导人们阐述政策主张、呼吁民众支持提供了有力的支撑，进一步凸显了新年致辞所承载的重要交际目的和言外行为意图。

3）自我标记S1

第一人称单数作为自我标记S1，在语料中同样属于使用频率较高的元话语分类别，其在汉语文本和德语文本中的使用占比分别为7%和6.6%。

例3–23

我始终惦记着困难群众。在四川凉山三河村，我看望了彝族村民吉好也求、节列俄阿木两家人。在山东济南三涧溪村，我和赵顺利一家围坐一起拉家常。在辽宁抚顺东华园社区，我到陈玉芳家里了解避险搬迁安置情况。在广东清远连樟村，我和贫困户陆奕和交谈脱贫之计。他们真诚朴实的面容至今浮现在我的脑海。新年之际，祝乡亲们的生活蒸蒸日上，越过越红火。(2019)

如例3–23所示，习近平在回顾自己深入各地调研，走进群众家中、与他们拉家常的经历时，借助自我标记“我”“我的”一方面在讲述自己的亲身经历，勾勒出一幅幅温馨而真实的画面，凸显出习近平亲近民众、平易近人的风格，另一方面习近平也让新年致辞的全体受众深切感受到他心系百姓、关爱群众的优良作风，使致辞更加亲切感人。

例3–24

Lassen Sie mich ganz offen sein: Als ich vor einem Jahr genau hier saß und zu Ihnen sprach, da habe ich bei aller Zuversicht durchaus auch mit gemischten Gefühlen in die Zukunft geschaut, denn unser Land steckte tief in der Finanz- und Wirtschaftskrise. Es war die schwerste Krise seit über 60 Jahren. (2011)

自我标记S1在德语语料中同样频繁出现，如例3–24所示，默克尔用*ich*这一第一人称单数来标示自我，同时也通过对自己内心感受的具体描述，塑造出一个对民众敞开心扉，尽心尽力处理政府事务的总理形象。对于默克尔而言，新年致辞是一个向民众阐述政论的好时机，以便他们了解自己的国家正在发生些什么，今后政府会推行什么政策，等等。

4）明确表达标记

明确表达标记VS在德语语料中是使用频率第二高的元话语分类别，占比达9%。这一分类别下涵盖了多种语言手段，用于明确表达和加强语气，包括*niemals*、*völlig*、*besonders*、*gerade*、*sicher*等词汇，*noch nie*、*ganz besonders*、Komparativ + *denn je*、*ohne Zweifel*、*vor allem*、 *nicht zuletzt*、*gar nicht hoch genug*、*jederzeit und gegen jede Form von*、*nicht ... sondern...*等词组或搭配形式，*es steht völlig außer Frage*、*genau das war es*、*ich bin überzeugt, dass...*、*egal, wie mühsam das ist*、*ist es nicht großartig, dass...*等句子结构，以及情态动词*wollen*、*müssen*和表达许诺意思的动词*werden*。这些语言手段有利于默克尔传达自己对话语内容的强调和信心，进而实现其影响和鼓励民众的交际意图。

汉语语料中明确表达标记同样占据一定比例，占比5%。用于明确表达的语言手段包括"我们要……"句式的重复、"中国将……"、"必须"、"必将"、"特别"、"不管"等。

例3–25

新年的钟声即将敲响。我们要继续努力，把人民的期待变成我们的行动，把人民的希望变成生活的现实。我们要继续全面深化改革，开弓没有回头箭，改革关头勇者胜。我们要全面推进依法治国，用法治保障人民权益、维护社会公平正义、促进国家发展。我们要让全面深化改革、全面推进依法治国如鸟之两翼、车之双轮，推动全面建成小康社会的目标如期实现。(2015)

例3–25中，习近平运用"我们要……"这个句式进行多次重复，一方面具体阐述了新的一年里中国政府在改革、法治、民生等方面的努力目标和任务，另一方面通过句式的重复对自己的话语进行了强调和突出，增强了语气的确定性和话语的明确性，传达了政府深化改革、改善民生的坚定意志和决心。

5）话题引入标记R1

主题结构标记中的话题引入标记R1在德汉语料中均得到了较多应用，分别占4.4%和7.5%。在习近平的新年致辞中，话题引入的运用呈现出一定的规律性。他通常先就过去的一年进行回顾，然后再谈及对新年的期望和愿景。如例3–26所示，习近平通过一句“2014年是令人难忘的。”总结了过去一年的重大事件和成就，在话语层面起到了话题引入的作用，后文内容就是习近平关于2014年如何令人难忘进行的具体回顾和阐述，包括改革方面啃下不少硬骨头，正风肃纪方面反对形式主义、反腐力度的加大，以及在国际舞台上主办了北京亚太经合组织领导人非正式会议等重要外交活动。

例3–26

2014年是令人难忘的。这一年，我们锐意推进改革，啃下了不少硬骨头，出台了一系列重大改革举措，许多改革举措同老百姓的利益密切相关。我们适应经济发展新常态，积极推动经济社会发展，人民生活有了新的改善。12月12日，南水北调中线一期工程正式通水，沿线40多万人移民搬迁，为这个工程作出了无私奉献，我们要向他们表示敬意，希望他们在新的家园生活幸福。这一年，我们着力正风肃纪，重点反对形式主义、官僚主义、享乐主义和奢靡之风，情况有了很大改观。我们加大反腐败斗争力度，以零容忍的态度严惩腐败分子，显示了反腐惩恶的坚定决心。这一年，我们加强同世界各国的合作交往，主办了北京亚太经合组织领导人非正式

会议，我国领导人多次出访，外国领导人也大量来访，这些活动让世界更好认识了中国。(2015)

德语语料中的话题引入同样经常以与语境相关联的方式出现，如例3–27中，默克尔通过“*2013 wird ein Jahr vieler 50. Jahrestage.*”（2013年是一个有很多50周年庆典的年份。）这个句子导入了后文3个段落对50年前所发生事情的具体描述，比如50年前开启了德国足球联赛的第一个比赛日；50年前美国总统肯尼迪在柏林墙尚在的柏林说了“我是一个柏林人”那句著名的话语；同样在50年前，法国总统戴高乐和德国总理阿登纳签署了爱丽舍协定，以此强调德法两国人民历经两次可怕战争后和好的愿望。而例3–28中，演讲者又通过具有语境特殊性的证据来源标记“*Aus zahlreichen Gesprächen und Begegnungen in diesem Jahr weiß ich, dass ...*”（根据今年无数次见面和交谈，我了解到……）引入了“许多德国民众担心德国是否能保持团结一致”这一新话题，由此引出了后文民众关于这个话题的不同看法。

例3–27

<u>2013 wird ein Jahr vieler 50. Jahrestage.</u>

<u>Vor 50 Jahren</u> wurde der Silvester-Klassiker „Dinner for One“ in Hamburg aufgezeichnet. Es fand der 1. Spieltag der Fußball-Bundesliga statt. Der deutsche Erfinder und Fernsehpionier Walter Bruch stellte sein Farbfernsehverfahren PAL vor.

<u>Vor 50 Jahren</u> war es auch, als der amerikanische Präsident John

F. Kennedy im durch die Mauer geteilten Berlin seine legendären Worte sagte: „Ich bin ein Berliner".

Im selben Jahr unterschrieben Frankreich und Deutschland, Charles de Gaulle und Konrad Adenauer, den Elysée-Vertrag. Sie bekräftigten damit den Wunsch beider Völker, sich nach zwei furchtbaren Weltkriegen zu versöhnen. (2013)

例3–28

Aus zahlreichen Gesprächen und Begegnungen in diesem Jahr weiß ich, dass sich viele von Ihnen Sorgen über den Zusammenhalt in Deutschland machen. Schon lange gab es darüber nicht mehr so unterschiedliche Meinungen. Manche sprechen gar von einem Riss, der durch unsere Gesellschaft geht.

Die einen sagen: Deutschland ist ein wunderbares Land, in dem die Werte unseres Grundgesetzes gelebt werden. Ein Land, das stark und wirtschaftlich erfolgreich ist. In dem noch nie so viele Menschen Arbeit hatten wie heute. Ein Land mit einer weltoffenen und vielfältigen Gesellschaft, mit einem starken Zusammenhalt, in dem sich tagtäglich Millionen Menschen ehrenamtlich für andere engagieren, zum Beispiel im Sport, für Kranke und Schwache oder auch in der Flüchtlingshilfe.

Die anderen sagen: Es gibt zu viele Menschen, die an diesem Erfolg nicht teilhaben. Die nicht mit dem Tempo unserer Zeit mitkommen. Die sehen, dass es ihre Kinder in die Großstädte zieht und sie allein bleiben, in Gebieten, in denen vom Einkauf bis zum Arztbesuch der Alltag immer schwieriger wird. Die sich sorgen, dass es zu viel Kriminalität und Gewalt gibt. Die sich fragen, wie wir die Zuwanderung in unser Land ordnen und steuern können. (2018)

德语语料中还有一个常见的语言手段*die einen ..., die anderen ...*起到了话题引入的作用，在例3–28中，这一语言手段同时被标记为话题引入标记R1、结构标记R2、具体化注释说明标记I2和对照性过渡标记Ü6。因为通过该语言手段，默克尔不仅导入了两个截然不同的观点：一个观点是，德国是个伟大的国家，经济成功、国家强大，社会开放而多元，民众团结一致；而另一种观点则认为，有许多人并没有分享到这种成功，未能跟上时代的步伐，孩子们迁入了大城市，而他们则孤独地居住在购物、医疗条件日益糟糕的地区，对犯罪行为和暴力事件的增多感到担忧，他们要问，如果越来越多的难民来到我们国家，该如何维持秩序、如何掌控局面。默克尔运用这个语言手段还给予受众语篇结构上的提示，有*die einen, ...*的话语后面肯定会出现*die anderen, ...*的内容。此外，默克尔也运用该语言手段对上一段的*unterschiedliche Meinungen*进行了具体化阐述，同时也明示了本例第二、三段之间的语义对照关系。该例充分体现了元话语的多功能性。

6）内指标记V2

为了使受众能够留意到语篇中提到的内容及内容之间的关联性，以方便受众理解整体信息，信息发出者会运用前指或后指的内指标记来复现相关信息。其中内指标记分类别V2，即代词或代副词类复现，在德汉语料中均有很多运用，分别占比5.8%和6.7%。需要说明的是，在标注德语语料时，并不是所有代副词都标记为V2，如果代副词的运用纯粹出于语法原因，即由于某个动词的介词搭配要求而与之搭配使用，本研究都不判断为内指标记元话语。

如上面例3–26中，3个“这一年”就是V2的实例，通过这些代词性的复现，习近平对2014年所发生的重要事件，对政府在民生、法治、外交等领域的作为和成绩进行了总结性的描述，也为受众提供了“这一年”就是前文2014年的提示，帮助了他们理解。

例3–29

Deutschland hat die Krise wie kaum ein anderes Land gemeistert. Was wir uns vorgenommen hatten, das haben wir auch geschafft: Wir sind sogar gestärkt aus der Krise herausgekommen. Und das ist vor allem Ihr Verdienst, liebe Mitbürgerinnen und Mitbürger. (2011)

例3–29是德语语料中V2内指标记运用的实例。划线部分的代词*das*指涉的是前文内容，即德国克服了危机并变得更加强大这个事实。德语语料中经常出现的另一种V2表达是*das alles*、*all dies*。通过这类代词和代副词既可建立篇内联系，又可避免复杂冗长的句子和冗余信息，言简意赅，有助于实现语言经济性。

7）过渡标记Ü1

过渡标记用来标示语篇中各部分之间的内在语义关系，信息发出者通过大量使用这类元话语手段，旨在合理组织语篇，使命题内容表达得更为清晰易懂。要说明一个事物、阐明一个主题，往往需要罗列一些命题信息，因此默克尔会频繁运用标示并列关系的连词和其他具有相似功能的语言手段，如*und*、*aber auch*、*genauso wie*、*aber ebenso*、*verbunden mit*。在德语语料中，并列标记Ü1是使用最为频繁的过渡标记，占所有元话语使用的5.5%。前面例3–27中的两次*vor 50 Jahren*和一次*im selben Jahr*就被标注为并列标记Ü1，这是因为这3段在内容上具有并列关系，都在说明50年前所发生的重要事件。此类具有语境特殊性的语言手段也体现在例3–30中，演讲者通过3个由*dass*引导的从句，以排比的方式阐述自己的观点，听者通过这3个*dass*连词及其引导的从句，可以判断出这3个句子在内容上属于并列关系。这种通过重复关键句式、构建和显示话语命题间并列关系的做法在德语语料中屡见不鲜。

例3–30

Es ist mein Verständnis als Bundeskanzlerin, dass unsere Demokratie von der mehrheitlich getragenen Übereinkunft lebt, dass ihre Staatsdiener alles in ihrer Macht Stehende für den inneren Frieden und den Zusammenhalt unseres Landes tun. Dass sie sich immer wieder prüfen, was sie auch ganz persönlich dazu beitragen können. (2019)

并列标记Ü1在汉语语料中占元话语运用的5%。除了“也”“此外”“不仅……也……”等常用的表达并列关系的语言手段外，还有其他具有相同功能的词汇和句式。比如例3–26中，这3个“这一年……”

的句式同时也被标注为并列标记Ü1。通过对“这一年”的重复，受众能够认识到，每个“这一年”后面所跟随的内容具有并列关系，都在说明“2014年是令人难忘的”这一主题。此外，这3个“这一年”还被标注为1次具体化注释说明标记I2，这是因为通过这一重复运用的句式，习近平对“2014年是令人难忘的。”这个话题进行了具体阐述和举例说明。本例同样体现了元话语的多功能性。

上述实例分析体现了德汉语料在上述元话语分类别使用方面的相似之处，中德领导人都较多运用了读者介入标记RB3和RB5、自我标记S1、明确表达标记VS、话题引入标记R1、内指标记V2、并列标记Ü1这些分类别来表达和实现自己的言外行为意图，或与受众进行互动，或对自己的观点进行突出和强调，或引入话题，或对话语内容进行有序组织和说明。实例分析也体现了两者在元话语相关子范畴运用方面的共性，这进一步验证了前面量化分析的结果（见图3–1）。而例3–26和例3–28直观地说明了有些语言手段在语篇中具有多重功能，充分体现了元话语的多功能性。

3. 德汉语料元话语子范畴和分类别运用的差异分析

德汉语料在元话语子范畴和分类别运用方面也存在一定的差异。

1）读者介入标记使用方面的差异

首先，我们注意到在德语和汉语语料中，读者介入标记的使用都占据了显著的地位，但具体分类别的使用频率存在差异。德语语料中，读者介入标记RB3的使用占比24.7%，几乎达到所有元话语运用的四分之一，远超其他分类别的运用，并且是汉语语料中RB3占比（12%）的两倍。这一差异表明，默克尔更多使用“*wir*、*unser* + 名词”这类语言手段与民众进行互动的倾向，如上文例3–18所示。而汉语语料中，使用最多的元话语分类别是读者介入标记RB5，占所有元话语运用的16%，习近平在新年致辞中频繁使用RB5，如上文例3–20和例3–21所示。RB5的使用充分彰显了习近平在新年来临之际对全国各行各业普通民众和劳动者的关心和关切，体现了他更多通过提及受众的身份、职业等与其进行互动交流的倾向。此类语言手段的使用无疑会使受众明确地体会到被关注、关心、重视的感觉，拉近了国家领导人和民众的关系，也提升了话语效果。

需要说明的是，尽管两位领导人总体上都大量使用了读者介入标记与受众互动，但使用的种类却有所不同。习近平除了较多使用前面提到的RB5和RB3外，还使用了RB4（占比6%），即通过“中国人”“中国”这样的表达激发全体中国老百姓对演讲内容的关注，如例3–19所示。而德语语料中，除了RB3外，RB2（第二人称*Sie*）的使用也较为频繁，占比4.2%，这体现了德国人更倾向于运用代词*Sie*与单个或多个交际伙伴进行对话和交流的习惯。

2）注释说明标记使用方面的差异

使用注释说明标记是基于信息发出者对受众背景知识的预判。上文的例3–26和例3–28已经展示了汉德语料中都有具体化注释说明标记I2的使用。但德汉语料中，一个不同点在于，默克尔更倾向于运用举例或具体化手段（I2）来对话语进行解释说明（占比5.6%），她常用的典型I2语言手段包括*und zwar*、*dazu gehören*、*zum Beispiel*、*ich meine*、*es wird darum gehen*等，当受众听到这些语言表达时，他们就会自然而然地期待接下来会有具体举例或详细说明的内容。

例3–31

Die Zukunft Deutschlands ist bei all dem untrennbar mit der Zukunft Europas verbunden. 27 Staaten in Europa müssen stärker denn je dazu bewogen werden, als eine Gemeinschaft zusammenzuhalten. Das wird die entscheidende Frage der nächsten Jahre sein.

Es wird darum gehen, ob wir Europäer in der globalen und digitalen Welt unsere Werte solidarisch und selbstbewusst nach innen wie nach außen vertreten, ob wir so auch für ein wirtschaftlich erfolgreiches und gerechtes Europa arbeiten und konsequent für den Schutz unserer Außengrenzen wie auch die Sicherheit der Bürgerinnen und Bürger eintreten. (2018)

例3–31的*es wird darum gehen*便是具体化的信号和标记，后文具体说明的是默克尔的欧洲政策，即欧洲各国在今后几年如何团结一致的理念。通过这种表述方式，演讲者以自己对“欧洲”这一概念的解释为引导，进而影响着受众对欧洲政策的理解和观点。

而习近平在演讲中则更多地运用修辞手法（I3）来实施解释说明的交际行为（占比6.2%），例3–25中，习近平就使用了两个I3修辞手法：“开弓没有回头箭”和“如鸟之两翼、车之双轮”，这些比喻的运用使得话语的意思和内涵变得更为直观和易于理解，从而有效地引导了受众的思考和认识。

例3–32

上下同欲者胜。只要我们13亿多人民和衷共济，只要我们党永远同人民站在一起，大家撸起袖子加油干，我们就一定能够走好我们这一代人的长征路。(2017)

例3–33

我们要以庆祝改革开放40周年为契机，逢山开路，遇水架桥，将改革进行到底。(2018)

例3–34

“岁月不居，时节如流。”2019年马上就要到了，我在北京向大家致以新年的美好祝福！(2019)

例3–32中的“上下同欲者胜”和“长征路”、例3–33中的“逢山开路，遇水架桥”，以及例3–34中的“岁月不居，时节如流。”都是修辞性注释说明标记I3的使用实例。我们发现，习近平在运用语典和修辞方面时信手拈来，且并未添加证据来源标记，这主要是因为这些话语大多为民众所熟知。通过比喻等修辞手法的运用，习近平的话语更加形象生动、通俗易懂，这不仅是汉语表达中文采的体现，更有助于受众对命题内容的理解。这些修辞手段一方面增强了话语效果，另一方面也发挥着解释说明的元话语功能。

3）过渡标记使用方面的差异

前面例3–26、例3–27已经显示，无论是德语还是汉语语料，都有并列性过渡标记Ü1的使用。在过渡标记的使用上，两种语言却呈现出明显的差异。汉语语料的过渡标记仅出现表达并列和转折关系的Ü1和Ü6，相对较为单一。而德语语料则更为丰富，涵盖了并列、因果、目的、方式等7类过渡标记。这种差异体现了德汉两种语言的特性。与较多运用语法手段外显篇章语义连贯的德语相比，汉语更倾向于通过上下文隐性表达语篇关系。值得注意的是，德语语料中标示并列、因果、对照转折的过渡标记分别占比5.5%、2.8%、2.8%，远远超过其他分类别。

例3–35

Deutschland ist so erfolgreich, *weil* Sie alle Tag für Tag Ihre Arbeit machen. Sie sind früh morgens auf den Beinen. Sie arbeiten im Schichtdienst, an Sonn- und Feiertagen. Sie kümmern sich um Aufträge und um Ihre Mitarbeiter. Sie meistern Ihren Alltag, wie schwer er oft auch sein mag. *So* haben wir gemeinsam Enormes geleistet. (2011)

例3–35中默克尔运用了两个因果标记来构建话语的逻辑关系。她首先用*weil*来标示后文是前文的原因，即德国人这么成功的原因是因为所有德国人每天都努力工作；随后，她又用*so*来标示前文是后文的原因，后文是前文的结果，表明正是因为德国人不懈努力，他们才共同取得了巨大成绩。借助这些过渡标记，话语的内在逻辑和语义连贯及说话者的观点得以清晰呈现。

在演讲中，默克尔还经常使用*andererseits*和*aber*等对照转折标记的语言手段来强调和突出后文的转折内容，巧妙地将说话重点移到后文内容上。通过对语料分析，我们发现并列标记、对照转折标记等有时能帮助演讲者在不知不觉中转换或引入新话题。

从以上分析可以看出，虽然德汉语料在元话语运用上存在一定的差异，但共性仍然是主要的。这种共性在一定意义上体现了新年致辞类政治语篇元话语运用上的语体特征；而这种差异体现了德汉同类语篇由于语言、语用差异而出现的元话语运用差异。无论是共性还是差异，都体现了默克尔和习近平在运用元话语组织语篇、传达信息、以及与受众进行互动时所付出的主体性努力。这种努力体现了他们对交际参与者主体间性的重视，其元话语运用特征符合新年致辞语篇所蕴含的言外行为意图。

3.4.4 小结

3.4节通过对中德两位领导人的新年致辞语料进行分析探究其元话语运用特征。研究发现，元话语运用体现了信息发出者的主体性和交际参与者之间的主体间性，目的在于帮助和引导受众更好地理解演讲内容。在元话语运用上，德汉语料具有明显的共性，两位领导人在演讲中都较多地运用了人际互动元话语，并较多使用了有助于人际互动、强调观点的读者介入标记、明确表达标记、自我标记和用于组织语篇、解释说明的过渡标记、注释说明标记这些子范畴，体现了新年致辞语篇元话语运用上的倾向性语体特征。德汉语料在元话语的运用上也存在一定的差异，体现了德汉同类语篇由于语言和语用的差异而出现的元话语运用差异。

如前所述，元话语作为信息发出者的言外行为标记，通过观察语篇中的元话语手段，可以分析信息发出者的元话语方式及其功能，进而探知其在具体语境下的元话语行为及目的，了解信息发出者为达成其言外行为而作出的主体性努力。作为外显发话人的观点和目的、组织和解释语篇及引导受话人进行语篇理解的话语手段，元话语对话语意义、发话者意图的确定和传达起着至关重要的作用。借助图2–2（第42页）所示的元话语分析路径可以为不同语篇类型的元话语使用特征和元话语行为研究提供阐释思路。

语料分析还显示，有些语言手段在语篇中具有多重功能，这充分体现了元话语的多功能性（如例3–26和例3–28）。语料分析也表明，本书提出的元话语分类模型（包括子范畴和分类别的区分，见表3–4）同时适用于德汉语料的标注和分析，这也在一定程度上说明了德汉新年致辞语篇在元话语运用方面具有较多的共性和一致性倾向，以及元话语的语体特殊性。当然，元话语的语境依赖性、针对性和反身性特点决定了子范畴及其分类别的区分会因语料而异，也就是说，不同的语料可能会呈现不同的分类别，具体情况取决于所研究语料的特点及其语体和语境。本研究基于语料对元话语若干子范畴下属的分类别进行了具体化的归类，这既体现了元话语的语境依赖性，也展示了元话语研究的开放性。这种分类方法可为其他语篇的元话语实证研究提供借鉴和参考。

3.5 习近平国际国内演讲元话语运用研究与对外话语建构

3.5.1 语料介绍

3.5节的语料选自《习近平谈治国理政》第一、第二卷，包括了8篇习近平国际演讲以及2014年至2019年期间习近平的6篇新年致辞，所选的8篇国际演讲都是篇幅相对较短的语篇，大多只有5页左右，其基本信息见

表3–10。

表3–10：习近平8篇国际演讲语料的基本信息

序号	讲话背景	题目	出处
1	2014年3月24日，荷兰海牙核安全峰会上的讲话	坚持理性、协调、并进的核安全观	第一卷：253–257
2	2013年3月27日，金砖国家领导人第五次会晤主旨讲话	携手合作，共同发展	第一卷：323–327
3	2013年9月5日，二十国集团领导人峰会第一阶段会议发言	共同维护和发展开放型世界经济	第一卷：335–338
4	2013年9月13日，上海合作组织成员国元首理事会第十三次会议讲话	弘扬“上海精神”，促进共同发展	第一卷：339–342
5	2016年6月25日，《中俄睦邻友好合作条约》签署15周年纪念大会讲话	共创中俄关系更加美好的明天	第二卷：466–469
6	2016年9月4日，二十国集团领导人杭州峰会开幕辞	构建创新、活力、联动、包容的世界经济	第二卷：470–475
7	2015年9月28日，美国纽约联合国总部举行的第十七届联合国大会一般性辩论讲话	携手构建合作共赢新伙伴，同心打造人类命运共同体	第二卷：521–526
8	2015年11月30日，气候变化巴黎大会开幕式讲话	携手构建合作共赢、公平合理的气候变化之力机制	第二卷：527–531

本研究的目的在于对汉语语料中的元话语进行实证研究，分析汉语演讲类政治语篇中的元话语运用特征，探究元话语运用在对外话语建构中的作用和意义。需要说明的是，由于国内与国际演讲的语料受众不同，在具体语料标注时发现两者在元话语表达上存在一定的差异，这种差异主要涉及人际互动元话语中指涉交际主体的自我标记和读者介入标

记两个子范畴的分类别。在自我标记方面，演讲者习近平不仅指涉他个人，也会指涉他所代表的中国领导集体或中国政府；而读者介入标记则指向当前语篇所面向的受众，这一标记会根据演讲场合的不同而变化。所以在这两个元话语分类别的识别和标注过程中，需要特别注意不同语篇中的不同交际主体及其相应的语言表达，尤其是指涉语篇受众的读者介入标记，它需要根据语境的不同而调整，这在国际演讲中尤为明显，因为每次演讲都涉及不同的国际场合，其受众也因此而不同。举例来说明的话，习近平新年致辞的受众是国内民众，是所有的中国人，包括台湾同胞、海外侨胞；老人们、孩子们；工人、农民、知识分子；武警官兵、公安干警等各个年龄、职业和身份的中国人；而他在二十国集团领导人杭州峰会上的开幕辞（表3–10语料6）所面向的受众主要是来参加此次峰会的二十国集团领导人；《中俄睦邻友好合作条约》签署15周年纪念大会上的讲话（表3–10语料5），其受众则是中俄两国的人民、领导人及相关工作人员。表3–11对新年致辞和国际演讲中自我标记和读者介入标记这两个元话语分类别表现形式上的异同进行了简要的归纳和梳理，具体实例将在后文3.5.3节中详细列举。

表3–11：习近平国际国内演讲语料中人际互动元话语子范畴下设的分类别

子范畴	新年致辞中的分类别及表现形式	国际演讲中的分类别及表现形式
自我标记（S）	S1：我、我个人	S1：我、我个人
	S2：我们、我们的、我和同事们	S2：我们
	S3：中国、中国政府、党和政府	S3：中国、中国政府

续表

子范畴	新年致辞中的分类别及表现形式	国际演讲中的分类别及表现形式
读者介入标记（RB）	RB1：直接称呼，如：同志们、朋友们	RB1：直接称呼，如：尊敬的……、女士们先生们
	RB2：您、你、你们	RB2：您
	RB3：我们、我们的	RB3: 我们、我们的
	RB4：中国人、中国、中国人民、我国、中华民族、我们13亿多人民	RB4：根据演讲场合的不同而变化，如：两国、双方、中俄双方、二十国集团领导人等
	RB5：如：台湾同胞、海外侨胞；老人们、孩子们；工人、农民、知识分子；武警官兵、公安干警，等等	无
	RB6：他们、大家、每个人	RB6：大家

如表3–11所示，自我标记显性标示作者存在，有3个分类别：用“我”表示自己（S1），用“我们”（S2）和“中国/中国政府”（S3）表示演讲者所代表的中国或中国政府。读者介入标记用来与受众建立互动，包括6个分类别：直接称呼受众（RB1），如在新年致辞中使用的“同志们、朋友们”及国际演讲中常用的“尊敬的……”“女士们先生们”；第二人称代词的单数或复数（RB2），如“你、您、你们”；第一人称代词复数（RB3），如“我们，我们的”；根据演讲场合的不同而变化的受众介入标记（RB4），如新年致辞中的“中国、中国人”等和国际演讲中提及的“两国、中俄双方、二十国集团领导人”等；通过提及受众的身份、职业与其进行间接对话（RB5），如“海外侨胞、老人们、孩

子们、工人、农民、知识分子”等，这一分类别仅出现在新年致辞中；用第三人称或泛指与受众对话（RB6），如“他们、大家、每个人”等。

3.5.2 语料分析1——定量分析

根据对语料的分析，习近平的8篇国际演讲和6篇新年致辞在元话语使用上的总体情况如表3–12所示。这14篇演讲中共运用了1563次元话语手段，其中人际互动元话语运用达937次，占所有元话语运用的60%，语篇组织元话语则为626次，占40%。在8篇国际演讲中，共有979次元话语手段运用，其中人际互动元话语运用达583次（占59.6%），语篇组织元话语则为396次（占40.4%）。6篇新年致辞中共有584次元话语手段运用，人际互动元话语运用了354次（占60.6%），语篇组织元话语运用了230次（占39.4%）。虽然语料有所不同，但人际互动和语篇组织这两大类元话语手段所占的比例却基本一致，这说明了相比于语篇组织元话语，习近平在演讲中总体使用了更多的人际互动元话语，体现了他的受众意识和在交际过程中对受众及人际互动的重视。

表3–12：习近平14篇演讲中元话语各子范畴运用统计

范畴	子范畴	新年致辞6篇	国际演讲8篇	共14篇
语篇组织元话语(TMD)	主题结构标记(R)	83	158	241 (15.4%)
	过渡标记(Ü)	35	95	130 (8.3%)
	内指标记(V)	61	39	100 (6.4%)
	证据来源标记(Q)	0	15	15 (1%)
	注释说明标记(I)	51	89	140 (9%)
	TMD - Σ	230 (39.4%)	396 (40.4%)	626 (40%)

续表

范畴	子范畴	新年致辞6篇	国际演讲8篇	共14篇
人际互动元话语(IMD)	含糊表达标记(A)	0	4	4 (0.3%)
	明确表达标记(VS)	30	227	257 (16.4%)
	态度标记(E)	7	3	10 (0.6%)
	自我标记(S)	81	105	186 (12%)
	读者介入标记(RB)	236	244	480 (30.7%)
	IMD- Σ	354 (60.6%)	583 (59.6%)	937 (60%)
	Σ	584 (100%)	979 (100%)	1563 (100%)

为深入了解演讲者运用元话语手段组织语篇、为受众理解提供引导的主体性努力，我们进一步审视了元话语各子范畴和分类别的使用情况。如表3–13所示，14篇演讲中，使用频率较多的元话语子范畴依次为读者介入标记480次（占所有元话语运用的30.7%）、明确表达标记257次（16.4%）、主题结构标记241次（15.4%）、自我标记186次（11.9%）、注释说明标记140次（9%）、过渡标记130次（8.3%）、内指标记100次（6.4%），上述子范畴占总体元话语使用的98.1%。而另外3类元话语（即证据来源标记、态度标记和含糊表达标记）的使用仅占元话语总体使用的1.9%。新年致辞和国际演讲中，元话语子范畴的使用情况与这个总体情况基本一致，前7类子范畴（表3–13有底色标记处）的使用占比均在98%左右，而后3类子范畴则使用极少或无使用。这说明习近平在演讲中总体而言特别注重通过读者介入标记与受众进行互动，通过明确表达标记强调自己的话语和观点，通过自我标记突出自己的立场；另一方面他也尝试借助主题结构标记、注释说明标记、过渡标记、内指标记对话

语和演讲内容进行合理组织、解释说明，为受众理解提供帮助。无论是新年致辞，还是国际演讲，都需要习近平以他特有的身份充满自信地传达其内政外交思想，明确地表达其态度和立场，含糊表达标记则不符合此类语篇的交际意图和目的，因此很少使用（在国际演讲中）或完全没有使用（在国内演讲中）。态度标记的使用极少，但明确表达标记的使用占比达16.4%，通过明确表达标记的运用，演讲者同样可以展示自己对命题内容所持的态度，此类元话语手段的使用或许在一定程度上比态度标记更具强调自己话语和观点的功能。证据来源标记仅在国际演讲中有少许使用，在新年致辞中则没有使用，究其原因很可能在于习近平面向国内民众演讲时，力求话语的通俗易懂和接地气，此外，由于交际双方共享相同的语言文化背景，所以无需多余的证据来源说明；而在国际演讲中，习近平一方面有引经据典的话语风格，另一方面也为了使所引用的话语能在国际场合被理解和接受，因此会使用证据来源标记对此加以说明。

表3–13：习近平演讲中的元话语子范畴使用排序

序号	新年致辞6篇 (584次元话语运用)	国际演讲8篇 (979次)	演讲14篇 (共1563次)
1	读者介入标记(RB)： 236 (40.4%)	读者介入标记(RB)： 244 (24.92%)	读者介入标记(RB)： 480 (30.7%)
2	主题结构标记(R)： 83 (14.2%)	明确表达标记(VS)： 227 (23.2%)	明确表达标记(VS)： 257 (16.4%)
3	自我标记(S)： 81 (13.9%)	主题结构标记(R)： 158 (16.13%)	主题结构标记(R)： 241 (15.4%)

续表

序号	新年致辞6篇 (584次元话语运用)	国际演讲8篇 (979次)	演讲14篇 (共1563次)
4	内指标记(V)： 61 (10.5%)	自我标记(S)： 105 (10.73%)	自我标记(S)： 186 (11.9%)
5	注释说明标记(I)： 51 (8.7%)	过渡标记(Ü)： 95 (9.7%)	注释说明标记(I)： 140 (9%)
6	过渡标记(Ü)： 35 (6%)	注释说明标记(I)： 89 (9.1%)	过渡标记(Ü)： 130 (8.3%)
7	明确表达标记(VS)： 30 (5.1%)	内指标记(V)： 39 (4%)	内指标记(V)： 100 (6.4%)
8	态度标记(E)： 7 (1.2%)	证据来源标记(Q)： 15 (1.5%)	证据来源标记(Q)： 15 (1%)
9	证据来源标记(Q)： 0 (0%)	含糊表达标记(A)： 4 (0.4%)	态度标记(E)： 10 (0.6%)
10	含糊表达标记(A)： 0 (0%)	态度标记(E)： 3 (0.3%)	含糊表达标记(A)： 4 (0.3%)
Σ	100%	100%	100%

比较新年致辞和国际演讲两种语料的子范畴使用情况，我们发现两者在元话语的运用上基本一致，区别仅在于国际演讲中明确表达标记达227次，占23.2%，是使用第二频繁的子范畴，而新年致辞中明确表达标记只有30次，仅占5%。这个区别从一个侧面体现了习近平在国际演讲中比在新年致辞中更多地运用明确表达标记来向受众强调自己的话语和内容、阐明自己的观点和立场，体现他对演讲内容和所表达观点的确定性与坚定性，符合他在国际场合以其重要的身份发出中国声音、提供中国方案的交际愿望和言外行为目的。

表3-14：习近平演讲中使用较多的前12种元话语分类别

序号	新年致辞6篇（584次元话语运用）	国际演讲8篇（979次）	演讲14篇（共1563次）
1	RB5: 94 (16%)	VS: 227 (23.2%)	VS: 257 (16.4%)
2	RB3: 68 (12%)	R1: 111 (11.3%)	RB3: 168 (10.7%)
3	R1: 44 (7.5%)	RB4: 105 (10.7%)	R1: 155 (10%)
4	S1: 41 (7%)	RB3: 100 (10.2%)	RB4: 140 (9%)
5	R2: 39 (6.7%)	S3: 70 (7.2%)	S3: 99 (6.3%)
6	V2: 39 (6.7%)	I3: 60 (6.1%)	I3: 96 (6.1%)
7	I3: 36 (6.2%)	Ü1: 53 (5.4%)	RB5: 94 (6%)
8	RB4: 35 (6%)	R2: 47 (4.8%)	R2: 86 (5.5%)
9	Ü1: 30 (5.13%)	RB1: 33 (3.4%)	Ü1: 83 (5.3%)
10	VS: 30 (5.13%)	I2: 24 (2.5%)	S1: 61 (3.9%)
11	S3: 29 (5%)	S1: 20 (2%)	V2: 54 (3.5%)
12	RB1: 18 (3%)	V2: 15 (1.5%)	RB1: 51 (3.3%)
Σ	占总数的86.3%	占总数的88.3%	占总数的85%

而如表3-14所示，14篇演讲中，使用较为频繁的元话语分类别依次是VS（16.4%）、RB3（10.7%）、R1（10%）、RB4（9%）、S3（6.3%）、I3（6.1%）、RB5（6%）、R2（5.5%）、Ü1（5.3%）、S1（3.9%）、V2（3.5%）、RB1（3.3%）。比较新年致辞和国际演讲两种语料在分类别使用方面的情况，可见两者既有较多共同之处，也有一些差异。共同之处在于，两者都较多使用了读者介入标记RB3（如：我们）、RB4（如：中国），及主题标记R1、结构标记R2、修辞说明标记

I3。这说明了习近平在演讲中注重使用不同类型的读者介入元话语手段与受众互动，同时注重运用主题结构标记对话语进行有序组织，引导受众理解，还倾向于运用修辞手段对话语内容进行解释说明。差异在于，新年致辞里使用较多的分类别还包括读者介入标记RB5（通过提及受众的身份、职业与其进行间接对话）、自我标记S1（如：我）和内指标记V2（代词类复现），其中RB5和S1的较为频繁的使用体现了习近平在新年致辞中与各行各业的老百姓进行交流，向他们表达自己的感谢和祝福的交际行为。而国际演讲中使用最频繁的分类别是明确表达标记VS（如：排比等修辞手法、必须、必将、任何、只要），此外还有自我标记S3（如：中国政府）、并列标记Ü1。明确表达标记VS和自我标记S3的较多使用充分体现习近平作为中国国家主席在国际场合代表中国和中国政府发声、阐明中国立场和方案的主体性努力。

国际演讲和新年致辞是领导人阐明其内政外交思想和社会发展理念的重要载体。可以想象，为了在演讲中清晰传达相关信息，使演讲内容对受众产生一定的影响，演讲者会倾向于较多运用读者介入标记、主题结构标记、明确表达标记、注释说明标记等元话语手段，用于与受众进行互动、合理组织演讲内容、强调个人观点以及解释说明话语内容。由此，关于元话语子范畴和分类别使用的定量分析结果，总体上与演讲类政治语篇的语体特点相契合。

3.5.3 语料分析2——定性分析

如3.5.2节所述，在由14篇演讲组成的汉语语料中，元话语各子范畴的使用次数及其占比见表3–13：读者介入标记480次（占所有元话语运用的30.7%）、明确表达标记257次（16.4%）、主题结构标记241次（15.4%）、自我标记186次（11.9%）、注释说明标记140次（9%）、过渡标记130次（8.3%）、内指标记100次（6.4%）。这些子范畴占总体元话语使用的98.1%。而其他3类元话语（即证据来源标记1%、态度标记0.6%和含糊表达标记0.3%）的使用仅占元话语总体使用的1.9%。本节将把14篇演讲语篇作为一个整体，根据各子范畴占比的高低顺序，通过实例分析来探讨语料中元话语手段的运用。为了使3.5节的内容和3.3节、3.4节一样相对独立，也为了避免读者在阅读时需要回顾前文而翻页查找的不便，笔者在本部分（即3.5节）中若引用前面的例子，仍将重新展示并进行分析。

1. 读者介入标记

读者介入标记用于与受众对话、建立互动。汉语语料中的读者介入标记运用共有480次，占元话语使用的30.7%，是使用最多的元话语子范畴，且种类丰富。根据元话语的反身性，读者介入标记应当指涉当前语篇和当前交际的参与者，这为面向不同受众的演讲语料中识别元话语提供了有力的依据。在3.5.1节表3–11中，罗列出了不同分类别及其使用情况，使用最为频繁的是读者介入标记分类别RB3（168次），其次是RB4（140次）、RB5（94次）、RB1（51次），RB6（27次）使用较少，RB2则没有使用，具体如下：

1）RB1（51次），直接称呼受众，如新年致辞中的“同志们、朋友们”及国际演讲中的“尊敬的……”“女士们先生们”；

2）RB2（0次），第二人称代词的单数或复数，如“你、您、你们”；

3）RB3（168次），第一人称代词复数（RB3），如“我们、我们的”；

4）RB4（140次），涉及交际双方（信息发出者及信息接收者）、根据演讲场合的不同而变化的受众介入标记，如新年致辞中的“中国、中国人”等和国际演讲中的“两国、中俄双方、二十国集团领导人”等；

5）RB5（94次），通过提及受众的身份、职业与其进行间接对话，如“海外侨胞、老人们、孩子们、工人、农民、知识分子”等，该分类别仅出现在新年致辞中；

6）RB6（27次），用第三人称或泛指与受众对话，如“他们、大家、每个人”等。

例3–36

我们要坚定维护国际公平正义，维护世界和平稳定。当今世界并不安宁，各种全球性威胁和挑战层出不穷。金砖国家都热爱和平、珍视和平。实现世界持久和平，让世界上每一个国家都有和平稳定的社会环境，让每一个国家的人民都能安居乐业，是我们的共同愿望。(2013年金砖会议讲话)

本例中的“我们”“我们的”是读者介入标记中的RB3分类别，演讲者用第一人称复数很巧妙地把受众纳入自己的话语中，既包括自己，也包括演讲听众，其用意是在向所有参会人士、与会代表及会议的潜在受众发出呼吁，共同坚定维护国际公平正义。而本例中的“金砖国家”作为读者介入标记中的RB4分类别，更明确体现了演讲者对本次大会的参会主体——金砖各国及其代表的重视。RB3和RB4这两类读者介入标记的运用都有利于演讲者传递“我们是一个整体，我们有共同的愿望，我们共同应对挑战”的信息和观点，因此在各次演讲中都有很多次运用，加起来达到了308次，几乎占了所有元话语运用的20%。

例3–37

在这辞旧迎新之际，无数工人、农民、知识分子、干部仍然坚守在工作岗位，不少同胞依然奔波在世界各地为祖国辛勤工作，许多人民解放军和武警官兵、公安干警正在履行光荣使命。

他们有的远离祖国、远离亲人，有的不能同家人团聚。

我代表祖国和人民，向他们致以诚挚的问候，祝他们平安顺利！（2014年新年致辞）

例3–38

2016年即将过去，新年的钟声即将敲响。在这辞旧迎新的美好时刻，我向全国各族人民，向香港特别行政区同胞、澳门特别行政区同胞，向台湾同胞和海外侨胞，向世界各国各地区的朋友们，致以新年的祝福！（2017年新年致辞）

新年致辞和国际演讲因所涉受众不同，语篇中的读者介入标记的表现形式也各具特色。尤其是RB5这个分类别，它专属于新年致辞，具体的语言手段包括：工人、农民、知识分子;人民解放军和武警官兵、公安干警;全国各族人民;香港特别行政区同胞、澳门特别行政区同胞；台湾同胞、海外侨胞；老人们、孩子们；同志们、乡亲们、农村贫困人口、城市困难群众，等等，这些标记涉及各行各业、各种类型的中国人。上文例3–37和例3–38中，划线部分就是读者介入标记中RB5分类别的使用，比如例3–37中，演讲者通过这种提及受众的身份、职业的方式与其进行间接对话，感谢他们在除夕之夜仍然坚守岗位，并致以问候。新年致辞中出现如此丰富的RB5读者介入标记，充分说明习近平在新年之际向国内外所有中国人表达新年祝福的意愿，及其通过提及受众职业的方式间接与民众进行交流和互动的努力。这种做法能很好地传达说话者作为国家领导人对各行各业普通民众的关心，以及对其付出的感谢，从而产生出色的互动和交际效果。一方面，它让民众感觉到自己受到了关注，自己的付出得到了国家领导人的肯定；另一方面，这也让民众觉得新年致辞内容与自己密切相关，注意力被吸引，更加专注去聆听。新年致辞语料中，共出现94次RB5这一分类别，占所有元话语运用的16%。

例3–39

尊敬的祖马总统，罗塞夫总统，普京总统，辛格总理，女士们，先生们：

时隔两年再次来到彩虹之邦，心情十分愉快。我深深感受到南非人民的热情好客和对金砖国家合作的积极支持。在这里，我谨对祖马总统和南非政府为这次会晤所作的周到安排表示衷心的感谢！

(2013年金砖会议)

本例开头的称呼“尊敬的祖马总统，罗塞夫总统，普京总统，辛格总理”“女士们，先生们”及后面的“祖马总统”都是读者介入标记中的RB1分类别，即直接称呼受众。这一分类别共有51次运用，占所有元话语运用的3.3%。值得指出的是，在汉语国际国内语料中，读者介入标记中的RB2分类别并未使用，可见此类用第二人称代词与受众进行直接互动的方式在汉语演讲中并不多见。这可能意味着在汉语演讲中，演讲者更倾向于运用RB1这类直接称呼受众姓名和身份的方式与受众进行直接互动，或运用“大家、每个人”等第三人称或泛指与受众进行间接互动。

2. 明确表达标记

明确表达标记是语料中使用第二频繁的元话语子范畴，共出现了257次（占16.4%）。这些用于明确表达的语言手段多种多样，比如“我们要……”句式的重复、“中国将……”、“必须”、“必将”、“特别”、“特别是”、“不管”，以及排比、对仗等修辞手法。

例3–40

新年的钟声即将敲响。我们要继续努力，把人民的期待变成我们的行动，把人民的希望变成生活的现实。我们要继续全面深化改革，开弓没有回头箭，改革关头勇者胜。我们要全面推进依法治国，用法治保障人民权益、维护社会公平正义、促进国家发展。我们要让全面深化改革、全面推进依法治国如鸟之两翼、车之双轮，推动全面建成小康社会的目标如期实现。(2015年新年致辞)

例3–40中，习近平通过“我们要……”这个句式的4次重复，一方面具体阐述了新的一年里中国政府在改革、法治、民生等方面所设定的努力目标和任务，另一方面通过句式的重复，强调和突出了自己的话语，加强了语气的确定性和话语的明确性，传递了政府深化改革、改善民生的意志和决心。

例3–41

光明前进一分，黑暗便后退一分。我们在核安全领域多作一份努力，恐怖主义就少一次可乘之机。为实现持久核安全，中国愿意继续作出自己的努力和贡献。

第一，中国将坚定不移增强自身核安全能力，继续致力于加强核安全政府监管能力建设，加大核安全技术研发和人力资源投入力度，坚持培育和发展核安全文化。

第二，中国将坚定不移参与构建国际核安全体系，同各国一道推动建立公平、合作、共赢的国际核安全体系，促进各国共享和平利用核能事业的成果。

第三，中国将坚定不移支持核安全国际合作，愿意为此分享技术和经验，贡献资源和平台，促进地区和国际核安全合作。中国支持国际原子能机构发挥主导作用，鼓励其帮助发展中国家提高核安全能力。中国将继续积极参与核安全活动，邀请国际原子能机构开展实物保护咨询服务。(2014年荷兰海牙核安全会议)

本例取自习近平2014年在荷兰海牙核安全会议上的重要讲话。其中4个重复的“中国将……”句式，辅以“坚定不移/继续”的词汇，从内容到语气都清楚明了地表达出了中国在核安全问题上的坚定立场，使得习近平的话语铿锵有力，有效地起到了加强语气确定性和话语明确性的作用，让与会代表和全世界观众深刻地感受到中国作为负责任的大国在核安全这一重要议题上所持的明确态度，毫无含糊和犹豫。

3. 主题结构标记

主题结构标记共有241次（15.4%），其中话题引入标记R1有155次，而语篇结构标记R2有86次。习近平在新年致辞中经常使用的话题引入手法是，先用一句话对过去的一年进行总结，然后在后文进行具体的阐述和说明。如例3–42所示，“2014年是令人难忘的。”这句话就是对2014年的总结，后面则通过3个“这一年……”的句式，较为详细地描述和说明了2014年如何令人难忘。

例3–42

2014年是令人难忘的。这一年，我们锐意推进改革，啃下了不少硬骨头，出台了一系列重大改革举措，许多改革举措同老百姓的利益密切相关。我们适应经济发展新常态，积极推动经济社会发展，人民生活有了新的改善。12月12日，南水北调中线一期工程正式通水，沿线40多万人移民搬迁，为这个工程作出了无私奉献，我们要向他们表示敬意，希望他们在新的家园生活幸福。这一年，我们着力正风肃纪，重点反对形式主义、官僚主义、享乐主义和奢靡之风，情况有了很大改观。我们加大反腐败斗争力度，以零容忍的态度严惩腐败分子，显示了反腐惩恶的坚定决心。这一年，我们加强同世界各国的合作交往，主办了北京亚太经合组织领导人非正式

会议，我国领导人多次出访，外国领导人也大量来访，这些活动让世界更好认识了中国。(2015年新年致辞)

此类话题引入的方式也出现在其他年份的新年致辞中，如“2018年，我们过得很充实、走得很坚定。这一年[……]”（2019年新年致辞）。除了对过去一年的总结，习近平还常常运用其他总结性话语来引导话题。如例3–43所示，“2019年，有机遇也有挑战，大家还要一起拼搏、一起奋斗。”这句话对后文来说同样具有提纲挈领的作用，从而巧妙地引入了新的内容和话题，包括减税降费政策的实施，对人才的尊重，脱贫攻坚任务的完成以及对退役军人的关爱等。这些后文内容紧扣2019年的任务和目标，这些事情是机遇也有挑战，正如本段第一句话所呼吁的那样，大家要一起拼搏、一起奋斗。我们可以看到，这句话不仅引入了新话题，也实现了演讲者的呼吁行为。

例3–43

2019年，有机遇也有挑战，大家还要一起拼搏、一起奋斗。减税降费政策措施要落地生根，让企业轻装上阵。要真诚尊重各种人才，充分激发他们创新创造活力。要倾听基层干部心声，让敢担当有作为的干部有干劲、有奔头。农村1000多万贫困人口的脱贫任务要如期完成，还得咬定目标使劲干。要关爱退役军人，他们为保家卫国作出了贡献。(2019年新年致辞)

另一种话题引入的方式则是通过运用语典、熟语、惯用语等修辞手法来引入一个新话题。如例3–44所示，“有付出，就会有收获。”就是一个引入话题的修辞类标记，后文则通过具体列举，描述了我国在2015年取得的丰硕成果，其中包括“十二五”规划的圆满收官、抗日战争胜利70周年的隆重纪念及盛大阅兵仪式、裁军30万的庄严宣布、北京成功获得第24届冬奥会举办权的喜讯、我国自主研制的C919大型客机总装下线的重大突破，以及屠呦呦荣获诺贝尔奖的成就，等等。

例3–44

有付出，就会有收获。2015年，中国人民付出了很多，也收获了很多。我国经济增长继续居于世界前列，改革全面发力，司法体制改革继续深化，“三严三实”专题教育推动了政治生态改善，反腐败斗争深入进行。经过全国各族人民共同努力，“十二五”规划圆满收官，广大人民群众有了更多获得感。

这一年，我们隆重纪念了中国人民抗日战争暨世界反法西斯战争胜利70周年，举行了盛大阅兵，昭示了正义必胜、和平必胜、人民必胜的真理。我们全面实施改革强军战略，宣布裁军30万。我和马英九先生在新加坡会面，实现了跨越66年时空的握手，表明两岸关系和平发展是两岸同胞的共同心愿。

这一年，北京获得第24届冬奥会举办权，人民币纳入国际货币基金组织特别提款权货币篮子，我国自主研制的C919大型客机总装下线，中国超级计算机破世界纪录蝉联“六连冠”，我国科学家研制的暗物质探测卫星发射升空，屠呦呦成为我国首位获得诺贝尔奖的科学家……这说明，只要坚持，梦想总是可以实现的。(2016年新年致辞)

此类修辞性话题引入的方式在其他年份的新年致辞中亦有所体现，如“新故相推，日生不滞。”（2017年新年致辞）；例3–41中，演讲者借用“光明前进一分，黑暗便后退一分。”这一富有哲理的语句，轻松自然地引入了后文新的话题和内容，即中国为实现持久核安全，愿意为“光明前进一分”作出什么样的贡献和努力。

语料中还有第3种话题引入标记，那就是例3–41中的“第一……，第二……，第三……”以及例3–44中的“2015年……”和两个重复的“这一年……”。例3–41中，演讲者借助“第一……，第二……，第三……”的列举方式，条理清晰地阐述中国将在哪些方面作出努力以推动“光明前进一分”；而例3–44中，演讲者则通过“这一年……”对前面所说的“有付出就有收获。”进行具体阐释和说明，也使得受众同样得到了内容上的提示和引导，进而期待后文的具体说明。这些语言手段不仅标示了新话题的引入，也标记了语篇结构，所以在进行语料标记时也被判断为结构标记R2。

4. 自我标记

自我标记的使用共有186次，占所有元话语使用的11.9%。其中S1有61次，S2有44次，S3有81次。

前面例3–39中，两个“我”就是自我标记S1的使用，习近平通过这两个“我”以及段首省略的“我”，由衷地表达了自己时隔两年再次来到彩虹之邦的愉快心情，以及对南非人民热情好客和南非政府周到安排的衷心感谢。这种内心的真挚表达自然地拉近了他与会议主办国领导和人民之间的距离，使人产生亲近之感。

例3–45

我始终惦记着困难群众。在四川凉山三河村，我看望了彝族村民吉好也求、节列俄阿木两家人。在山东济南三涧溪村，我和赵顺利一家围坐一起拉家常。在辽宁抚顺东华园社区，我到陈玉芳家里了解避险搬迁安置情况。在广东清远连樟村，我和贫困户陆奕和交谈脱贫之计。他们真诚朴实的面容至今浮现在我的脑海。新年之际，祝乡亲们的生活蒸蒸日上，越过越红火。(2019年新年致辞)

如例3–45所示，习近平深情回忆了自己到各地调研，亲自到群众家中探访、与他们拉家常的经历。在这些叙述中，习近平借助自我标记"我""我的"，一方面可以很自然地讲述自己的亲身经历，凸显真实、温馨的画面，体现习近平亲近民众、平易近人的领导风格，另一方面也使新年致辞的全体受众体会到习近平心系百姓、关爱群众的优良作风，从而在心底产生强烈的亲切感。

例3–46

到2020年我国现行标准下农村贫困人口实现脱贫，是我们的庄严承诺。一诺千金。到2020年只有3年的时间，全社会要行动起来，尽锐出战，精准施策，不断夺取新胜利。(2018年新年致辞)

可以想象，习近平在新年致辞中常会用"我们"这一S2自我标记来指代他所代表的国家政府，如例3–46中的划线部分"我们的"所示。根据上下文，受众可以明白，到2020年实现脱贫是政府的庄严承诺，而要实现这个目标，除了政府精准施策外，还要全社会各界的参与和行动。

习近平通过这种方式，总是在不经意间完成了对广大民众的呼吁和倡议。然而，在国际演讲中，习近平更倾向于直接使用“中国”“中国政府”来指代他所代表的中国政府，这样做可以使自己的话语和意思更加明确。如前面例3–41所示，通过不断重复的“中国将……”，习近平清晰明了地表达了自己的观点，表达中国作为负责任大国在核安全议题上的立场和担当，如果此处用“我们”，其所指代的对象以及整个话语的意思就显得模糊不清。这种表达方式体现了习近平在国际场合中以其重要身份发出中国声音、表达中国立场的意愿和主体性努力。

5. 注释说明标记

注释说明标记共有140次运用，占所有元话语运用的9%。前面3.3中的研究发现，德语语料中注释说明标记的使用共有129次（占元话语总体使用的9.2%），其中举例或具体化说明标记（I2）为79次（占总量的5.6%），定义和解释说明标记（I1）为38次（占2.7%），修辞说明标记（I3）为7次（0.5%）和总结说明标记（I4）为5次（0.4%），由此可见，在德语语料中，默克尔较少使用修辞性注释说明标记。而在本节所研究的14篇汉语演讲语料中，修辞性注释说明标记元话语手段的使用却有着丰富的呈现，共有96次（占元话语总体使用的6.1%），这一使用频率远高于其他注释说明标记。可见，德汉语料在运用此类元话语手段方面存在极大的差异，这一方面充分表明了习近平倾向于运用修辞性元话语手段来解释和说明话语和命题内容，另一方面也在一定程度上反映出德汉两种语言在修辞手段使用上的不同语用习惯和语用规范。

本研究之所以将此类修辞性语言手段判断为元话语及其中注释说明

标记的一种，是因为这些语言手段满足了前述（见第二章）判断元话语的几个关键因素，即指涉当前交际、为受众理解提供帮助和指引、具有调控理解的元话语功能，也体现了说话者通过运用此类语言手段对话语进行注释说明以便清晰表达观点、阐明立场的交际意图和主体性努力。通过观察和总结，在汉语语料中具体使用的修辞手段包括用典、比喻、排比、堆叠式短语、对照等多种形式。下面6个实例的划线部分便是修辞性说明标记。

例3–47

中国有句古话，志合者，不以山海为远。我们来自世界四大洲的5个国家，为了构筑伙伴关系、实现共同发展的宏伟目标走到了一起，为了推动国际关系民主化、推进人类和平与发展的崇高事业走到了一起。（金砖国家领导人第五次会晤，《习近平谈治国理政》第一卷：323）

例3–48

我衷心希望，国际社会共同努力，多一份平和，多一份合作，变对抗为合作，化干戈为玉帛，共同构建各国人民共有共享的人类命运共同体。（2016年新年致辞）

例3–49

作为保障能源安全和应对气候变化的重要途径，和平利用核能事业，如同普罗米修斯带到人间的火种，为人类发展点燃了希望之

火，拓展了美好前景。（荷兰海牙核安全会议，《习近平谈治国理政》第一卷：254）

例3–50

希望杭州峰会能够在以往的基础上，为世界经济开出一剂标本兼治、综合施策的药方，让世界经济走上强劲、可持续、平衡、包容增长之路。（二十国集团杭州峰会开幕辞，《习近平谈治国理政》第二卷：472）

例3–51

我们要继续全面推进从严治党，毫不动摇转变作风，高举反腐的利剑，扎牢制度的笼子，在中国共产党领导的社会主义国家里，腐败分子发现一个就要查处一个，有腐必惩，有贪必肃。（2015年新年致辞）

例3–52

我们认识到，为了从根本上解决经济的长远发展问题，必须坚定推动结构改革，宁可将增长速度降下来一些。任何一项事业，都需要远近兼顾、深谋远虑，杀鸡取卵、竭泽而渔式的发展是不会长久的。（2013年9月二十国集团领导人第一阶段会议，《习近平谈治国理政》第一卷：337）

上面6个例子中，例3–47和例3–48运用了语典类修辞，而例3–49、3–50、3–51和3–52则采用了比喻类修辞。语典类修辞在语料中的使用较为频繁。语典的运用以其特有的表达方式增强了话语的修辞魅力和话语效果，这正是语典修辞性的体现；同时，语典还具有话语性，以典喻理，使说话者通过用典传达一定的思想和观点。可以说，修辞是一种手段，而语典的运用正是为了实现其话语性，从而达到表达意义的目的。如上例所示，通过“志合者，不以山海为远”（例3–47）和“化干戈为玉帛”（例3–48）这样的语典，将原本深奥的道理转化为通俗易懂、易于接受的表达，体现了习近平对自己想要表达的意思进行解释说明、方便受众理解和接受的交际目的。运用受众熟悉的语典还可以拉近与受众的关系，产生共鸣。同时，语料中不乏比喻类修辞的运用，有的是显性比喻（如例3–49），有的是隐性比喻（如例3–50、3–51、3–52）。通过借用诸如“如同普罗米修斯带到人间的火种”“开出一剂……药方”“利剑”“笼子”“杀鸡取卵、竭泽而渔式的”等比喻，事物和道理得以生动而形象的表达，同样有助于受众对命题内容的理解。此外，在语料中排比、堆叠式短语、对照等修辞手法也屡见不鲜，这些语言手段与语典一样，一方面增强了话语的修辞魅力和话语效果，另一方面也发挥着解释说明的元话语功能。

在汉语语料中，具体化说明标记也有较多体现，如例3–41中的第一……，第二……，第三……”这几段内容就是对前面“中国愿意继续作出自己的努力和贡献”这句话进行的具体阐述，所以“第一……，第二……，第三……”这一标记不仅被标注为话题引入标记R1和语篇结构标记R2，同时这3段也被标注为一次注释说明标记I2。

6. 过渡标记

过渡标记共有130次运用，占比达8.3%。并列标记的使用尤为频繁，除了一些常用的“也”“还有”等表达并列关系的词语外，还有一些其他语言手段同样能够表达并列关系。

例3–53

2014年是令人难忘的。这一年，我们锐意推进改革，啃下了不少硬骨头，出台了一系列重大改革举措，许多改革举措同老百姓的利益密切相关。我们适应经济发展新常态，积极推动经济社会发展，人民生活有了新的改善。12月12日，南水北调中线一期工程正式通水，沿线40多万人移民搬迁，为这个工程作出了无私奉献，我们要向他们表示敬意，希望他们在新的家园生活幸福。这一年，我们着力正风肃纪，重点反对形式主义、官僚主义、享乐主义和奢靡之风，情况有了很大改观。我们加大反腐败斗争力度，以零容忍的态度严惩腐败分子，显示了反腐惩恶的坚定决心。这一年，我们加强同世界各国的合作交往，主办了北京亚太经合组织领导人非正式会议，我国领导人多次出访，外国领导人也大量来访，这些活动让世界更好认识了中国。

为了做好这些工作，我们的各级干部也是蛮拼的。当然，没有人民支持，这些工作是难以做好的，我要为我们伟大的人民点赞。

这一年，我们通过立法确定了中国人民抗日战争胜利纪念日、烈士纪念日、南京大屠杀死难者国家公祭日，举行了隆重活动。对一切为国家、为民族、为和平付出宝贵生命的人们，不管时代怎样变化，我们都要永远铭记他们的牺牲和奉献。

这一年，我们也经历了一些令人悲伤的时刻。马航MH370航班失踪，150多名同胞下落不明，我们没有忘记他们，我们一定要持续努力、想方设法找到他们。这一年，我国发生了一些重大自然灾害和安全事故，不少同胞不幸离开了我们，云南鲁甸地震就造成了600多人遇难，我们怀念他们，祝愿他们的亲人们都安好。(2015新年致辞)

如例3–53所示，划线的6个“这一年……”在整个语篇层面上发挥了表达并列关系的作用，这6个“这一年”为受众提供了明确的提示，即紧随其后的内容均属于并列关系，共同围绕着“2014年是令人难忘的”这一主题展开。也就是说，自“2014年是令人难忘的”这句话引入了话题后，后续的长篇内容均是对这一主题的详细阐释和深入论述，内部的并列关系从6次重复的“这一年……”得以非常清楚的表达。

7. 内指标记

内指标记共有100次运用，占比达6.4%。代词性复现（V2）和总结性复现（V3）这两种形式尤为突出。如例3–53中的6个“这一年……”以及第6行中的两个“他们”都是V2代词性复现。第11行的“这些活动”和第13行的“这些工作”则是总结性复现。

例3–54

新年之际，我最牵挂的还是困难群众，他们吃得怎么样、住得怎么样，能不能过好新年、过好春节。我也了解，部分群众在就业、子女教育、就医、住房等方面还面临一些困难，不断解决好这些问题是党和政府义不容辞的责任。全党全社会要继续关心和帮助贫困人口和有困难的群众，让改革发展成果惠及更多群众，让人民生活更加幸福美满。(2017年新年致辞)

例3–55

我在各地考察时欣喜地看到：长江两岸绿意盎然，建三江万亩大地号稻浪滚滚，深圳前海生机勃勃，上海张江活力四射，港珠澳大桥飞架三地……这些成就是全国各族人民撸起袖子干出来的，是新时代奋斗者挥洒汗水拼出来的。(2019年新年致辞)

例3–54中的“这些问题”和例3–55中的“这些成就”同样是总结性复现V3的运用。

8. 证据来源标记

证据来源标记只有15次，占比仅为1%，总体来说运用不多，且都运用在国际演讲中。这种区别性的处理方式体现了习近平对于不同演讲语境和受众的意识。对于国内民众，习近平所用的语典、习语、俗语都是大家耳熟能详的，所以无需额外说明来源；而对于国际受众，用证据来源标记说明所引用话语的来源，一方面可以帮助受众理解，另一方面当引用话语是会议举办地的名人名言时，还能巧妙地起到拉近自己和受众关系的作用。前面例3–47中的“中国有句古话，志合者，不以山海为远。”以及下面例3–56中的“荷兰哲人伊拉斯谟说过，预防胜于治疗。”这两处都是证据来源标记的实例。前者引用的是中国古老的智慧，而后者则是习近平在荷兰海牙核安全会议上的讲话中引用荷兰哲人伊拉斯谟的话语，这样的引用更能让荷兰人民体会到演讲者的用心和诚意。

例3–56

荷兰哲人伊拉斯谟说过，预防胜于治疗。近几年，国际上发生的重大核事故为各国敲响了警钟，我们必须尽一切可能防止历史悲剧重演。(2014年荷兰海牙核安全会议)

态度标记和含糊表达标记在语料中运用相对较少，分别仅占0.6%和0.3%，在此就不再举例说明。这种运用情况也表明习近平在其演讲中总体上更倾向于使用清晰、明确的话语来表达自己的观点和立场，这种话语风格也体现了习近平以其重要而独特的身份在各类演讲场合发出中国声音的主体性努力。

3.5.4 小结

3.5节以习近平的8篇国际演讲和6篇新年致辞为语料，进行了深入的量化分析，探讨了其中元话语手段的总体使用特征，并对各类元话语子范畴的使用及其话语功能进行了实例分析。研究发现，习近平在演讲中总体上更倾向于使用人际互动元话语，他一方面注重通过明确表达标记来强调自己的话语和观点，借助各类读者介入标记与受众进行互动，同时利用自我标记突出自己的存在和立场；另一方面他也尝试借助主题结构标记、注释说明标记、过渡标记、内指标记对话语进行合理组织、解释说明，为受众理解提供指引和帮助。这一研究结果体现了习近平运用元话语与受众互动、强调观点、组织语篇、解释信息的交际意图和主体性努力，同时也体现了他对受众理解和交际参与者主体间性的重视。这种元话语运用的总体特征，与演讲类政治语篇所蕴含的言外行为意图相契合。

在对新年致辞和国际演讲两种语料进行比较时，两者的共性是主要的，但也存在少许差异。比如在新年致辞中，习近平较多使用了读者介入标记RB5（通过提及受众的身份、职业与其进行间接对话）和自我标记S1（如：我），以表达他在新年来临之际与老百姓进行交流互动的愿望；而在国际演讲中，习近平则较多使用了明确表达标记VS（如：排比等修辞手法、必将、只要）和自我标记S3（如：中国政府），充分体现他作为中国国家主席在国际场合代表中国和中国政府发声、阐明中国立场和方案的主体性努力。值得一提的还有，无论是在新年致辞还是国际演讲中，习近平都较多使用了语典、比喻、排比、堆叠式短语、对照等修辞性注释说明标记，这体现了习近平运用修辞手段增强话语效果、对话语进行解释说明，以便清晰地表达观点、阐明立场的交际意图。结合前面3.4节的内容，我们可以观察到此类元话语手段在德汉语料中存在较大的使用差异。这既说明了习近平倾向于运用修辞性元话语手段对话语进行解释说明，也在一定程度上揭示了德汉语言在修辞手段使用方面的不同语用习惯和语用规范。如果修辞性注释说明标记在特定语篇中的使用存在中德语言差异，那么在对外话语建构和汉语文本外译过程中，如何准确传译信息发出者运用修辞的意图和修辞性语言手段的真实意涵，确实值得我们深入探究。

3.6 本章小结

本章实证研究部分，笔者对演讲类政治语篇这一特定的语篇类型，基于德汉语料进行了深入的元话语运用研究。研究结果不仅进一步验证了元话语在德汉语篇建构中的语篇组织和人际互动语用功能，还体现了德汉语料在元话语运用上的共性，从而在一定程度上揭示了元话语的语体特殊性。

语料分析显示，有些语言手段在语篇中发挥着多重功能，充分展现了元话语的多功能性（如例3–26和例3–28）。此外，3个实证研究均表明，本书提出的表3–4（第99–101页）所示的元话语分类模型（包括子范畴和分类别的区分）不仅适用于德汉语料的标注和分析，而且再次印证了元话语的语体特殊性。值得一提的是，表3–4元话语分类模型对子范畴下的分类别进行了具体的区分，这既体现了元话语的语境依赖性，也展示了元话语研究的开放性。实际上，元话语手段（尤其是子范畴下属的分类别）的使用情况会因语境和语料的不同而有所差异，因此在研究过程中，我们需要基于语料对元话语手段的具体呈现和运用特征进行分析和总结。本书图2–2（第42页）所示的元话语分析路径，为不同语境下的元话语研究提供了有价值的参考，有助于我们合理解释特定语境中元话语手段的语用功能及话语发出者的元话语行为。

元话语作为话语手段，外显信息发出者的观点和目的，组织和解释语篇，并引导信息接收者进行语篇理解。它在确定和传达话语意义、信息发出者意图方面扮演着极其重要的角色。合理运用元话语手段有助于对话语进行合理组织和解释，引导并影响受众的理解，进而促进对外话语的有效建构。通过同类语篇的外汉对比研究，我们可以探究外汉语篇中元话语运用的异同。共性揭示了元话语运用的语体共性和特殊性，而差异则体现了不同语言在元话语运用上的特点，在此基础上，我们能够阐明自身特征、吸收外来养分，从而更好地构建对外话语、传播中国文化、塑造积极的中国形象。本书将元话语运用与对外话语建构相联系，为对外话语体系的合理建构和有效传播提供了语言学视角的建设性参考。

元话语作为信息发出者交际意图和言外行为的标记，不仅有利于话语的产出，也有利于话语的理解。元话语为信息发出者提供了合理组织命题内容、清晰表达以及与受众互动的手段和可能性，使得所传达的信息更易于被受众理解和接受。同时，元话语也为信息接收者提供了丰富的导向性指南和帮助，使他们能够更轻松地领悟话语的意思和信息发出者的交际意图。鉴于元话语的语体特殊性，进一步深入和拓展各类语篇类型或语体的元话语（对比）研究，将有助于我们深入了解不同语体语境下信息发出者如何运用元话语表达并实现其言外行为意图和目的。相关研究可以为进一步挖掘元话语在话语建构中的作用提供依据。

第四章　外语元话语能力研究

如第二章所述，元话语体现了作者或说话者为使自己的话语为受众所理解和接受、促进交际顺利进行所付出的主体性努力及因此而运用的引导性手段和资源，元话语的使用凸显了人们在交际中的受众意识及对主体间性的重视。一方面，借助元话语资源和手段，人们作为作者或说话者在交际中能更明确地传达自己的交际意图和目的，为受众理解提供帮助，进而促进交际顺利进行；另一方面，我们作为读者或听者亦可借助语篇中的元话语手段和资源，更好地领悟交际伙伴的话语、洞察其交际意图和目的。在第三章中，我们以元话语理论为框架，以德国前总理默克尔的新年致辞和中国国家主席习近平的国内外演讲为语料，实证分析了元话语在特定政治语篇中的功能及其运用特征。实证研究结果进一步印证了元话语在语篇建构和人际互动方面的重要意义，以及话语主体如何运用元话语手段和资源实现交际意图和言外行为的主体性努力。元话语作为言外行为标记，既利于话语的产出，也益于话语的理解。它为信息发出者提供了合理组织命题内容、解释说明、清晰表达及与受众互动的手段和可能性，使所表达的信息更易于受众所理解和接受；同时，借助元话语，信息接收者亦可获得丰富的导向性指引和帮助，更轻松地理解话语和信息发出者的言外行为意图。

鉴于元话语在理解和表达两方面的积极作用和功能，学者们开始关注并探究其对语言教学和外语教学、提高学生产出性语篇建构（说和写）能力和输入性语篇理解（听和读）能力的积极意义。目前，国内学界已有众多学者关注到元话语在外语学习中的重要性，并开展了一系列实证研究，涉及外语教学的听、说、读、写等多个方面。然而，这些研究大多局限于元话语与单项技能训练和提高之间的关联，鲜有对外语教学各方面完整而系统的探讨。据知网信息显示，以元话语或元话语能力为关键词进行搜索，从学者们所发表的论文题目来看，仅个别学者（林维燕/何安平，2019）提及了（外语）元话语能力这一概念。因此，笔者认为有必要在理论和实践层面对外语元话语能力进行较为系统的考察和研究，阐明元话语对外语教学各领域的重要意义和元话语能力的内涵，进一步明晰元话语在外语学习中的重要作用，为外语教学改革及有效提升学生外语元话语能力提供依据和参考。本章将首先深入探讨元话语能力的实质与内涵（4.1），随后从接收性交际行为（4.2）、产出性交际行为（4.3）和翻译行为（4.4）3个方面探究外语元话语能力的体现和培养。

4.1 外语元话语能力的实质与内涵

在第二章理论部分，我们详细阐述了元话语的定义、特点、功能和实质。元话语的运用凸显了交际者的受众意识，表达了作者–读者之间的互动关系；元话语具有反身性、互动性、人际性、目的性、策略性、多功能性和语境依赖性（见2.2.1）。其中，人际性、目的性和策略性均说明了元话语的互动性和人际间性，也就是说，正是因为交际主体关注到了交际中的人际间性和互动性，具有受众意识和互动意识，他们才会在交际中有目的、有策略地运用元话语手段和资源，与交际伙伴进行互动、并为其理解提供引导和帮助。从这个意义上来说，外语元话语能力的实质便是受众意识、互动意识及互动能力的体现，换言之，只有具备受众意识、互动意识及互动能力的交际主体，才会有意识地发挥元话语能力，即在（外语）交际中运用元话语手段，引导和帮助受众理解，从而促进交际顺利进行。下文我们将首先探讨互动与外语学习的关系（4.1.1），接着阐述元话语行为与交际互动能力（4.1.2），然后尝试对（外语）元话语能力的实质与内涵进行描述（4.1.3）。

4.1.1 互动与外语学习

在二语习得和外语学习领域，自20世纪80年代起，学者们普遍认同互动对学习者语言能力发展的重要作用。以隆（Long, 1983）为代表的学者在传统的“输入理论”（Ferguson, 1975; Chaudron, 1977; Krashen, 1982）基础上，提出了“互动假设”（[德] Interaktionshypothese）。与“输入理论”相比，“互动假设”不仅认同增加语言输入是提高语言能力的重要途径，更强调“互动”在二语习得中的关键作用。纵观文献，国外学界探讨了“互动”在二语习得中的五大功能：（1）互动为学习者创造了接触并尝试理解目标语言的情境（Krashen, 1982）；（2）互动使学习者有机会运用所学目标语进行实际交际，强化语言输出（Gass, 2003; Swain, 1995, 2005）；（3）互动让学习者获得意义协商的机会（Gass, 2003）。意义协商是指当沟通理解遇到困难时，交谈双方会依据对方理解与否的反馈，进行诸如重复、释义、改变语速等语言调整，使输入信息更易理解；（4）学习者在互动中从对话伙伴那里获得的反馈对其语言习得具有积极作用（Mackey, 2006）；（5）互动还能促进所学知识的内化，提高口语流利度（de Bot, 1996; Swain, 1995, 2005）。（参见Qian, 2016; Edmondson, et al, 2003）[16–17; 244]

鉴于互动在二语习得和外语学习中的核心地位，它得到相关领域学者们的普遍重视。但多项研究表明，中国外语学习者在实际外语交际中常面临缺乏合作意识和共同解决交际困难的策略能力等问题（如：Wang Y P, 2007；王颖频，2012；钱玲燕 等，2019等），这些问题使得他们难以维持深入且富有意义的外语交际，从而限制了有效语言输入、输出和意义协商的机会，阻碍了外语交际能力的锻炼与提升。深入剖析这些问题，主要源于两方面：一是学习者可能因语言能力不足而过度关注个人话语计划和话语产出，忽视了交际的其他关键因素（如：自己话语的语用得体性及交际伙伴的反应和话语等）；二是学习者缺乏基本的受众意识、交际互动意识和互动能力，导致交际中常出现沟通障碍，如自说自话、忽视对方的理解能力和不顾对方说话时的产出困难，从而导致交际中的回应性困难（House, 1995; House, 1997；王颖频，2012）[96–97; 79–80; 43]，甚至出现双方话语互不相干和交际中断等问题。因此，如何培养和提高学生的受众意识和互动能力是摆在广大师生面前的一大难题，也是外语教学理论与实践领域的核心议题。而元话语理论为应对这一问题提供了新的视角。

如前所述，元话语的运用说明了交际者的受众意识，元话语行为本质上反映的是交际参与者之间的人际互动关系，运用元话语体现了交际主体的互动意识和互动能力，也凸显了对人际关系的重视。因此，解决互动意识和互动能力缺失问题的有效途径无疑是元话语能力的培养。正如德国学者泰希特迈尔（Techtmeier）所说的那样，学界之所以关注和研究元交际现象，正是基于元交际在认识交际问题时具有关键作用这一事实。这不仅涉及一般的哲学层面（元交际体现了人类行为中所谓的反思性），也涉及单个的具体交际过程：元交际话语为交际参与者攻开了了解交际知识的大门（即通向交际行为的标准），同时也相当直接地提供了关于说话者策略的信号，这些信号紧密关联于具体的交际过程和对交际伙伴的分析行为，包括交替的预判行为。（Techtmeier, 1990a）[167]总之，元交际是解决互动任务的重要途径。（Techtmeier, 1990b）[175]既然元话语对于成功的互动交际具有至关重要的作用和意义，那么我们在学习一门语言、用一种语言进行交际的时候，是否也应该学习如何使用元话语、提升元话语运用能力呢？下面我们将从理论层面对这一问题进一步加以阐述。

4.1.2 元话语行为及交际互动能力

德国学界早在20世纪70年代，便有学者从言语行为理论角度较为详细地阐述了元交际行为的功能，明确指出其在语言课程（包括母语教学和外语教学）中的重要性，并提出应将元交际作为交际互动能力的重要组成部分融入到语言教学中。

奥格斯特（Augst, 1977, 1978）两次发表以“元交际”为题的论文。虽然他探讨了元交际与语言习得之间的关系，并认为元交际是促进语言习得的一个重要因素，但他所探讨的实际上应是元语言在语言学习和语言习得中的积极作用。这种提法上的差异可能源于学者们对“元语言”和“元交际”两个概念的理解有一定的偏差。正如梅耶尔（Meyer-Hermann, 1978）[120–122]所剖析的那样（参见Wunderlich, 1970）[19]，有两种元交际行为：一种是元交际反身性行为（[德] metakommunikativ-reflexives Handeln），一种是元交际描述性行为（[德] metakommunikativ-deskriptives Handeln）。两者的区别在于，前者是真正意义上的元交际，具有交际内的特点（[德] interkommunikativ, innerhalb der Kommunikation），即处在当前交际中，涉及的是当前交际，而后者虽然是谈论交际的交际，但并不是当前交际的一部分，具有交际外的特点（[德] extrakommunikativ, außerhalb der Kommunikation），即处在当前交际之外，仅是描述性的。维蒂希（Wittich, 1984）[154]进一步指出，元交际显性反映了信息发出者与信息接收者之间的互动关系，因此，元交际行为也被称为互动反身性行为（[德] interaktionsreflexive Handlungen）。这一观点较为明确地指出了元交际行为的反身性和互动特征。

德国学者贝特夏（Böttcher, 1975）在题为“元交际：关于德语课上交际障碍问题的教学法思考”的论文中，探讨了元交际的定义及其在德语课堂教学中运用元交际解决交际障碍问题的方法和意义。贝特夏（Böttcher, 1975）[384–391]认为，交际是面向交际对象的互动交际行为，属于人际行为，它包含内容层面的交际和关系层面的交际，二者相互依存，因而要保持交际参与者在上述两个层面的一致性；处理交际障碍是学生交际能力的一部分，同样是学习目标之一。贝特夏强调，“元交际是当前交际的参与者为了重新建立或维护他们之间的一致性而把刚刚过去的或即将发生的交际作为谈论话题。”（Böttcher, 1975）[392]，通过运用元交际，师生能有效解决课堂教学中的交际障碍。在文章的最后贝特夏进一步强调，元交际行为的目的在于提升通过相互协商达成新的理解的能力。（Böttcher, 1975）[398]这就是说，在课堂上运用元交际手段，师生可以得到意义协商的机会，进而达成相互的理解，促进课堂交际的顺利进行。

梅耶尔（1978, 1979, 1983）通过一系列研究，一方面从言语行为理论角度详细剖析了元交际的互动功能，进一步阐明了元交际行为的互动性；另一方面则首次提出了元交际能力（［德］Fähigkeit zur Metakommunikation）这一概念，认为它是人类交际互动能力（［德］kommunikative Interaktionsfähigkeit des Menschen）的重要组成部分，应在语言教学中得到足够重视；而元交际相关课程的教学目的应在于教导学生掌握元交际分析方法，使他们认识到元交际对成功交际的重要性。梅耶尔提出的元交际分析模型包含以下4个问题：谁进行了元交际、为什么要进行元交际、元交际是关于什么的、元交际中运用了哪些具体的语言手段（Meyer-Hermann, 1976b）。泰希特迈尔（1990a）也持相同的观点。她认为，元交际能力反映了交际主体具有相当强的语言和交际意识，因此培养学生的交际意识及在交际过程中实施掌控性、评价性和修正性参与行为的能力（一般由元交际来完成）必须是母语课的一个教学目标；而对于外语教学来说，培养元交际能力同样至关重要，因为用外语进行交际的前提是交际者具备从事实层面转换到元层面的能力。（Techtmeier 1990a）[168]

鲁洛甫（Roloff, 1990）专门以“课堂教学会话中的元交际话语”为题，深入研究了教学对话中的元交际话语特征及其功能。她指出，教－

学－对话中总会呈现一些特殊的语言特点，其中就包括元交际话语的使用（Roloff, 1990）[223]。在课堂教学会话中，教师使用的元交际话语有助于进行课堂会话的组织（对话语权进行说明）、对教学行为进行倡议（对课堂教学进程的内容进行说明）并作出相应反应、确保在知识传授过程中学生的理解、标记论点的重要性、确保话语效果、吸引学生的注意力等（Roloff, 1990）[229–237]。

学者们除了关注元话语对课堂教学的意义外，还研究了教材中元话语的运用情况。罗斯勒（Rösler, 1985）专门撰文探讨了对外德语教材中元交际元素的作用。他认为，课堂教学中的元交际元素可用于表达学习过程、描述和评价自己的知识水平、描述师生及生生互动、表达学习动机及状态等（Rösler, 1985）[38]，他还强调，外语学习者应尽早培养运用目的语实施元交际行为的能力（Rösler, 1985）[37]。格莱泽（Gläser, 1987）则通过分析中小学生和大学生英语教材，探讨了专业文本的元交际行为。研究发现，虽然元交际行为具有很高的交际意义，但在技术、自然科学和社会科学等不同专业领域的教材中元交际话语明显呈现出不同的形式。

为了进一步明晰德国学界关于元交际的讨论及其启示，我们将针对上述讨论所涉及的几个问题进行如下梳理和探讨：

1） 元话语在课堂话语中具有重要作用。学生在课堂上运用元话语，可以得到意义协商的机会，进而帮助解决交际障碍问题。同样地，教师在课堂教学中运用元话语也能有效应对课堂上的交际问题。由此可见，元话语的运用对师生双方均具有重要意义。课堂教学中的元话语运用也得到了国内众多学者的关注（详见2.4.3，如：闫

涛 等，2013；郭红伟，2014；郭红伟 等，2020；姜晖，2020）。学者们通过研究认为，教师在课堂中的元话语运用有助于传递知识信息、实现师生互动、构建和谐师生关系等。因此，外语教师应掌握元话语策略，以优化教师话语质量。教师话语中的元话语研究，可以揭示教师教学中的元话语意识及其运用特征。尤其是在当下数字化时代和线上教学大力提倡、实施之际，教师话语中的元话语运用显得尤为重要。在线上教学中，教师无法像线下那样直接面对学生进行当面反馈，更多时候需要依靠元话语来预判学生的理解问题，并给出相应的解释和引导。慕课课堂话语中，教师的注释说明标记、主题结构标记等元话语的运用可能会更为丰富，当然这种纯理论角度的猜测尚需实证研究加以证实。

2）元话语能力是学生交际能力的重要组成部分，是学习目标之一。语言教学包括母语教学和非母语教学，如果说母语者的语言能力中包含元话语能力，那么外语学习者的外语能力中也应包含外语元话语能力，并且外语学习者应将外语元话语能力视为学习目标之一。然而，这一点在国内外语界尚未得到足够的重视和关注。林维燕和何安平（2019）曾提议将元话语纳入日常英语教学的重要内容，并作为语用能力评价的一个指标，但遗憾的是，他们并未在理论层面对元话语行为和元话语能力的互动实质作进一步的说明和阐述。而这正是本书的写作目的之一。

3）元话语行为反映的是交际参与者之间的互动关系，其运用体现了交际者的交际互动能力及对人际关系的重视。因此，从理论上而言，学会运用元话语手段和资源，是解决中国学习者在外语交际中缺乏互动能力的一个有效途径。笔者认为，在外语教学中，我们应当融入元话语知识和元话语教学，目的在于提升学生的外语元话语运用能力。通过培养外语学习者作为外语交际主体有意识地使用元话语手段和资源，他们可以更好地传达交际意图、组织和解释话语、帮助受众理解，进而有效促进互动，确保交际顺利进行。元话语能力是外语学习者在具体交际语境下受众意识、互动意识及其语言应用能力的综合展现。

4.1.3 元话语能力的内涵

本节，我们将根据元话语的分类及其功能，阐述元话语能力的内涵及其构成。如第二章、第三章所述，元话语分为语篇组织和人际互动两大类（见第三章表3–3），其中语篇组织元话语包括主题结构标记、过渡标记、内指标记、证据来源标记、注释说明标记这5个子范畴；而人际互动元话语则包括含糊表达标记、明确表达标记、态度标记、自我标记、读者介入标记这5个子范畴。无论是语篇组织元话语还是人际互动元话语，它们均基于作者的受众意识和互动意识，具有引导理解、促进互动的人际语用功能。更具体地说，无论是哪一种元话语，都是交际主体在表达层面为引导受众正确理解语篇而做的尝试与努力，其中包含了语篇生成者的交际意图、体现了作者的立场和态度；而作为外显作者的观点和意图、组织和解释语篇以引导受众对语篇进行合理理解的话语手段，元话语也在理解层面对话语意义及作者意图的解读和确定具有极其重要的作用。

如果我们根据元话语子范畴的划分对元话语能力的内涵进行分解，元话语能力可以包含以下内容（如表4–1所示）：

表4–1：元话语能力内涵

序号	元话语能力组成部分	元话语子范畴和分类别
1	语篇组织、话题引入能力	话题引入标记(R1)、语篇结构标记(R2)
2	语篇连贯构建能力	过渡标记(Ü)、内指标记(V)
3	话语阐释/解释说明能力	注释说明标记(I)、证据来源标记(Q)
4	观点呈现能力	证据来源标记(Q)、含糊表达标记(A)、明确表达标记(VS)、态度标记(E)、自我标记(S)
5	互动能力	读者介入标记(RB)、自我标记(S) 话题引入标记(R1)、语篇结构标记(R2) 过渡标记(Ü)、内指标记(V) 注释说明标记(I) 证据来源标记(Q)、含糊表达标记(A)、明确表达标记(VS)、态度标记(E)

具体而言，元话语能力有以下5个方面组成：

1. 语篇组织和话题引入能力

在交际过程中，为了顺利引入或转换话题，我们需借助话题引入类话语手段R1，如“下面我来谈谈元话语的功能”“学界对元话语有很多定义”。此类话语手段和资源可以帮助话语产出者将受众的注意力引导至新的话题，进而提升交际效果。

为了帮助受众清晰理解我们的话语，我们需要确保话语具备明确的结构层次。而要使语篇呈现清晰的结构层次，就需运用相关的话语手段和资源，如“首先、其次、最后”“第一、第二、第三”“一方面……，另一方面……”，对语篇结构进行合理、有序的组织。

2. 语篇连贯构建能力

要使受众能够深入理解我们的话语，还必须确保话语具备内在的逻辑性和语义连贯性。为实现这一目的，我们需运用能够体现语篇内在连贯和逻辑的过渡标记和内指标记元话语。其中过渡标记呈现语篇内部话语之间的各种语义关系，如并列、因果、目的、条件、方式、对照转折等。而内指标记则是对语篇内容的多种复现形式，包括重复性复现、代词类复现、总结复现、显性复现等，它们能提醒受众注意前文或后文所涉及的内容，尤其是那些已在前文阐述过的内容，使受众在理解语篇过程中始终处在话语产出者的引导和帮助之下。

3. 话语阐释/解释说明能力

要使受众能够透彻理解我们的话语，适当的话语阐释和概念解释能力也是必不可少的。在语篇中，有时会出现一些较难理解的概念或话语。当话语产出者预判受众可能会对这些内容感到困惑时，对相关内容进行阐释、解释和进一步的说明，便能帮助受众更好地理解语篇。对话语进行阐释和解释需要话语产出者运用诸如“也就是说”“换句话说”等元话语手段进行标示。证据来源标记则可以从另一个角度为话语提供阐释和论证，进而增强话语的说服力，助力受众理解。

4. 观点呈现能力

要使受众更好地按我们的意愿理解并接纳话语，我们有时还需要运用自我标记（如：我是这么想的）来突出自身的存在和观点，运用加强表达标记（如“特别是”）、含糊表达标记（如“可能”）、态度标记（如“可惜的是”）来明示我们对话语中相关命题内容、事实或观点的态度和立场，而证据来源标记则可以增强话语的说服力。

5. 互动能力

在元话语理论框架下，本书将互动能力分为狭义互动能力和广义互动能力。狭义互动能力特指运用自我标记来标示自我，同时运用读者介入标记吸引交际伙伴的注意，进而与其进行直接或间接的交流和对话，从而建立互动的能力。而广义互动能力则是我们通常所说的互动能力或交际互动能力，即在交际中具备受众意识、与交际伙伴进行互动的能力。此处的互动能力不仅涵盖狭义层面，更侧重于广义层面，即贯穿于整个交际过程的广义互动能力。只有当交际主体具有受众意识、互动意识及合作意识时，他们才有可能主动预判交际伙伴的认知水平、接受能力和交际背景。这样，话语产出者才有可能对话语进行必要的解释和说明、对话语结构进行合理的组织和展示、对话题引入及对话语与话语之间的关系进行相应的提示，同时对自己的观点和立场进行一定的明示，即在交际中运用元话语手段和资源为交际伙伴提供理解上的引导和帮助，从而促成交际的顺利进行。只有当交际双方在这样的基础上进行进一步意义磋商和合作，交际才有完成的机会。所以元话语手段的运用是广义互动能力的体现，而呈现广义互动能力的元话语手段，除了自我标记和读者介入标记外，还应包括前面所提到的4大类元话语能力所涉及的元话语手段与资源。

总体而言，在特定语境下进行（外语）交际时，元话语能力涵盖了狭义互动能力、具体的语篇组织和话题引入能力、语篇连贯构建能力、解释说明能力和观点呈现能力。其中，狭义互动能力是元话语能力中的重要组成部分，（广义）互动能力通过运用元话语手段和资源的元话语能力得以呈现和体现。具有元话语能力的交际主体必然首先具有互动意识和互动能力，而具备互动能力的交际主体才可能在交际中有意识地使用元话语手段和资源，发挥其元话语能力。我们尝试用下图表现元话语能力各组成部分之间的关系。

（广义）互动能力 ⟷ 元话语能力 {
- 语篇组织和话题引入能力
- 语篇连贯建构能力
- 话语阐释/解释说明能力
- 观点呈现能力
- 狭义互动能力

图4–1：元话语能力的内涵

上述对元话语能力内涵的阐述都只是从话语产出者的角度出发所进行的描述。事实上，话语接收者的元话语能力同样不容忽视，只有具备这种能力，接收者才能在话语接收过程中有意识地关注话语产出者在语篇中留下的互动线索和引导信号。这样，接收者才能比较容易地感知到交际伙伴对自己理解语篇所给予的（持续不断的）支持和帮助，并相应发现语篇中所包含的对理解语篇起到促进作用的话语手段和资源。而对会话交际的交际双方来说，元话语能力尤为重要。因为在会话交际过程中，交际双方的角色并非固定不变，而是随着话轮的转换不断变化。交际参与者时而扮演说话者（话语产出者）的角色，时而成为听者（话语接收者）。（参见Techtmeier, 1985）[40-41]交际参与者不仅要作为话语产出者，预判交际伙伴的理解困难，并运用相应的元话语手段给予交际伙伴特定的帮助；同时也要作为话语接收者，随时关注和发现交际伙伴为帮助自己理解而留下的支持和引导标记。

鉴于元话语在建构语篇、引导和影响受众理解方面所具有的重要作用，众多学者把目光投向了元话语与外语教学之间的关系，具体而言是分析和探究元话语对外语教学中提升学生产出性语篇构建（说和写）能力和输入性语篇理解（听和读）能力方面的积极意义。对于外语学习者来说，他们不仅要学习如何作为话语接收者去理解语篇，领会话语产出者在语篇中所给予的理解指引；还要学习如何作为话语产出者在预判交际伙伴理解困难后，运用合适的元话语手段给予对方理解方面的导向性帮助。这两方面能力的培养和发挥都建立在交际参与者的互动意识、受众意识的培养和提高的基础上。下面我们将分别从接收性交际和产出性交际层面，进一步阐述元话语能力的具体表现。

4.2 接收性交际行为中的元话语能力

对于外语学习者而言，在输出性交际行为中，一开始可能很难合理运用元话语手段，尤其是那些远离目的语国家的外语学习者，平时往往缺乏足够的语言输入。因此在外语教学中，我们建议先从输入性交际行为的教学入手，为学习者提供更多的语言输入机会，以便他们能够进行模仿和学习。在本节中，我们将先来谈谈接收性交际行为中的元话语能力及其培养方法，这主要包括阅读理解和听力理解两类输入性交际行为。

4.2.1 元话语能力与阅读理解

元话语手段是作者或信息发出者为了帮助读者或受众理解语篇而作出的努力、留下的痕迹，因此，从理论上讲，读者和受众可以借助这些手段和资源，更好地领会语篇的意思和作者的意图。对于外语学习者而言，如果他们能够在语篇中较为轻松地识别出这些元话语手段或资源，就好比看到了作者给予的理解指引，就像手中握有穿越森林的指南针，能够指引他们顺利交际。我们将通过具体的例子来说明作者是如何通过运用元话语手段，给予读者进行语篇理解的帮助和努力的。

例4–1

Es wird in letzter Zeit viel von dem notwendigen dialogischen Grundverständnis von Kommunikation gesprochen. Nicht immer wird dabei jedoch klar gesagt, was man konkret darunter zu verstehen hat. Gelegentlich entsteht der Eindruck, dass die Spezifika der Kommunikation mit Sprecherwechsel nun — in einer totalen Gegenreaktion auf die Verabsolutierung der Merkmale monologischer (schriftlicher) Kommunikation — auf alle Arten sprachlicher Verständigung übertragen werden sollen. Das Charakteristikum der wechselseitigen (also dialogischen) Kommunikation besteht darin, dass der angesprochene Partner selbst „verbal" aktiv wird, dass die Merkmale „Produzent sprachlicher Äußerungen" (S) und „Rezipient sprachlicher Äußerungen" (H) im Verlaufe einer Kommunikation nicht an bestimmte Träger gebunden bleiben, anders gesagt, dass ein ständiger Rollenwechsel zwischen den Kommunikanten stattfindet. Dieser ständige Rollenwechsel führt zu spezifischen sprachlich-kommunikativen Merkmalen, die nicht ohne weiteres auf monologische Texte mit konstant bleibender Rollenverteilung rückbezogen werden können. Worum geht es also wirklich beim dialogischen Grundverständnis von Kommunikation? Es geht erstens darum, die kommunikativen Prozesse nicht allein aus der statischen Perspektive vereinzelter isolierter Sprecherakte zu erklären, sondern aus dem dynamischen Geschehen zwischen mehreren, in der Situation präsenten oder nicht präsenten Partnern. Es geht zweitens darum, sprachlich-kommunikative Prozesse nicht nur aus der Produzentenperspektive heraus zu analysieren, sondern auch aus der des Rezipienten beziehungsweise aus der des mehr oder minder neutralen Beobachters. Gerade die letztgenannte Perspektive lässt völlig neue Problemstellungen in den Blickpunkt der Aufmerksamkeit rücken, u. a. das Problem der Kooperativitätssicherung, der gemeinsamen Handlungsplanung usw. Und schließlich geht es darum, der Analyse sprachlicher Äußerungen und ihrer Genese — dem genuin kommunikationslinguistischen Gegenstand — eine dynamische Vorstellung von den kommunikativen Prozessen zugrunde zu legen. Das impliziert die Forderung, vor allem die Tatsache zu berücksichtigen, dass der Sender (S) immer einen Rezipienten (H) vor Augen hat, dessen

Reaktionen nicht automatisch den Zielen von S folgen. Es geht also bei einem dialogischen Verständnis von Kommunikation nicht nur darum zu zeigen, was S will und kann und tut, sondern auch darum zu zeigen, was H will und kann und tut, beziehungsweise — aus der Produzentenperspektive formuliert — wie S das, was H will und kann und tut, vorwegnehmend (antizipierend) in seine Äußerungsplanung einbezieht. Und diese gilt unabhängig davon, ob sich S und H in der gleichen Situation befinden, ob die Möglichkeit des Sprecherwechsels besteht oder nicht. Die „Antizipation möglicher Rezipientenreaktionen" (vgl. u. a. ZIMMERMANN 1984, TECHTMEIER 1984a) ist ein Grundprinzip sprachlicher Kommunikation: „Interagieren heißt, — ohne dass man die Maxime der Grice'schen Konversationsidylle zugrunde zu legen braucht — partnerbezogen handeln, und partnerbezogen handeln heißt u. a. antizipieren, was der Partner tut/tun könnte — im weitesten Sinne des Wortes ‚tun', worunter z. B. auch die Durchführung von Interpretationsaktivitäten durch die Interaktionspartner fällt." (MEYER-HERMANN 1984, 3). Metakommunikative Äußerungen, wie man sie im Einzelnen auch immer abgrenzen und definieren mag (vgl. u. a. MEYER-HERMANN 1983, WIEGAND 1979, TECHTMEIER 1984) , sind nur vor dem Hintergrund eines solchermaßen verstandenen dialogischen Grundmodells erklärbar, sie sind ein Beweis für die Bedeutung antizipatorischer Aktivitäten in der sprachlichen Kommunikation.

(Techtmeier, 1985) [40–41]

例4–1的汉译参考（由笔者自译）：

最近一段时间经常有人谈及“对对话交际的基本理解”，但人们在谈论这个话题时并不总能说清楚对话交际到底该如何理解。有时会产生这样一种印象，那就是带有话轮交替的交际的特点——即与独白式(书面)交际的极端特征完全相反的一种反应——被认为应当适用于所有类型的语言交流。交替性(也即对话性)交际的特点在于，受话者自己在言语方面会变得积极，话语产出者和话语接收者的角色在交际过程中并非恒定不变，换句话说，交际参与者之间经常发生角色变化。这种经常发生的角色变化导致特殊的语言交际特点，这些特点不会出现在角色恒定不变的独白式语篇中。

那么，“对对话交际的基本理解”究竟是什么呢？首先，对对话交际的理解不能只从单个孤立的言语行为静止的角度来解释交际过程，而应从若干在场或不在场的交际伙伴之间动态的交际角度来解释交际过程。其次，理解对话交际是指，不仅仅从话语产出者角度，也从话语接收者角度以及或多或少持中立态度的观察者角度对语言交际过程进行分析。恰恰是后一种视角使人关注到全新的问题，那就是确保合作性的问题、共同对交际行为进行计划的问题，等等。理解对话交际还意味着，把对话语及其产生进行的分析——即真正的交际语言学研究对象——建立在交际过程的动态概念上。这就意味着要求特别考虑到这样的事实，那就是一个话语发出者面前总有一个话语接收者，而话语接收者的反应并不自动跟话语发出者的目标一致。也就是说，理解对话交际不仅仅是展示说话者想怎样、能怎样和做什么，也展示听者想怎样、能怎样和做什么，以及——从产出者的角度来讲的话——说话者是如何把听者想怎样、能怎样和做什么提前(预判性地)纳入到他自己的话语计划中的。这一点无论说话者和听者是否处在同一情景中，或者是否存在话轮转换的可能性，都适用。对接收者可能的反应进行预判是言语交际的基本原则，也就是说，“互动的意思是说——人们无需借助格莱斯的会话原则——进行面向交际伙伴的交际；而进行面向交际伙伴的交际是指，要预判交际伙伴做什么、能做什么——这是广义的做，其中也包括通过交际伙伴实施解释行为。”

无论人们如何界定和定义元交际话语，元交际话语只能基于这样一个对话交际模式才能得以解释，元交际话语是语言交际中预判行为重要性的一个证明。

这是泰希特迈耳一篇学术期刊论文的第一部分，论文内容是“元交际话语——语言交际中预测行为重要性的证明”。可以想象，要想理解这样一个颇有专业性的语篇内容，无疑需要一定的语言学知识，以及相关的德语语法和词汇知识。然而，如果读者能同时具备一定的元话语意识和元话语知识，那么在阅读过程中，他们便能较为清晰而欣喜地发现作者为帮助读者理解语篇而留下的蛛丝马迹，从而较为轻松地理解作者的意思和论文的内涵。

如下表所示，笔者尝试用第三章的元话语分类模型，对本语篇的元话语手段和资源进行标注。在标注过程中，笔者除了关注分类模型所罗列的元话语子范畴以外，还针对这篇书面性学术语篇的特点，特别关注和兼顾了标点符号这类非语言性元话语手段所发挥的元话语功能。此外，笔者也留意到了其他未在分类模型中列举出来、但在本语篇中同样起到元话语作用的话语手段。

表4–2：书面语篇元话语运用分析

	语篇内容	元话语使用说明
1	Es wird in letzter Zeit viel von dem	Es wird von … gesprochen.：话题引入(R1)
2	notwendigen dialogischen Grundverständnis	
3	von Kommunikation gesprochen. Nicht immer	
4	wird dabei jedoch klar gesagt, was man	dabei：代词类内指标记(V2)
5	konkret darunter zu verstehen hat.	jedoch：转折性过渡标记(Ü6)
6	Gelegentlich entsteht der Eindruck, dass die	
7	Spezifika der Kommunikation mit	Kommunikation mit Sprecherwechsel：替换
8	Sprecherwechsel nun — in einer totalen	性内指标记(V)
9	Gegenreaktion auf die Verabsolutierung der	破折号—：注释说明标记(I1)
10	Merkmale monologischer (schriftlicher)	total：加强标记(VS)
11	Kommunikation — auf alle Arten sprachlicher	
12	Verständigung übertragen werden sollen. Das	
13	Charakteristikum der wechselseitigen (also	Charakteristikum：替换性内指标记(V)
14	dialogischen) Kommunikation besteht darin,	括号+also：注释说明标记(I1)
15	dass der angesprochene Partner selbst	besteht darin, …：话题引入(R1)
16	„verbal" aktiv wird, dass die Merkmale	两个dass：并列标记(Ü1)
17	„Produzent sprachlicher Äußerungen" (S) und	括号：注释说明标记(I1)
18	„Rezipient sprachlicher Äußerungen" (H) im	括号：注释说明标记(I1)
19	Verlaufe einer Kommunikation nicht an	
20	bestimmte Träger gebunden bleiben, anders	anders gesagt：注释说明标记(I1)
21	gesagt, dass ein ständiger Rollenwechsel	Rollenwechsel：部分重复性内指(V1)
22	zwischen den Kommunikanten stattfindet.	
23	Dieser ständige Rollenwechsel führt zu	dieser ständige Rollenwechsel/ konstant
24	spezifischen sprachlich-kommunikativen	bleibende Rollenverteilung：修辞性注释说
25	Merkmalen, die nicht ohne weiteres auf	明标记(I3)
26	monologische Texte mit konstant bleibender	dieser ständige Rollenwechsel：重复性内指
27	Rollenverteilung rückbezogen werden können.	(V1)
28	Worum geht es also wirklich beim	Worum geht es …?：话题引入(R1)
29	dialogischen Grundverständnis von	also：因果关系过渡标记(Ü2)
30	Kommunikation? Es geht erstens darum, die	Es geht darum, …：句式重复类并列标记(Ü1)

kommunikativen Prozesse nicht allein aus der	erstens ..., zweitens ..., schließlich ...：语篇
statischen Perspektive vereinzelter isolierter	结构标记(R2)、并列标记(Ü1)
Sprecherakte zu erklären, sondern aus dem	nicht allein ..., sondern ...：对照标记(Ü6)
dynamischen Geschehen zwischen mehreren,	statisch/dynamisch：修辞性注释说明标记
in der Situation präsenten oder nicht	(I3)
präsenten Partnern. Es geht zweitens darum,	
sprachlich-kommunikative Prozesse nicht nur	nicht nur ..., sondern auch ...：并列标记(Ü1)
aus der Produzentenperspektive heraus zu	
analysieren, sondern auch aus der des	
Rezipienten beziehungsweise aus der des	beziehungsweise：并列标记(Ü1)
mehr oder minder neutralen Beobachters.	mehr oder minder：含糊表达(A)
Gerade die letztgenannte Perspektive lässt	gerade, völlig：加强表达(VS)
völlig neue Problemstellungen in den	neue Problemstellungen in den Blickpunkt der
Blickpunkt der Aufmerksamkeit rücken, u. a.	Aufmerksamkeit rücken：话题引入标记(R1)
das Problem der Kooperativitätssicherung, der	die letztgenannte Perspektive：显化内指标记
gemeinsamen Handlungsplanung usw. Und	(V4)
schließlich geht es darum, der Analyse	u. a./... usw.：具体化注释说明标记(I2)
sprachlicher Äußerungen und ihrer Genese —	破折号—：注释说明标记(I1)
dem genuin kommunikationslinguistischen	
Gegenstand — eine dynamische Vorstellung	
von den kommunikativen Prozessen zugrunde	
zu legen. Das impliziert die Forderung, vor	das：代词性内指标记(V2)
allem die Tatsache zu berücksichtigen, dass	
der Sender (S) immer einen Rezipienten (H)	括号：注释说明标记(I1)
vor Augen hat, dessen Reaktionen nicht	
automatisch den Zielen von S folgen. Es geht	Es geht darum ...：具体化说明标记(I2)
also bei einem dialogischen Verständnis von	also：具体化注释说明标记(I2)
Kommunikation nicht nur darum zu zeigen,	dialogischen Verständnis von
was S will und kann und tut, sondern auch	Kommunikation：重复内指标记(V1)
darum zu zeigen, was H will und kann und tut,	nicht nur ..., sondern auch ...：并列标记(Ü1)
beziehungsweise — aus der	beziehungsweise：并列标记(Ü1)
Produzentenperspektive formuliert — *wie S*	破折号—：补充性解释说明标记(I1)
das, was H will und kann und tut,	
vorwegnehmend (antizipierend) in seine	括号：注释说明标记(I1)
Äußerungsplanung einbezieht. Und diese gilt	diese：代词性内指标记(V2)
unabhängig davon, ob sich S und H in der	
gleichen Situation befinden, ob die	ob句式的重复：并列过渡标记(Ü1)
Möglichkeit des Sprecherwechsels besteht	
oder nicht. Die „Antizipation möglicher	Antizipation：部分重复性内指(V1)

70	Rezipientenreaktionen“ (vgl. u. a.	(vgl. ...)：证据来源标记(Q)
71	ZIMMERMANN 1984, TECHTMEIER 1984a) ist	
72	ein Grundprinzip sprachlicher	
73	Kommunikation: „Interagieren heißt, — ohne	冒号：注释说明标记(I1)
74	dass man die Maxime der Grice’schen	引言里的话语手段不标注为元话语
75	Konversationsidylle zugrunde zu legen	
76	braucht — partnerbezogen handeln, und	
77	partnerbezogen handeln heißt u. a.	
78	antizipieren, was der Partner tut/tun könnte	
79	— im weitesten Sinne des Wortes ‚tun‘,	
80	worunter z. B. auch die Durchführung von	
81	Interpretationsaktivitäten durch die	
82	Interaktionspartner fällt.“ (MEYER-	(...)：证据来源标记(Q)
83	HERMANN 1984, 3).	
84	Metakommunikative Äußerungen, wie man	
85	sie im Einzelnen auch immer abgrenzen und	
86	definieren mag (vgl. u. a. MEYER-HERMANN	(vgl. ...)：证据来源标记(Q)
87	1983, WIEGAND 1979, TECHTMEIER 1984),	
88	sind nur vor dem Hintergrund eines	nur：加强表达(VS)
89	solchermaßen verstandenen dialogischen	solchermaßen：显化内指标记(V4)
90	Grundmodells erklärbar, sie sind ein Beweis	sie：代词性内指标记(V2)
91	für die Bedeutung antizipatorischer Aktivitäten in	antizipatorischer Aktivitäten：部分重复性内
92	der sprachlichen Kommunikation.	指(V1)

如上表所示，本语篇中有着丰富的元话语运用，这些无疑都是作者为了帮助受众理解而付出的努力。接下来，我将根据上表的标注，对这些元话语手段的运用进行详细说明。

首先作者通过“*Es wird von ... gesprochen.*”这个话题引入标记，开始了一个新的话题、开启了论文，那就是最近一段时间有很多人谈及“对对话交际的基本理解”（*das dialogische Grundverständnis von Kommunikation*）这一话题。

第4行的*dabei*作为代词类内指标记指明了上下两句之间的语义关系，*dabei*指的是*bei dem Sprechen*，意思是“在人们谈论过程中”。

而通过第4行的*jedoch*这个转折性过渡标记，作者告知了读者前后两句有着转折关系，意思是“虽然有很多人在谈论‘对对话交际的基本理解’这一话题，但人们并不总能清楚地阐述对话交际应该如何理解”。

第7行的*Kommunikation mit Sprecherwechsel*（带有话轮交替的交际）跟本语篇第一句提到的“对话交际”其实是一个意思，所以可将其标注为替换性内指标记，即用替换表达的方式对前文内容进行了复现。此处能看到作者在换着方式表达同一个意思的努力。

第8行和第11行的破折号作为标点符号类注释说明标记，被作者用来预估并解答读者可能的疑惑。通过插入语补充说明的方式，作者对前文出现的“带有话轮交替的交际”（*Kommunikation mit Sprecherwechsel*）进行了解释，插入语的意思是“与独白式（书面）交际的极端特征完全相反的一种反应”。

第8行的*total*一词用于加强*Gegenreaktion*（相反的反应）的表达，更加突出对话交际与独白式交际的截然不同。

第13行的*Charakteristikum*（特点）同样是作者在用替换性方式表达与前文出现的一个词*Spezifika*一样的意思，是替换性复现，是内指标记。

第13–14行的“括号+ *also*”是注释说明标记I1，表明*wechselseitige Kommunikation*（交替性的交际）就是*dialogische Kommunikation*（对话交际）的意思。

借助第14行的*besteht darin*这种固定而正式的句式，作者往往要告知读者一个重要论点，即什么是什么，所以标注为话题引入标记R1。此处是在说对话交际的特点。

第15行和第16行的两个*dass*（包括后面第21行的*dass*）以相同的句式表明，这3个从句都是*besteht darin*后面的宾语补足语，都在说明对话交际的特点，内容上具有并列关系。

第17行和第18行的括号作为标点类注释说明标记表明，括号里的字母是括号外表达的缩写，就是说，*Produzent sprachlicher Äußerungen*（话语的产出者）指的是S，即Sprecher（说话者），*Rezipient sprachlicher Äußerung*（话语的接收者）指的是H，即Hörer（听者）。

第20行的*anders gesagt*（换句话说）是注释说明标记I1，表明后文是对前文的解释。我们始终都能感受到作者在不断对自己说过的话进行这样那样的解释和补充说明。

第21行的*Rollenwechsel*（角色变化）对于前文的*Sprecherwechsel*（说话者变化）来说是部分重复性复现，是内指标记V1。

第23行的*dieser ständige Rollenwechsel*（经常发生的角色变化）是对前文*dass ein ständiger Rollenwechsel stattfindet*的重复性复现，是内指标记V1。

第26行的*konstant bleibende Rollenverteilung*（恒定不变的角色分配）对于第23行的*dieser ständige Rollenwechsel*（经常发生的角色变化）而言，是一种相反的意思，作者尝试通过反义词这类修辞性手段将独白式没有变化的角色分配与对话交际中的角色变化进行对比，进而对后者进行解释和强调。

第28行的“*Worum geht es ...?*”通过一个问句引入一个新话题，这个问句是话题引入标记R1。后文就是对这个问题的回答，这一点通过相同的句式“*Es geht darum ...*”可以一眼看出。

第28行的*also*可以译为“那么”，是因果关系的过渡标记Ü2。既然前面一段谈到人们并不总能说清楚对话交际的含义，那么我（作者）就要来问一下，对话交际到底如何理解呢？

第30行、第36行和第47行的“*Es geht darum ...*”以相同的句式提示读者，这几个句子存在并列关系，都是对前面那个问题的回答。

第30行的*erstens*、第36行的*zweitens*和第47行的*schließlich*一方面都是语篇结构标记R2，可以给读者语篇结构方面的提示，另一方面这3个词也提示读者，3个句子在内容上属于并列关系，都是对前面那个问句的回答。

第31行的*nicht allein*和第33行的*sondern*作为语义对照关系的连词可以提示读者，两部分的内容是对照关系，意思是“不是只……，而是……”，所以是对照过渡标记Ü6。

这种对比关系也体现在第31–32行的*aus der statischen Perspektive*（以静止的视角）和第33–34行的*aus dynamischen Geschehen*（从动态交际中），两者在语义上属于反义词，作者通过这种反义词类修辞手段，试图对两者进行对比，并把两者的区别进行更清楚地表述、解释和说明，因此属于修辞类注释说明标记，用于强调后者，即应从动态交际视角解释交际过程的观点。

第37行的*nicht nur*和第39行的*sondern auch*作为并列关系复合连词可以提示读者，两部分内容是并列关系，意思是“不仅……，而且也……”，所以是并列过渡标记Ü1。

第40行的*beziehungsweise*在此处的意思是“以及”，表达的是跟前文*aus der Perspektive des Rezipienten*并列的内容，也就是说，对语言交际过程进行分析，应该既从话语产出者角度分析，也从话语接收者角度以及或多或少持中立态度的观察者角度进行分析。

第41行的*mehr oder minder*（或多或少）是一种含糊表达，是作者对观察者的中立态度所进行的含糊而客观的描述。

第42行的*gerade*和第43行的*völlig*分别用于对相关名词*die letztgenannte Perspektive*和*neue Problemstellungen*进行强调，是加强表达标记VS，作者通过这两个词也更好地把读者的注意力吸引到新引入的话题上。

第42行的*die letztgenannte Perspektive*（后一种视角）是用显性的方式复现前面提到的从话语接收者和观察者角度对对话交际进行分析的视角，因此是显化内指标记V4。

第43–44行的*neue Problemstellungen in den Blickpunkt der Aufmerksamkeit rücken*（使人关注到全新的问题）在学术论文中可以用来引入一个新的话题，所以是话题引入标记R1。

第44行的*u. a.*及第46行的*usw.*提示读者，这部分的内容是针对前面所说的新问题的具体阐述和具体化说明，因此是具体化注释说明标记I2。

第48行和第50行的破折号同样是注释说明标记I1，该破折号提示读者，作者将对前面提到的*Analyse sprachlicher Äußerungen und ihrer Genese*（对话语及其产生进行分析）进行解释，也就是说作者认为，话语及其产生是真正的交际语言学研究对象。

第52行的*das*作为代词性复现是内指标记V2，指的就是前面提到的这句话，意思是“这样做隐性包含着一个要求”。

第54行的括号是注释说明标记I1，说明括号里的字母是相关名词的缩写或简称，具体而言就是，S指的是Sprecher（说话者），H指的是Hörer

（听者）。

第56–58行的“*Es geht darum ...*”是具体化注释说明标记I1，这提示读者，后文内容是对前文所作的进一步具体化解释说明。

第57行的*also*是具体化注释说明标记I1，意思是“也就是说”。

第57–58行的*das dialogische Verständnis von Kommunikation*是重复性内指标记V1。

第58行的*nicht nur*和第59行的*sondern auch*是并列复合连词，是并列过渡标记Ü1。

第61行的*beziehungsweise*在此处的意思是“以及”，用以表达跟前文并列的内容，也就是说，理解对话交际不仅是展示说话者想怎样、能怎样和做什么，也展示听者想怎样、能怎样和做什么。或者说，从产出者的角度来看，说话者是如何提前（预判性地）将听者想怎样、能怎样和做什么纳入到他自己的话语计划中的。

第61行和第62行的破折号是作者预判到读者可能对后文存在理解障碍，而先进行的补充性解释，说清楚是从产出者的角度来讲的话，所以是补充解释性标记I1。

第64行的括号表示括号前的词*vorwegnehmend*和括号里的词*antizipierend*差不多是一个意思，是同义词，所以括号是注释说明标记I1。

第65行的*diese*是代词性内指标记V2，指代前面提到的*Äußerungsplanung*（话语计划）。

第66行和第67行两个*ob*引导的从句作为同一个句式，可以提示读者，两部分内容属于并列关系，所以是并列过渡标记Ü1。意思是“这一点无论说话者和听者是否处在同一情景中，或者是否存在话轮转换的可能性，都适用。”

第69行的*Antizipation*对于前文的*antizipierend*来说是部分重复性内指标记V1。

第70–71行和第86–87行的（*vgl.* …），以及第82–83行的（…）都是证据来源标记Q，是学术论文中标记文献出处的方式，也是学术论文区别于其他文本类型的元话语运用特点。

第73行的冒号是注释说明标记，提示读者，后文是对前文那个句子的解释说明。

第88行的*nur*是加强表达标记VS，作者用来突出自己本部分末尾所作的总结。

第89行的*solchermaßen*是显化内指标记V4。

第90行的*sie*是代词性内指标记V2，指的是前文提到的“元交际话语”。

第91行的*antizipatorische Aktivitäten*是部分重复性内指标记V1。

如果我们把上述语篇中元话语的运用进行一个更清晰的总结和展示的话，可见下表：

表4–3：书面语篇元话语子范畴和分类别运用一览表

元话语子范畴	元话语分类别	语篇中的实例	数量
主题结构标记(R)	话题引入标记(R1)	Es wird von … gesprochen.; … besteht darin, …; Worum geht es? (问题形式); neue Problemstellungen in den Blickpunkt der Aufmerksamkeit rücken	4
	语篇结构标记(R2)	erstens, zweitens, und schließlich	3

续表

元话语子范畴	元话语分类别	语篇中的实例	数量
过渡标记(Ü)	并列标记(Ü1)	nicht nur …, sondern auch …; beziehungsweise; zweitens; und schließlich; ob …从句的重复; es geht darum句式的重复; dass …从句的重复	12
	因果标记(Ü2)	also	1
	对照转折标记(Ü6)	nicht allein …, sondern …; jedoch	2
内指标记(V)	重复或部分重复性复现(V1)	Rollenwechsel; Dieser ständige Rollenwechsel; dialogischen Verständnis von Kommunikation; Antizipation; Antizipatorische Aktivitäten;	5
	代词类内指标记(V2)	das; dabei; diese; sie	4
	替代性内指标记(V3)	Kommunikation mit Sprecherwechsel; Charakteristikum	2
	显化内指标记(V4)	Die letztgenannte Perspektive; solchermaßen	2
注释说明标记(I)	定义、概念解释性注释说明标记(I1)	also; anders gesagt	2
	标点解释类注释说明标记(I1)	括号()；破折号—；冒号:	8
	具体化注释说明标记(I2)	also; es geht darum …; u. a. … usw.	3

续表

元话语子范畴	元话语分类别	语篇中的实例	数量
注释说明标记(I)	修辞类注释说明标记(I3)	aus der statischen Perspektive/ aus dynamischen Geschehen; dieser ständige Rollenwechsel/ konstant bleibende Rollenverteilung	2
证据来源标记(Q)	标点类证据来源标记(Q)	(…); (vgl. …)	3
明确表达标记(VS)	加强表达标记(VS)	total; völlig; gerade; nur	4
含糊表达标记(A)	含糊表达标记(A)	mehr oder minder	1
		Σ	58

从表4–3中可以看到，作者在论文片段（共472个词）中运用了58次元话语手段，包括主题结构标记7次（其中话题引入标记4次，语篇结构标记3次）、过渡标记15次（其中并列标记12次，因果标记1次，对照转折标记2次）、内指标记13次（其中重复性复现标记5次，代词类复现标记4次，替代性内指标记2次，显化内指标记2次）、注释说明标记15次（其中定义性注释说明标记2次，标点解释类注释说明标记8次，具体化注释说明标记3次，修辞类注释说明标记2次）、标点类证据来源标记3次、加强表达标记4次、含糊表达标记1次。与第三章的政治语篇相比，此处分析的学术语篇片段在元话语运用上呈现出以下不同之处：1）未出现标示作者存在的自我标记，及标示与受众互动的读者介入标记；2）相比较语篇组织元话语（共53次），人际互动元话语出现得比较少，仅5次；3）标点类元话语出现较多且重要（共8次），主要用于说明证据即

文献来源（3次），以及进行注释说明（8次）；4）语篇中出现了相对较多的过渡标记（15次）和注释说明标记（15次）。

上述这些不同恰好从一个侧面证实了本书第二章所阐述的元话语的语体特殊性。新年致辞语篇中含有丰富的读者介入标记，那是因为作为国家领导人的话语产出者想要利用演讲的机会与民众进行互动交流；而学术论文作者的面前并没有具体的交际伙伴需要直接交流，且学术论文以客观阐述和分析为主，因此态度标记、含糊标记、自我标记等元话语手段和资源使用比较少，因为这些元话语体现了话语与话语主体较强的主观性，不符合学术论文对于客观性的要求。学术论文旨在科学、客观地探讨科学问题，因此语篇中专业性表达较多。为帮助读者理解自己的话语，作者不仅运用较多的过渡标记，还通过很多注释说明标记解释专业性较强的话语、概念或术语。尽管作者未用自我标记体现自己的存在，也未用读者介入标记与读者显性互动，但本语篇的元话语运用仍清晰地体现出其受众意识和互动意识，也呈现出作者较强的元话语运用能力，包括话题引入能力、语篇组织能力、语篇连贯构建能力、话语阐释/解释能力、观点呈现能力和互动能力。

读者在阅读上述学术论文语篇时，若能发现其中的元话语手段和资源，将使阅读过程更为容易。这些元话语能给予读者和受众引导和帮助。培养阅读过程中的元话语能力，其实就是培养在阅读时识别元话语手段和资源的能力。我们可以在平时的阅读教学中，融入元话语知识，借助元话语分类模型，对相关话语进行细致的分析，思考作者在话语组织、话题引入、语篇连贯、话语阐释、观点呈现等方面为读者留下了哪些有助于理解的信号、指引和线索，通过这种方法，我们能够解决阅读中遇到的理解困难，进而慢慢提升学生阅读理解过程中的元话语能力。

4.2.2 元话语能力与听力理解

与书面语篇不同的是，听力语篇转瞬即逝，要求听者不仅熟悉语言规则，还需具备较为丰富的词汇量和较快的反应能力。但与阅读理解共通的是，听力理解同样涉及接收性交际行为和输入性语篇理解。因此，在培养听力理解的元话语能力时，我们同样需要在听力理解过程中关注和发现说话者（话语产出者）为方便受众理解而留下的指引和导向。

下面是教材《新编大学德语》第3册的一篇听力课文。这篇听力课文涉及的是一个报告，可以看作是口语类学术语篇。与书面语学术语篇一样，口语类学术语篇同样会包含诸如引入话题、转换话题、结构明示、解释说明、篇内信息复现、加强表达、读者介入标记等元话语手段和资源的运用。

例4–2

Bauwerke machen Geschichte

Meine sehr geehrten Damen und Herren, liebe Studentinnen und Studenten,

das Thema meines heutigen Vortrags ist „Bauwerke machen Geschichte“. Man sagt eigentlich immer nur, dass Menschen Geschichte machen. Können nicht auch Bauwerke „Geschichte machen“?

Wer mit offenen Augen durch eine Stadt geht, wird vielleicht an einem Haus eine Gedenktafel finden, auf der zu lesen ist, welcher berühmte Forscher, Politiker oder Künstler hier geboren wurde, gelebt hat oder gestorben ist.

So steht in Bonn in einer schmalen Gasse das Geburtshaus des Musikers und Komponisten Ludwig van Beethoven. In Frankfurt am Main können wir das Geburtshaus von Johann Wolfgang von Goethe besichtigen, der hier seinen berühmten Briefroman „Die Leiden des jungen Werthers" geschrieben hat. In der Wartburg bei Eisenach gibt es noch das Zimmer, in dem Martin Luther die Bibel ins Deutsche übersetzt hat.

Oder denken Sie an China: Jeder, der nach Beijing kommt, wird den weltberühmten Kaiserpalast besichtigen wollen, in dem viele Generationen der chinesischen Kaiser gewohnt und regiert haben. Wer sich für Literatur interessiert, sollte unbedingt nach Chengdu fahren, um die Hütte von Du Fu zu besuchen. Hier hat der berühmte Dichter der Tang-Dynastie in nur knapp vier Jahren seine 247 Gedichte geschrieben.

Neben solchen weltberühmten Häusern, Hütten und Palästen besitzen fast alle Städte noch viele andere Häuser und Bauwerke von großer geschichtlicher Bedeutung, die mit ihrem Alter, ihrer Schönheit oder Eigenart zu tun haben oder aber durch politische und kulturelle Ereignisse Geschichte gemacht haben.

Dazu gehören in diesem Zusammenhang unter anderem das Brandenburger Tor in Berlin, der Dom in Köln, wenn es um Deutschland geht, die Große Mauer bei Beijing, der Potala-Palast in Lhasa oder das Haus in Shanghai, in dem die Kommunistische Partei Chinas gegründet wurde. Der Staat schützt solche Häuser und Bauwerke, die steinerne Zeugnisse unserer Geschichte sind. Man sagt dazu: „Sie stehen unter Denkmalschutz."

Jedes Bauwerk, meine Damen und Herren, hat seine ganz eigene Geschichte, der Wolkenkratzer und das Bauernhaus, das Rathaus und das Königsschloss. Es handelt sich dabei immer um eine Geschichte menschlichen Wohnens, menschlicher Arbeit und Erfindung, die viele Jahrtausende zurückreicht bis in die Zeiten, als die Menschen noch in Höhlen oder Zelten wohnten.

Zum Schluss meines Vortrages möchte ich Ihnen eine Frage mit auf den Weg geben: Was können wir als Bürger tun, um unsere historisch bedeutenden Häuser (oder: Bauwerke) besser zu schützen? Ich bitte Sie alle, über diese Frage nachzudenken.

我们试着对这篇听力语篇进行元话语标注，见下表所示：

表4–4：听力语篇元话语运用分析

语篇内容	元话语运用说明
Bauwerke machen Geschichte	
Meine sehr geehrten Damen und Herren, liebe Studentinnen und Studenten,	Meine sehr geehrten Damen und Herren, liebe Studentinnen und Studenten：对听众的直接称呼，读者介入标记（RB1）
das Thema meines heutigen Vortrags ist „Bauwerke machen Geschichte“.	Das Thema ist …：话题引入标记（R1） meines：自我标记（S）
Man sagt eigentlich immer nur, dass Menschen Geschichte machen. Können nicht auch Bauwerke „Geschichte machen“?	man：泛指的人们，读者介入标记（RB6） eigentlich, immer nur：加强标记（VS） nicht：反问句加强标记（VS） Geschichte machen：内指标记（V1）
Wer mit offenen Augen durch eine Stadt geht, wird vielleicht an einem Haus eine Gedenktafel finden, auf der zu lesen ist, welcher berühmte Forscher, Politiker oder Künstler hier geboren wurde, gelebt hat oder gestorben ist.	Wer …, (der) …：读者介入标记（RB6） vielleicht：含糊表达标记（A） auf der … ist：关系从句类注释说明标记（I1）
So steht in Bonn in einer schmalen Gasse das Geburtshaus des Musikers und Komponisten Ludwig van Beethoven.	so：因果标记（Ü2）
In Frankfurt am Main können wir das Geburtshaus von Johann Wolfgang von Goethe besichtigen, der hier seinen berühmten Briefroman „Die Leiden des jungen Werthers“ geschrieben hat.	in：重复“介词+城市名”标示并列关系（Ü1） wir：读者介入标记（RB3） der …：关系从句类注释说明标记（I1） hier：代词性内指标记（V2）
In der Wartburg bei Eisenach gibt es noch das Zimmer, in dem Martin Luther die Bibel ins Deutsche übersetzt hat.	in dem …：关系从句类注释说明标记（I1）
Oder denken Sie an China: Jeder, der nach Beijing kommt, wird den weltberühmten Kaiserpalast besichtigen wollen, in dem viele Generationen der chinesischen Kaiser gewohnt und regiert haben.	oder：话题引入标记（R1）；并列标记（Ü1）；举例说明标记（I2） Sie：读者介入标记（RB2） Jeder, der …：读者介入标记（RB6） in dem …：关系从句类注释说明标记（I1）

Wer sich für Literatur interessiert, sollte unbedingt nach Chengdu fahren, um die Hütte von Du Fu zu besuchen. Hier hat der berühmte Dichter der Tang-Dynastie in nur knapp vier Jahren seine 247 Gedichte geschrieben.	Wer ..., (der) ...：读者介入标记(RB6) um ... zu ...：目的标记(Ü3) der berühmte Dichter：替换性复现，内指标记(V3) hier: 代词性内指标记(V2)
Neben solchen weltberühmten Häusern, Hütten und Palästen besitzen fast alle Städte noch viele andere Häuser und Bauwerke von großer geschichtlicher Bedeutung, die mit ihrem Alter, ihrer Schönheit oder Eigenart zu tun haben oder aber durch politische und kulturelle Ereignisse Geschichte gemacht haben.	Neben ... besitzen fast alle Städte noch viele andere Bauwerke：话题引入标记(R1)；结构标记(R2) neben ... noch ...：并列标记(Ü1) solchen：显化内指标记(V4) die ...：关系从句类注释说明标记(I1)
Dazu gehören in diesem Zusammenhang unter anderem das Brandenburger Tor in Berlin, der Dom in Köln, wenn es um Deutschland geht, die Große Mauer bei Beijing, der Potala-Palast in Lhasa oder das Haus in Shanghai, in dem die Kommunistische Partei Chinas gegründet wurde. Der Staat schützt solche Häuser und Bauwerke, die steinerne Zeugnisse unserer Geschichte sind. Man sagt dazu: „Sie stehen unter Denkmalschutz.“	Dazu gehören ...：举例说明标记(I2) in diesem Zusammenhang：显化内指标记(V4) unter anderem：举例说明标记(I2) wenn es um Deutschland geht：并列标记(Ü1)；话题引入标记(R1)；结构标记(R2) in dem ...：关系从句类注释说明标记(I1) solche：显化内指标记(V4) die ...：关系从句类注释说明标记(I1) dazu：代副词复现，内指标记(V2)
Jedes Bauwerk, meine Damen und Herren, hat seine ganz eigene Geschichte, der Wolkenkratzer und das Bauernhaus, das Rathaus und das Königsschloss. Es handelt sich dabei immer um eine Geschichte menschlichen Wohnens, menschlicher Arbeit und Erfindung, die viele Jahrtausende zurückreicht bis in die Zeiten, als die Menschen	meine Damen und Herren：读者介入标记(RB1) Es handelt sich um ...：话题引入标记(R1) die ...：关系从句类注释说明标记(I1)

noch in Höhlen oder Zelten wohnten. Zum Schluss meines Vortrages möchte ich Ihnen eine Frage mit auf den Weg geben: Was können wir als Bürger tun, um unsere historisch bedeutenden Häuser (oder: Bauwerke) besser zu schützen? Ich bitte Sie alle, über diese Frage nachzudenken.	zum Schluss：结构标记(R2)；话题引入标记(R1) meines：自我标记(S) 两个ich：自我标记(S) Ihnen：读者介入标记(RB2) wir：读者介入标记(RB3) unser：读者介入标记(RB3) Sie alle：读者介入标记(RB2)

如果我们把上述听力语篇中的元话语运用进行更清晰的总结和展示，可见下表：

表4–5：听力语篇元话语子范畴和分类别运用一览表

元话语子范畴	元话语分类别	语篇中的实例	数量
主题结构标记(R)	话题引入标记(R1)	Das Thema ist …; Oder denken Sie an China.; Neben … besitzen fast alle Städte noch viele andere Bauwerke.; wenn es um Deutschland geht; Es handelt sich um …	5
	语篇结构标记(R2)	Neben … besitzen fast alle Städte noch viele andere Bauwerke.; wenn es um Deutschland geht; zum Schluss	3
过渡标记(Ü)	并列标记(Ü1)	oder; neben … noch …; wenn es um Deutschland geht	3
	因果标记(Ü2)	so	1
	目的标记(Ü3)	um … zu …	1

续表

元话语子范畴	元话语分类别	语篇中的实例	数量
内指标记(V)	重复或部分重复性复现(V1)	Geschichte machen	1
	代词类内指标记(V2)	dazu; hier	3
	替代性内指标记(V3)	der berühmte Dichter替代前文的杜甫	1
	显化内指标记(V4)	solchen; solche in diesem Zusammenhang	3
注释说明标记(I)	关系从句类注释说明标记(I1)	, auf der … ist; , der …; , in dem …; , die …	7
	具体化注释说明标记(I2)	Oder denken Sie an China.; Dazu gehören …; unter anderen	3
明确表达标记(VS)	加强表达标记(VS)	eigentlich; immer nur; nicht反问句加强	3
含糊表达标记(A)	含糊表达标记(A)	vielleicht	1
自我标记(S)	S1	三个ich; 两个meines	5
读者介入标记(RB)	RB1	meine Damen und Herren; liebe Studentinnen und Studenten	3
	RB2	Sie; Ihnen; Sie alle	3
	RB3	wir; unser	3
	RB6	man; Wer …, der …; Jeder, der …	3
		Σ	52

从表中可以看到，话语发出者在报告语篇中运用了52次元话语手段，包括主题结构标记8次（其中话题引入标记5次，语篇结构标记3次）、过渡标记5次（其中并列标记3次，因果标记1次，目的标记1次）、内指标记8次（其中重复性复现标记1次，代词类复现标记3次，替代性内指标记1次，显化内指标记3次）、注释说明标记10次（其中关系从句类注释说明标记7次，具体化注释说明标记3次）、加强表达标记3次、含糊表达标记1次、自我标记5次、读者介入标记12次（其中直接称呼3次，第二人称Sie 3次，第一人称复数wir 3次，第三人称单数3次）。

与4.2.1节所分析的书面语学术语篇相比，此处的口语类学术语篇在元话语运用上呈现以下不同：1）标点类手段在期刊论文中具有重要的元话语功能，但在口语类报告语篇中，标点并不在关注范围内；2）期刊论文中未出现的自我标记和读者介入标记，在口语类报告语篇中有较为丰富的呈现，尤其是读者介入标记，一共有12次运用，是使用次数最多的元话语手段，这些标记既有直接称呼，又有第二人称、第一人称复数，以及第三人称，充分说明了报告者利用此类话语手段吸引现场听众或潜在受众的注意、与其进行互动交流的努力和倾向；3）在书面语篇中运用较为频繁的过渡标记（共15次），在口语类报告语篇中仅出现5次，这当然跟语篇主题的复杂程度有一定的关联，书面语篇的专业性难度比较大，而此处的报告语篇显然难度比较小。

书面语篇和口语语篇在元话语运用上也呈现了一些相同点：1）两者都出现了较多的注释说明标记运用，仅分类别有所不同，书面语篇用了较多标点类注释说明标记，而口语报告中则更多地采用关系从句类注释说明标记；书面语篇中的注释说明标记大多用于解释某一专业术语或概念，而口语报告中的注释说明标记则补充说明某一名词，比如“*das Zimmer, in dem Martin Luther die Bibel ins Deutsche übersetzt hat*”（第27—29行）。2）两者都频繁运用主题结构标记，以引入话题和标示语篇结构，帮助受众了解语篇的结构组成、更好地理解语篇。

上述相同点和不同点进一步验证了同类学术语篇在元话语运用上可能呈现相似特征，而口语和书面语两种不同的语篇媒介类型，其元话语运用也会表现出一些不同之处。

借助这些元话语，我们能够更清晰地厘清报告者的思路脉络。报告伊始，报告者便明确提出了自己的主题——建筑创造历史，并通过一个问题“建筑是否也可以像人一样创造历史呢？”巧妙地吸引听众的注意力。然后，报告者列举了与一些名人有关的历史建筑，比如德国波恩贝多芬的诞生地、法兰克福歌德的诞生地，以及中国帝王居住的北京故宫、成都杜甫草堂等。紧接着，报告者用“*Neben solchen weltberühmten Häusern, Hütten und Palästen besitzen fast alle Städte noch viele andere Häuser und Bauwerke von großer geschichtlicher Bedeutung, die mit ihrem Alter, ihrer Schönheit oder Eigenart zu tun haben oder aber durch politische und kulturelle Ereignisse Geschichte gemacht haben.*”这段话引入了一个新的话题，那就是“除了那些名人住过的建筑，还有另外一类承载着伟大历史意义的建筑，或者是因为其年代久远、外观美丽、风格独特，或者是因为某些政治和文化事件”。报告者又列举了很多实例加以说明，比如“德国有柏林勃兰登堡门、科隆大教堂，中国有北京长城、西藏布达拉宫、上海一大会址”。最后，报告者向所有受众提出了一个问题，就是“作为公民我们能为更好地保护这些历史建筑做些什么？”。通过这样的梳理，整个报告脉络清晰，结构层次分明，作为报告的听众，我们可以感受到报告者在每个关键节点运用元话语手段对话题引入、语篇结构、注释说明、篇内复现、语义连贯、与读者互动等方面给予的提示和引导。

在听力语篇中，不仅会出现上述独白式语篇，还会有讨论类和谈话类口语语篇，即涉及两个或多个交际参与者在讨论或谈论某个话题的听力语篇。在这种情况下，每个说话者都会在自己的话语中运用元话语手段来帮助受众理解。比如以下片段展示了这种运用：

例4–3：ZS–DS3/DS4–Diskussion

DS4 Was ich noch zu dem Einkaufen von zu Hause denke, ich sehe ja auf dem Bildschirm meinetwegen da läuft gerade David Beckham und ich habe gerade entdeckt und klicke auf seine Socken und schon habe ich sie eingekauft. Ehm (--) einige Produkte eignen sich dafür↑. Beispielsweise Standardprodukte von denen ich genau weiß was ich davon habe, beispielsweise Nike Socken in Schwarz in meiner Schuhgröße kann ich glaube ich so übers Internet einkaufen↑ muss ich nicht in Laden gehen. Eh ich kann vielleicht auch Bücher von denen ich genau weiß dass ich sie haben möchte übers Internet kaufen↑. Aber es gibt sehr viele Bereiche in denen der elektronische Handel gar nicht so eine große Gefahr für den traditionellen Handel und für die traditionellen Strukturen ist wie gedacht. Beispielsweise hochwertige Einzigsachen die möchte ich vorher anprobieren und ich möchte sehen wie ich wirke ich möchte auch sprechen mit Verkäufern beispielsweise. Oder überhaupt SCHMUCK SCHMUCK würde ich nicht übers Internet kaufen. und ich glaube auch nicht, dass sich tatsächlich der gesamte Handel ins Internet verlegt.

这是一段来自两个德国人关于网络优缺点的讨论片段（例4–3及后文例4–4、例4–5的口语语篇都是笔者在某次研究中所采集的真实口语语料，并由笔者进行了语料转写），其中涉及了德国学生DS4对于网络购物的看法。他认为有些物品适宜在网上购买（第4—5行划线部分），而有些则不适合，且不会对传统贸易和结构造成影响（第10—13行划线部分）。具有受众意识的说话者DS4在阐述自己的观点时，运用了如下丰富的元话语手段（见例4–3中加底色标记部分）来帮助受众理解他的观点：

1）在本段开头，DS4用了“*was ich zu dem Einkaufen zu Hause denke*”（第1行）引入了话题，并用*noch*（第1行）这一并列标记表明自己后面说的话与前面的内容属于并列关系。

2）DS4用了*aber*（第10行）这一对照转折标记，指出了跟前面那句话“*Einige Produkte eignen sich dafür.*”（第4—5行）所描述的事实相反的情况，提示受众自己所关注到的关于网上购物的两种不同情况，所以*aber*也可以看作是结构标记。

3）DS4通过举例的方式，采用了具体化注释说明标记，对上面两种不同的情况进行说明，如第5行和第13行的两个*beispielsweise*，它们都起到了提示受众后文将举例说明的作用，且针对每种情况，DS4都给出了两个例子，这一点从第9行的*auch*和第16行的*oder*可以明显看出，也就是说，经典商品（*Standardprodukte*，第5行）和书（*Bücher*，第9行）适合网购，而贵重商品（*hochwertige Einzigsachen*，第14行）或首饰（*Schmuck*，第16行）则不适宜网购。为了进一步阐释，对于经典商品，DS4再次使用了*beispielsweise*（第6行），举了*Nike*（耐克）的例子加以说明，而对于贵重商品，他通过*auch*（第15行）解释了不适合网购的原因，就是“要试穿”（*anprobieren*，第14行）和“与营业员交流”（*sprechen mit Verkäufern*，第15—16行）这两种原因。

4）DS4采用了关系从句类注释说明标记，对概念作进一步说明，如第6行的*von denen …*是对*Standardprodukte*的补充说明，第9行的*von denen …*是对*Bücher*的补充说明，第11行的*in denen …*是对*Bereiche*的补充说明。

5）DS4运用了较多的代词类内指标记，如第4行和第10行的*sie*，以及第14行的*die*。

6）DS4使用了大量的自我标记来突出个人的体验、观点，比如语篇中大量存在的*ich*（第1、3、4、6、7、8、9、10、14、15、17行）及*meiner*（第7行）。

7）为了突出自己的观点，DS4采用了加强标记，如第7行的*ich glaube*、第16行的*überhaupt*、第16行对两个*Schmuck*的重读（该重读属于口语语篇中一种特有的韵律性加强标记）。

8）为了缓和语气，使交际伙伴更容易接受自己的观点，DS4运用了一些弱化标记，如第7行和第9行的*kann*和*vielleicht*、第16行的*beispielsweise*、第17行的*würde ich*。

正如上面所分析的，这段简短的阐述中包含着如此丰富的元话语运用，事实上说话者在竭尽全力阐明自己的观点，为受众提供理解上的帮助。在片段的结尾，说话者用一句话对自己所说的进行了总结：

“*Ich glaube auch nicht, dass sich tatsächlich der gesamte Handel ins Internet verlegt.*”（第17—18行）。对于听者而言，只要善于捕捉这些对理解起引导性帮助的语言或非语言手段，理解整个语篇就绝非难事，也能较为容易地判断出说话者对于某个主题的态度和立场。

因此，在进行听力理解教学时，我们也应着重培养学生的元话语意识，提升他们对语篇中元话语资源的判断识别能力。我们应引导学生深入分析和思考说话者在语篇中运用的各种支持性元话语手段，如语篇组织、话题引入、话语阐释、篇内复现、加强标记、弱化标记、自我标记、读者介入标记等。这样可以提高学生在听力理解过程中对元话语手段和资源的敏感性以及元话语的辨别能力，使他们更好地从元话语层面理解话语发出者为话语接收者理解话语所提供的具体引导和帮助，从而提升他们的整体听力理解能力。我们有理由相信，如果我们作为信息接收者，能把信息发出者的元话语运用和自己对听力语篇内容的预测有机结合起来，听力理解将会变得更加轻松自如。

4.3 产出性交际行为中的元话语能力

在前面4.2节中，我们分析了作为语篇受众，如何在书面语篇和听力语篇中识别并发现话语发出者为帮助受众理解而留下的元话语手段或非语言手段。接下来我们要进一步分析，作为话语发出者，在产出性交际行为（主要包括说和写两个方面）中，应如何运用元话语手段和资源，为交际伙伴提供理解层面的帮助。下文将分别阐述元话语能力与口语交际（4.3.1）以及元话语能力与书面语交际（4.3.2）。

4.3.1 元话语能力与口语交际

交际是一种合作的社会行为，其中话语意义是交际双方共同建构的。（陈新仁，2014；李清华，2019）互动在实时的口语会话交际中体现得最为明显。如前所述，元话语意识和元话语的使用实质上体现了交际主体的受众意识、互动意识和合作意识，换言之，为了共同完成一次有意义的交际任务，交际双方要共同合作、相互沟通。在口语交际中，如果交际参与者缺乏受众意识和互动意识，也缺乏合作意识，那么交际中出现障碍或失败是完全可以预见的。

如下例所示，交际双方在讨论网络的优缺点时，学习者CS8认为，有了信息高速公路，人们将拥有更多的空余时间，因此可以做更多事情（第1—3行）。然而，另一学习者CS5却把关键词*Freizeit*（空余时间，第2行）听成了*Freiheit*（自由，第4行），而这一误会并未得到交际双方及时的澄清和处理。

例4-4: LS2–CS5/CS8–Diskussion

CS8 (...) und ich glaube, ehm mit dem Infobahn kann man auch mehre Frei **Freizeit** haben, also sie können vieles zu tun und ihre Hobby ehm entwickeln. (--) und wie findest du das ↑

CS5 Ja ehm (-) die **Freiheit** ist eine Seite, aber **Freiheit** kann auch zur hässlichen Sachen führen eh zum Beispiel ehn **(15) ((lacht)) eh (20) sagen wir was anderes.** ehm (--) die Infobahn entwickelt sich sehr schnell, nicht alle Men Menschen kann kann an die Geschwindigkeit gewöhnen. (...)

CS5并没有意识到自己的误听，实际上，由于对方的话语转瞬即逝，他也很难即时察觉自己听错了，于是，他继续表达自己的观点，认为自由固然好，但也会导致一些不好的事情，很显然，他想要举一些例子来加以说明，却一时语塞（第5–6行）。虽然要找到合适的例子需要时间，但长达35秒的停顿显然已经超出了普通会话中对于停顿的普遍接受范围。毫无疑问，CS5作为问题方，在克服表达困难时缺乏必要的交际策略；然而，我们也不能忽视另一事实，那就是这一尴尬局面的形成，在一定程度上要归因于CS8作为交际伙伴，没有及时指出CS5将*Freizeit*（第2行）听成*Freiheit*（第4行）的理解错误。在这种情况下，CS8本应及时指出CS5的误听，但由于她缺乏必要的合作意识和互动意识，并未采取任何纠正措施，反而任由CS5在错误的道路上越走越远。由于这一理解问题未得到处理，随后出现了长达35秒的停顿（第5–6行），而交际双方均未采取有效措施或策略来应对所遇到的交际障碍。CS5作为出现表达问题和尴尬停顿的一方，也未能向交际伙伴解释停顿原因或寻求对方帮助，这进一步表明了他同样缺乏受众意识。

倘若CS8能适时澄清CS5的误解，或者在CS5努力却无助地寻找例子，想要说明“自由可能会导致丑陋的事情”时给予协助，那么长时间的停顿便不会发生。因此可以说，CS5产生表达问题，很大程度上源于其自身的理解问题、以及交际伙伴CS8未能向他伸出援助之手、给予他必要的帮助。可见，学习者之间的合作意识和合作策略在交际顺利进行中起着重要的作用，显然，学习者在这个方面还比较欠缺。

例4–5: LS2–CS6/CS7–Diskussion

CS6 (...) die Infobahn hat eh wahrscheinlich mehr Vorteil↑ zum Beispiel↑ eh (-) **mit solche Infobahn kann man eh zu Hause eh: alle erleben↑ (-) eh ja↓ man braucht nicht ausgehen, um Urlaub zu machen**, eh damit sie ehn die (-) berühmt eh solche zum Beispiel die eh Verbotene Stadt zu selbst zu besichtigen, sondern man kann zu Hause das erleben also mit dem Infobahn. Das ist eh ja ich denke ein wichtiger Vorteil [oder↑]

CS7 [Ehm] **das heißt: machen die Leute keiner Urlaub und keine Reise↑** Ehm das finde ich nicht gut. Ehm zum Beispiel ehm den eh die seh eh viele Sehenswürdigkeit wird niemand eh wollen niemand gesehen. Und **viele Ländern ehm eh und Wirtschaft vieler Ländern und eh geht schlechter** ehm so ehm und auch eine ehm Problem, das ist ehm die Leute wollen nicht auszugehen sogar nicht einzukaufen und immer zu Hause und sitzen vor Computer und so ehn **das heißt kein Sport machen** und ich glaube **es führt zur Gesundheitsproblem** so=

CS6 **=ja Entschuldigung, ja also was ich vorher gesagt ist eh man braucht nicht eh zuzu eh zu viel Zeit, unterwegs zuzu reisen, das heißt nicht man (-) muss nicht ehn also zu reisen das ist total andere Dinge.** also ehn zu dem Thema Sport (...)

而在例4–5中，双方同样围绕着网络的优缺点展开讨论。学习者CS6提出，有了信息高速公路，人们可以在家里体验各种经历，无需外出即可参观名胜古迹（第2–4行）。然而，另一学习者CS7误解了CS6的意思，认为有了信息高速公路，人们就可以一直呆在家里不用出门。为了反驳这一观点，CS7指出，如果人们都在家里参观名胜古迹，那么许多国家的经济将遭受损失（第12–13行），而且如果人们不再外出进行体育锻炼，将会引发健康问题（第17–18行）。显然，CS7误会了CS6的意思。对此，CS6迅速作出解释加以澄清（第19行），强调他之前的意思是，如果有了信息高速公路，人们不需要出门便能了解世界，而并非是人们不能出门（第19–21行）。不难想象，若CS6未及时打断CS7并解释自己的立场，双方的谈话内容就会南辕北辙，失去意义。本例中，CS6的行为展现了一个具有受众意识和互动意识的交际主体应有的反应，同时也体现了他出色的互动能力和元话语能力。

在交际中，学习者缺乏受众意识和相应的元话语能力的例子比比皆是。举例来说，在德语教学课堂上，笔者曾让学过一个学期德语的德语强化班学生（同济的德语强化班学生共学习两个学期德语，每个学期有17个教学周，周学时为18）在寒假过后，就下列话题进行两人一组的对话练习，并要运用新学的表达观点的语言手段，如*ich stimme Ihnen zu*、*ich bin dafür*、*ich bin dagegen*、*das stimmt*、*du hast Recht*，等等。讨论的话题和任务为“Wie sollte man die Ferien verbringen? Einige wollen die ganzen Ferien zu Hause bleiben und ihre Eltern begleiten. Andere wollen die Zeit nutzen, Praktikum zu machen und zu verreisen. Diskutieren Sie mit Ihrem Partner.”。

有两位成绩比较优秀的同学完成了以下对话的课堂展示（对话原文是请这两位同学课后根据回忆记录下来的）。

例4–6a：原对话

A　Ich glaube, dass man die ganzen Ferien zu Hause bleiben und seine Eltern begleiten soll.

B　Ich stimme dir nicht zu. Ich glaube, dass Studentinnen und die Studenten in die Ferien die Zeit nutzen sollte. Zum Beispiel, ein Praktikum machen oder verreisen.

A　Ich bin dagegen. Winter Ferien sind eine gute Gelegenheit, mit Familie zusammenbleiben. Man kann mit seine Eltern Filme sehen, Hausarbeit machen, spazieren gehen usw.

B　Ja. Aber ich denke, ein Praktikum ist wichtig. Einerseits, während der Ferien habt man viel mehr Zeit für den Job, den man während des Semesters nicht machen kann. Andererseits ist das auch wichtig für das später Berufsleben.

A　Das stimmt. Aber später musst du für ungefähr 40 Jahren arbeiten, und die Zeit mit deiner Familie ist sehr bedeutend. Warum begleitest du nicht zur Zeit deinen Eltern?

B　Du hast Recht. Aber die Technik entwickelt sich jetzt sehr schnell. Wir können mit unseren Eltern einen Videoanruf machen, durch die wir uns sehen und miteinander kommunizieren können.

A　Die Technologie ist wirklich praktisch, aber das ist nicht gleich. Mit face-to-face Kommunikation kann man besser mit Familie kontaktieren.

初步来看，除了个别语法错误外，两位学生的表现相当出色。在其他同学尚不太会运用新学的表达观点的语言手段时，他们已能在对话中表明自己的观点。A主张寒假应该在家陪伴父母，强调面对面与家人交流总比网络交流要好；而B则认为寒假是难得的实习或打工机会，平时并没有整段时间来实习或打工，实习对将来的职业发展大有裨益，同时可借助新技术进行视频聊天和交流，维持与家人的联系。两人也较为丰富地运用了要求用到的语言手段，如“*Ich stimme dir nicht zu.*”（第3行）、“*Ich bin dagegen.*”（第6行）、“*Ja. Aber ...*”（第9行）、“*Das stimmt. Aber ...*”（第13行）、“*Du hast Recht. Aber ...*”（第16行），他们甚至还学会了先认同对方观点，再进行反驳（如第9、13、16、19行）。然而，当我们再仔细分析该对话内容时，却发现这只能算是一次中规中矩的对话练习，尚未达到真正的交际。因为对话内容显得骨感，甚至有点生硬，说话很武断，只有断言，没有原因陈述，也听不出两人作为交际主体的交流热情，以及想要说服对方、希望对方接受自己观点的强烈愿望。

笔者尝试着修改对话，加入了交际双方应该有的交际热情和交际意愿，以及互动和受众意识。对话成为下面的模样。

例4–6b：修改版对话

A　Ich glaube, dass man die ganzen Ferien zu Hause bleiben und seine Eltern begleiten soll.

B　Ich kann dir leider nicht zustimmen. Für einen Studenten ist das Lernen immer das Wichtigste. So glaube ich, dass man die Ferienzeit gut ausnutzen sollte, um zum Beispiel ein Praktikum zu machen oder zu verreisen. So kann man die Welt besser kennenlernen und Arbeitserfahrungen sammeln.

A　Ich bin anderer Meinung. Im Semester beschäftigt man sich viel mit der Uni und ist oft weit weg von den Eltern. Winterferien sind aber eine gute Gelegenheit, mit ihnen zusammenzubleiben. Da kann man vieles machen, Filme sehen, Hausarbeit machen, spazieren gehen usw.

B　Ja, du hast zwar Recht, aber ich denke, ein Praktikum ist wichtig. Einerseits hat man während der Ferien viel mehr Zeit für solche Tätigkeiten, die man einen Zeitraum braucht und sonst während des Semesters nicht machen kann. Andererseits ist das auch wichtig für das spätere Berufsleben.

A Das stimmt. Aber in der Zukunft musst du ungefähr 40 Jahre arbeiten, und da hast du noch weniger Zeit für deine Eltern. Warum kannst du sie jetzt in den Ferien nicht begleiten?

B Du hast Recht. Aber ich glaube, nur wenn ich später eine gute Arbeitsstelle finde, kann ich ein besseres Leben für meine Eltern schaffen. Dafür muss ich mich jetzt viel einsetzen. Ich kann nicht die ganzen Ferien zu Hause bleiben und so die Zeit vergeuden. Außerdem entwickelt sich die Technik ja schnell. Per Internet können wir mit unseren Eltern zum Beispiel chatten oder Videoanrufe machen. Da können wir uns auch sehen und unterhalten.

A Die Technologie ist wirklich praktisch, aber der Kontakt durchs Internet ist ganz anders als die Face-to-Face-Kommunikation. Mit der Face-to-Face-Kommunikation kann man viel besser miteinander kommunizieren, und man fühlt sich auch viel näher. Vielleicht wäre es in der heutigen Zeit der Digitalisierung doch möglich, zu Hause ein Fern-Praktikum zu machen. So könnte man neben dem Praktikum auch die Eltern begleiten.

B Das ist eine gute Idee!

修改版对话相较于原对话，确实有了显著的提升。交际双方把该说的话说得更为清晰，把各自的观点表达得更为明了、更有逻辑性，还让读者体会到双方参与交际的热情、说服对方的意愿。具体而言，我们可以把修改版对话中几个方面的修改处理梳理如下：

1）第3–7行：原对话中，B说，“我不同意你的观点，学生假期里应该利用时间，实习或者旅游。”笔者在修改版中添加了表达观点立场的元话语标记*leider*（第3行）一词，更符合讨论语体。接着明确指出之所以建议学生在假期里利用时间实习或旅游，是因为相较于回家陪伴父母，学习的重要性不容忽视，因此“我”认为，利用假期的时间进行实习或旅游，可以更好地了解这个世界、积累工作经验。在本段表述中，B除了加入了原因陈述，还添加了*so*（第4行）和*um ... zu...*（第5行）这两个表达因果关系和目的关系的过渡标记，使得话语的意思、自己的观点及内在联系更加清晰明了。

2）第8–12行：针对B的这一观点，A在原对话中说，“我反对，寒假是和家人相处的好时机，可以和家人一起看电影、做家务、散步等。”笔者在修改版中首先将“我反对”改为“我有不同看法”这种相对柔性的表达；并同样添加了原因陈述，说清为什么假期里要和家人相处呢，因为在学期里学校的事情特别多，而且又远离父母，而假期正好是一个与家人相处的好机会（第9–10行）；后面一句修改为“和家人在一起可以做很多事”（第11行），比如“看电影、做家务、散步等”，这样说，可以使话语展示的内容更加丰富。在本段表述中，还添加了*aber*（第10行）这个表示转折关系的过渡标记和*da*（第10行）这个表达复现的内指标记。这些修改同样使本段的意思表达得更加清晰。

3）第13–17行：原对话的“*Ja, ... aber ...*”在修改版中改为“*Ja, du hast zwar Recht, aber ich denke, ...*”，原对话中提到“假期里人们有更多的时间可以打工，而学期里是做不了的”，可能对方对此并不一定能够完全理解，因此笔者添加了“假期里有更多的时间去做需要一段时间的实习类工作，而学期里是做不了的”这一解释，第14行的*solche*作为显化内指标记，指代的是后面添加的关系从句（第15–16行）。

4） 第18–20行：原对话中的*später*改为*in der Zukunft*（第18行）可能更为恰当，因为学生目前尚处于本科在读期间。原对话说的是，“以后你要工作近40年，而和家人相处的时间很重要，为什么你现在不陪陪你父母呢？”听者或许会觉得这几句话语间的内在联系难以理解，因此笔者在修改版中添加了原因“*Da hast du noch weniger Zeit für deine Eltern.*”（第19行），意思是“到那时你陪父母的时间就更少”，这样后一句话“为什么你现在不能在假期里陪陪你父母呢？”才显得顺理成章。

5） 第21–28行：原对话说的是“你说得有道理，但是现在技术发展很快，我们可以跟父母视频通话，这样我们彼此也能看得见，也可以聊天。”似乎说得也不错，但修改版中笔者尝试把说话者的想法说得更透彻、更深入：“你说得有道理，但是我觉得，只有我将来找到好工作，才能为父母创造更好的生活，为了实现这个目标我现在就得努力，而不能整个假期呆在家里浪费时间。此外现在技术发展很快，通过网络我们就能跟父母视频通话，这样我们彼此也可以看得见，也可以聊天。”这么说显然为自己假期里不在家陪伴父母找到更充分的理由，因为“我”是想通过现在的努力将来找到好工作，以便为父母创造更好的生活。“我”不陪父母是因为“我”对父母好，是要为他们创造更好的生活而努力，并不是仅仅浮在表面说，由于技术发展通过视频就能跟父母见面、聊天，所以不一定要在家陪伴他们。这样处理使得整段阐述有血有肉，而不干巴巴、甚至生硬了。在修改版中，为了使整段意思明了易懂，语篇中的元话语运用值得一提：*nur wenn*（第21行）作为加强表达标记，可以对自己的第一个原因进行强调；*dafür*（第23行）作为过渡标记明示了前后两句的因果关系，正因为自己想将来找个好工作，为父母创造更好的生活，所以现在就得付出努力；第24行的*so*作为过渡标记，明示了该句两部分的因果关系，意思是“因为整个假期呆在家里，所以是浪费时间”；后文添加了表达并列关系的过渡标记*außerdem*（第25行），一方面使整段表述结构清晰、层次分明，另一方面进一步突出了修改版中前面补充的第一个原因，而技术发展、视频聊天仅仅是第二个附加原因。

6）第29–35行：原对话中本段是这么说的，“技术确实很实用，但这是不一样的，面对面可以更好地与家人交流。”作为听者或许会对“这是不一样的”这句话不甚明了，其实说话者的意思是，通过技术进行视频通话的见面和面对面交流是不一样的。为了使这个意思表达得更能让听者理解，笔者在修改版对话中把话说得更加明白，“技术确实很实用，但通过网络进行交流和面对面交流是不一样的。”后面再添加怎么不同的描述，“面对面可以进行更好的交流，人们也可以感觉更加亲近。”相信这样的描述对于听者来说更易于接受，而不是需要自己去体会“但这是不一样的”那句话的意思。当然A也确实觉得B前面说的有一定的道理，就是“现在不努力，将来如何能够找到好工作，为父母创造更好的生活呢？”因此，修改版对话中A给出了一个听起来非常合理的建议，“也许在当今这个数字化的时代，人们有可能在家进行远程实习，这样假期里既可以陪伴父母，又可以做实习。”

针对这个建议，修改版对话中B回应道“这是一个好主意。”

通过这样的修改，该对话的修改版与原对话相比，有以下优点：1）原对话中，双方的观点陈述较为单一，很少陈述自己观点的原因和理由，也很少深入到对方的观点中进行有论据的反驳，使得对话生硬、干巴、没有热情，似乎是为了对话而对话，只为完成课堂作业任务而已；在修改版对话中，双方不仅对话题进行了深入而有意义的讨论和意见交流，还对自己的话语进行了原因陈述，使得话语内容变得丰富，对话也因此显得更加生动。2）修改版对话中，因为有更多的原因陈述、内容阐述，因此也添加了更多的元话语手段来明示话语内容之间的关联以及自己的观点态度，使自己的话语有助于对方更好地理解和接受自己的观点。3）原对话结束时，双方的讨论似乎并未结束，而修改版对话中双方阐述充分，表达的观点都有一定的道理和可接受性，双方通过实质性的思想交流达成了一定的共识，最后A的建议（通过在家做远程实习的方式，既能陪伴父母，又能做实习、积累工作经验）得到了B的认可，这样的结尾为讨论画上了一个完美的句号，使得整个讨论成为了一次有意义的意义磋商和真正的交谈。

通过修改和补充，无论是原因陈述，还是元话语手段运用，都体现出交际双方真正在用外语围绕某一主题进行交流，他们一方面努力在讨论中让自己的话语和意思阐述得更加清楚，另一方面期望交际伙伴按照自己的意愿理解或接受自己的观点，这无疑体现了说话者的受众意识、互动交际意识和互动能力。在日常的课堂练习或对话练习中，学生们往往将精力主要集中在自己的话语计划和话语产出上，却很少考虑对方是否能理解自己的话语和意思，也鲜少深入领会对方说出的话语，或在理解对方话语的基础上给予针对性的反馈。因此，在外语对话中很少见到像母语交流那样自然而然的互动意愿和表现。这既是因为语言能力的欠缺使学生过于专注于话语计划，可能同时承受着理解和产出的双重压力，也反映了学生对受众意识和互动交际意识的忽视。即便上面原对话（见例4–6a）中的两位同学已经是班上最好的学生，在互动能力和元话语运用方面仍有所欠缺，其他学生这方面的不足便更加显而易见了。然而，由于教学时间的限制，教学实践中往往难以像上文（见例4–6b及相关说明）这样经常进行深入的修改和讨论。尽管如此，教师若能在教学中合理、恰当地融入哪怕少数几次针对性的对话分析、讨论和修改，学生便有机会认识到元话语相关知识及能力的重要性，从而在互动意识和能力培养方面获得极大的启发、收获和提高。

正如之前所述，在会话交谈中，说话者和听者的角色时刻在交替变换，交际参与者既要作为话语发出者，努力为对方的理解提供引导和帮助；又要作为话语接收者，善于在对方的话语中找寻并发现对方给予自己的理解支持。在口语会话交际中，受众意识和互动能力不仅意味着，要在交际中对对方的话语给予合理的言语反馈，使谈话围绕着主题进行；也意味着，作为话语接收者要在不改变角色和话轮的前提下，给予对方恰当的听者信号。如果我们能在日常的口语教学中，恰到好处地融入元话语知识，培养学生的受众意识和交际互动意识，并引导他们有意识地运用元话语手段，那么将能有效促进学生的元话语能力和互动能力，进而培养他们与交际伙伴进行真正的意义磋商和外语交流的能力。

4.3.2 元话语能力与书面语表达

对于外语学习者而言，产出性书面语表达主要涉及命题作文以及本科、硕士等学术论文的写作。以德语为例，命题作文常见于日常作业、大学德语四六级水平考试、德语专业四级考试、德语专业八级考试中，这些作文有的围绕某一主题展开描述或阐述，有的则要求针对特定图表或现象提出观点并进行论证。而本科论文和硕士论文等学位论文写作，则涉及针对某一科学问题进行学术语篇的写作。

在命题作文中，除了要言之有物、有思想有内容，一定的语篇连贯建构能力无疑可以帮助学生更清晰地表达自己的意思和写作思路。然而，这恰恰是学生在日常写作中常遇到的问题。他们要么漏用了连词等表达语篇连贯的手段，要么在使用时出现了错误。比如，有学生在一篇关于出国留学的作文中写到：

> Viele sagen, dass das Studium im Ausland sehr teuer ist und ihre Familien es sich nicht leisten können. Aber andere meinen, dass der Unterricht und die Bücher wegen der Fremdsprache schwer zu verstehen sind. Trotz dieser Nachteile finde ich es noch hilfreich, im Ausland zu studieren.

作文要求有3点：1）出国留学有什么优缺点？2）你是否想出国留学？3）若要出国留学应该做些什么准备？上面的一段是针对第一点内容的阐述，其中就存在连词使用不当的情况。读者看到第二句句首的

aber，第一反应肯定是以为作者要进行转折了，而后续内容却仍是描述出国留学的缺点，两者呈现并列关系。所以这里建议改成“*Andere meinen/fügen hinzu, ...*”，这样就可以合理地表达出国留学的两个缺点：一是费用比较高，很多家庭承担不起；二是外语水平不足，课堂和书本内容理解困难。第三句中的句首*trotz*用得非常合理、恰当。而后面的*noch*又有点问题，带有汉语思维的痕迹，似乎是作者不好意思直接、干脆地反驳别人，于是说有点赞成别人的观点，但是又觉得出国留学还是有点用的。与德语观点鲜明的表达习惯相比较，这种表达显然太过委婉而显得不合适，因此此处可以用*aber*这个表达转折意思的连词清楚地表达出自己的看法。

在先前4.1.3关于元话语能力的内涵中，我们已专门阐述过语篇连贯建构能力。这一能力就涉及运用能够体现语篇内在连贯和逻辑的过渡标记和内指标记元话语的能力。其中过渡标记呈现语篇内部话语之间的多种语义关系，诸如并列、因果、目的、条件、方式、对照转折等。而内指标记则是对语篇内容的多种复现形式，包括重复性复现、代词类复现、总结性复现、替代性复现、显性复现等，它们能提醒受众前文或后文所涉及的内容。如果我们在日常写作训练中，能分门别类、循序渐进地传授学生相关的元话语知识，并培养他们运用这些元话语手段的能力，那么他们在德语写作中就能更好地反思并发现自己语言运用的不合理或错误之处。这样，他们就能逐渐养成在语篇中合理构建语义连贯的习惯，从而帮助读者理解，避免误导读者。

而学术论文中所反映的问题可能更加多种多样。根据相关研究（如陶卓，2020）及笔者多年担任学位论文导师的经验，作为刚开始学习撰写学术论文的作者，一个普遍存在的问题是常常想到哪写到哪，缺乏明确的受众意识。这导致了一系列问题，比如1）章节和段落之间缺乏必要的过渡，内容之间的关联交代不足，前指和后指类提示缺失，使得内容显得突兀，结构显得混乱，前后缺乏关联性，进而削弱了语篇的论证性和说服力；2）无论是描述还是论证，对语篇内在逻辑的思考和呈现不够合理，使得读者感觉逻辑混乱，影响了语篇的流畅性；3）对于某些关键概念或论点，其阐释与说明不够充分，导致读者难以跟上作者的思路，感觉作者表述过于武断或跳跃性过强；4）对文献引用的标注不够注意，常有遗漏现象，使得读者难以区分所阐述的内容中，哪些是引用他人的观点，哪些是作者自己的观点。

要解决上述问题，一个很重要的途径便是元话语手段的运用。根据4.1.3的阐述，元话语能力的实质在于互动能力的体现，其内涵包括语篇组织和话题引入的能力、语篇连贯建构能力、话语阐释/解释能力、观点呈现能力和互动能力。尽管写作交际并非实时交际，但同样有受众或潜在受众的存在，只有具备一定的互动能力及元话语知识和能力，外语学习者，作为写作行为的交际主体，才有可能主动预判受众的认知水平和交际背景，进而运用元话语手段或资源，对话语进行必要的解释和说明，对语篇结构进行合理组织，对话题的引入和话语间的关联进行明确的提示，并对自己的观点和立场进行一定的明示。只有这样，写出的语篇才能避免内容突兀、结构混乱、逻辑不清、话语武断、缺乏内在联系和说服力的问题。

元话语在写作中的重要意义已引起学界的广泛关注和研究（如Hyland, 2005；孙自挥，2011；徐昉，2013；鞠玉梅，2013；周岐军，2014；孙莉，2020；姜峰 等，2020）。正如杨信彰指出的那样，“元话语研究很好地把功能语言学的思想应用到写作过程的分析，把语篇看作过程，意识到了读者/受话人的重要性，重视交际的有效性。元话语能成为分析作者在写作中协商关系的有力手段。在作文教学中，元话语的知识能帮助学生进一步发现作者、读者、语篇和语境，能提高判断能力，在写作中更多考虑读者的需要，了解不同社会文化群体如何看待自己和读者，看待写作，看待语篇。”（2007）[3]在写作教学中融入元话语知识的传授和培养学生的元话语能力，是有效提升其写作能力和书面语交际能力的关键途径。

在前面4.2.1“元话语能力与阅读理解”部分，我们已经对元话语在学术语篇中的运用有所了解。正是因为作者在论文中运用了相应的元话语手段进行话题导入、语篇组织、话语阐释、篇内复现等，读者才得以在理解语篇的过程中获得来自作者的引导、帮助和支持，从而使阅读理解行为变得更为容易。下面笔者通过一篇硕士论文的部分章节来进一步阐述元话语运用与书面语表达能力之间的关系。笔者的一位研究生以*Konstruktion der pragmatischen Identitäten in deutschen Abstracts — am Beispiel von linguistischen Beiträgen der 13. IVG*（《德语论文摘要的语用身份建构研究——以第13届IVG语言学论文为例》）为题撰写硕士论文。在这篇论文中，作者以50篇语言学方面的德语会议摘要作为语料，对其中的语用身份建构进行实证分析。论文的目录见下面。

Inhaltsverzeichnis

图4–2：某硕士论文目录

该学生在理论部分2.1.1阐述完篇章定义和篇章五功能（信息、呼吁、承诺、联络、声明）后，直接进入下一节内容2.1.2“摘要作为一种篇章类型”，这样的衔接显得较为突兀。一般而言，在理论阐述之后，作者应对其内容进行总结或评价，以便读者理解这些理论对本课题研究的作用和意义。若选择不进行此类陈述，那么至少应在结束篇章定义和功能的讨论后，添加下面这段过渡性话语，用*oben*和*unten*这两个标示结构和显性复现的元话语手段，明确告知前文已阐述的内容及后文即将阐述的内容，以便读者理解和领会作者的写作布局：

Oben werden die Begrifflichkeit des Textes und die Textfunktionen erläutert. Unten wird auf den Forschungsgegenstand der vorliegenden Arbeit *Abstract* und dessen Begriff eingegangen.

如前所述，学生在学术论文写作中普遍存在的问题之一是缺乏必要的结构性过渡。针对这一问题，解决办法其实比较简单：即在文中添加一个过渡段或几句过渡话语。在学术论文写作课中，我们应对这一点加以强调，从而有效改善学生在这一方面的问题。

章节或段落之间的内容缺乏关联是学生学术论文写作中另一个常见问题。比如，刚才这位学生在后面论述“摘要作为一种篇章类型”（2.1.2）那部分时，仅堆砌了一些文献中关于摘要的定义和引言，却未能承接上文把摘要（Abstract）的功能说清楚，也未能区分普通摘要与该硕士论文所要研究的会议论文摘要的差异，导致该部分缺失必要内容，与后文关联度不高。这一方面反映该学生对理论部分要写些什么不够明确，同时在写作过程中缺乏读者意识，未能充分考虑读者的阅读需求和期待，对某些重要理论问题缺乏清晰的交代。在章节2.1.2中，作者应在前文（2.1.1）的基础上，明确阐述摘要作为篇章类型的定义和功能，并进一步探讨作为研究语料的会议论文摘要所具备的功能。此外，还应分析会议论文摘要的作者可能实施的交际行为，以及他们要达成的交际目的，等等。只有对这些问题阐述清楚了，我们才能进一步阐述这些会议论文摘要中的作者展现了什么样的身份，以及他们是运用哪些语言手段来实现这些身份的。这样，我们才能将内容与论文的主题“身份建构”联系起来，并顺利进入下一章节关于身份建构理论（2.2）的写作。针对2.1.2的内容，笔者建议进行如下修改和补充（为了节省篇幅，此处摘录部分的脚注已省略）：

例4–7

Das als kurzer Text geltende Abstract kann man auch in sprachlicher und kommunikativer Hinsicht betrachten. In Kommunikationshinsicht zeigen sich in einem Abstract vor allem zwei Grundfunktionen: Informationsfunktion und Appellfunktion. Die Informationsfunktion kommt zustande, weil der Autor durch das Verfassen des Abstracts den Hauptinhalt seiner Forschung darstellen möchte. Er liefert beispielsweise Informationen über den Hintergrund, das Thema und die Untersuchungsmethode, damit der Leser einen Überblick erhält, worum es in der betroffenen Forschung geht. Da das Abstract vor allem informativer Text ist, spielt die Informationsfunktion in Abstracts eine dominierende Rolle. Und die Appellfunktion bezieht sich darauf, dass die obengenannte informative Darstellung sehr wahrscheinlich das Leseinteresse der Rezipienten wecken und sie zum Weiterlesen des Textes überzeugen kann. Es ist daher interessant zu erforschen, wie der Autor eines Abstracts mit welchen konkreten Sprachmitteln versucht, seine kommunikativen Intentionen zu realisieren und damit die Textfunktionen zu verwirklichen.

Das in der vorliegenden Arbeit als Forschungsgegenstand dienende Konferenzabstract ist ein Abstract für eine Konferenz. Es hat einerseits wie das normale Abstract, d.h. Abstract für Zeitschriftenartikel, die folgenden Besonderheiten: (1) Es folgt einer logisch motivierten Struktur; (2) Es dient dazu, den Lesern durch einen relativ kurzen Text einen Einstieg in das Thema zu ermöglichen und sie neugierig zu machen. Andererseits unterscheidet es sich jedoch auch von dem Artikelabstract: Zuerst hat man für ein Konferenzabstract deutlich mehr Platz zur Verfügung. Anstatt 100 bis 150 Wörtern erlauben die Veranstalter einer Konferenz meist ca. 500 Wörter. Daher kann diese Art von Abstract detailreicher gestaltet werden. Außerdem bezieht sich das Konferenzabstract nicht auf einen bereits fertig geschriebenen akzeptierten wissenschaftlichen Artikel, sondern auf eine zukünftige Konferenz in etwa 6 bis 12 Monaten. Mit dem Konferenzabstract entscheidet das Gremium einer Konferenz dafür, ob der Autor daran als Referent teilnehmen kann. Deshalb ist es durchaus vorstellbar, dass der Autor beim Verfassen des Abstracts die Kommunikationsintention hat, das Gremium zu appellieren, ihn als Referent zur Konferenz aufzunehmen. Dementsprechend versucht er sehr wahrscheinlich zu begründen, indem er beispielsweise über die Wichtigkeit und den Sinn seiner Forschung schreibt. In diesem Sinne kann die Appellfunktion für ein Konferenzabstract auch von großer Bedeutung sein.

如划线部分（补充的部分）和底色标记部分（章节中所运用的元话

语）所示，修改版在以下两个方面值得一提：1）从内容上来说，修改版基于前文（2.1.1）对摘要的功能进行阐述，构建了清晰的前后文联系。同时，对普通摘要和会议论文摘要进行了区分，重点阐述了会议论文摘要的功能，除了信息功能外，还突出了其重要的呼吁功能。2）从阐述方式和语言运用而言，修改版使用了丰富多样的元话语手段和资源（见底色标记部分），既有结构标记如*einerseits … andererseits …*、*außerdem*，又有内指标记如*in Kommunikationshinsicht*、*Informationsfunktion*、*Appellfunktion*、*Konferenzabstract*、*folgend*、*in diesem Sinne*；既有常用的注释说明标记如*beispielsweise*，又有德语中特有的通过扩展定语进行解释说明的手段如*als kurzer Text geltend*、*in der vorliegenden Arbeit als Forschungsgegenstand dienend*，以及通过反义词这类修辞手法进行解释说明的手段如*nicht … sondern …*；既有过渡标记如*und*、*auch*、*außerdem*、*daher*、*deshalb*、*weil*、*jedoch*，又有加强表达标记如*durchaus*、*vor allem*、*sehr wahrscheinlich*。通过这些语言手段的运用，修改版使得2.1.2这部分的内容层次分明、意思明了，为后续论述奠定了基础。

一定的读者意识虽不能从根本上解决学生学术论文写作中的问题，因为评价一篇论文最主要的依据在于课题的意义和内容的质量；然而，具备一定的读者意识能帮助学生从读者的角度审视和反思论文，思考潜在读者的阅读期待，使学生在写作时持续思考这一问题：如何才能表达得更为清晰、更具说服力，如何更有效地说服读者或者论文评阅老师。这样的思考将推动学生不断完善论文的结构和内容，包括在章节、段落间添加所需的过渡，对论文结构进行相应的提示，对文章各部分间的内在关联及所阐述内容的意义进行必要的交代，对关键的概念和论点进行适当的阐释、解释和说明，并对文献引用进行清晰的标注，弄清哪些是引用，哪些是自己得到的启发和自己的观点。这样，学术论文将呈现出清晰的思路、明了的结构、分明的层次以及各部分内容的内在逻辑和关联性，使阐述有理有据，增强论文的说服力。也就是说，读者意识有助于提升学生运用元话语进行语篇组织和人际互动的能力。因此，学术语篇中常用的元话语手段和资源的学习应成为学术论文写作教学中不可或缺的组成内容。通过在教学中融入相关元话语知识，帮助学生了解并掌握常用的元话语手段及资源，理解它们在学术语篇中的重要性，并学会在具体语篇中恰当运用。这样，学生将逐步培养起元话语意识，习得元话语知识和元话语运用能力，进而全面增强其外语综合写作能力。

4.4 元话语能力与翻译

元话语能力与翻译其实涉及两大方面，即对翻译中元话语的处理和运用，具体而言包含以下两层意思：一是翻译中对元话语的处理，指译者在翻译过程中对原文中的元话语进行的翻译处理；二是翻译中对元话语的运用，指译者在翻译表达时，为更清楚、更准确地传达原文意思和作者意图，在译文中运用元话语手段。前者以译者对原文元话语的正确理解为前提，而后者则要求译者掌握如何借助目的语中的元话语手段来表达原文想要表达的意思并加以落实。

元话语作为外显发话人表达观点和目的、组织和解释语篇以及引导受话人理解语篇的话语手段，对于确定语言意义、发话者意图具有极其重要的作用。译者在理解原文时，必须重视这些元话语，并在翻译为目的语时确保不能疏漏。对原文中的元话语进行合理、正确的解读，并恰当传译，有助于译者更好地协助译文读者理解原文的意思和作者的意图。这不仅是翻译这一跨文化交际行为能否顺利进行的关键，也是译者在翻译过程中必须考虑和完成的重要任务。而作为译文的编码者和发话人，译者在表达时不可避免地会运用目的语中的元话语，以引导和帮助译文读者更好地理解和把握译文语篇内容。

伍小君（2014）[9]认为，“元话语作为人类主体意向的表现方式，既体现了主体性的存在，也突出了主体间的互动性。因此，对元话语的翻译，就是对原作者主观态度的解读与诠释。”他以英汉语对为例，剖析了元话语翻译的困难。“实词具有相对准确的指称对象，因此在不同的语言中较为容易找到直接对应的话语成分。但是，虚词则困难得多。首先，英语和汉语分属不同的语系，语法表达手段不同。英语可以通过时态和体的变化表达不同的情感与态度，而汉语则主要依靠虚词来体现发话人的主观意向。因此，很多汉语的虚词在英语中根本找不到直接对应的成分，如汉语的语气词等。其次，由于主观性成分很难具有衡量标准，因此在翻译时要依靠译者来判断。这就赋予译者很高的自主性。”（伍小君，2014）[8]

目前，学界关于元话语翻译方面的研究尚显不足（如：黄勤等，2013；伍小君，2014；鞠玉梅，2015），尤其是针对德汉语对的相关研究更是一片空白。在德汉语对中，德语属形合语言，往往通过词形和语法的变化来表达意义；而汉语属意合语言，依赖词汇和词序来表达意义。而另一方面，德语与其他语言相比，又是一种富含小品词的语言（Linke et al, 2004）[307]，而借助这些小品词，语篇发出者可以表达其情感与态度，体现其主观意向。这类小品词与汉语中的语气词或虚词有着异曲同工之妙，因此，德汉两种语言在元话语表达上具有一定的相似性。这种相似性为德汉语言之间的元话语翻译（包括翻译处理和翻译运用两个方面）提供了可能，也为译者在翻译过程中发挥其主观能动性和主体性提供了广阔的空间，使得相关分析和研究更具可行性和可操作性。需要说明的是，后文的阐述将主要聚焦于语言类元话语，而非语言类元话语（如：标点符号，章节段落序号标示，黑体、下划线等印刷形式等）则不在关注范围。

由于元话语是一个涵盖面很广的概念，具体研究很难穷尽所有。我们在后面实例中主要涉及语篇组织元话语中的主题结构标记、过渡标记、证据来源标记，以及人际互动元话语中的效度标记（即明确表达标记和含糊表达标记）。具体而言我们将探讨以下几个问题：1）在德译汉过程中，如何理解德语原文中的元话语语言手段及作者想要表达的意思，并运用恰当的汉语元话语语言手段进行合理的传译；2）在德译汉时，如何将德语原文中通过语法手段所表达的意思在译文中加以传达；3）在汉译德时，为了让译文读者更好地理解原文意思，如何将原文暗含的内在语义逻辑关系在译文中用语言形式加以明示。

1. 主题结构标记

主题结构标记可分为两类，一类用于标示主题、目的及话题的引入或转换，德语中的相关语言手段有“*Das Ziel besteht darin ...*”、“*Das*

Thema lautet ...”、*übrigens*等；另一类则用于标示语篇、段落的结构，比如“*Im nächsten Kapitel wird genauer darauf eingegangen.*”“*zuerst, dann, anschließend, im Folgenden, zum Schluss*”等。通过这些主题结构元话语语言手段，作者可以引导读者跟着其思路，更清晰地把握段落或语篇的主题和结构。

正如前述，像“*zuerst, dann, anschließend, zum Schluss*”等这样的元话语语言手段，在德语中常用于标示语篇结构，它们显而易见且易于被信息接受者识别和理解。然而，在实际的交际和语言运用过程中，标示方式多种多样、灵活多变。下面例子中原文划线部分所展示的便是另一种段落结构标示方式。

例4–8

原文：

Dabei hatten die Deutschen es eigentlich schon einmal besser gewusst. Im 18. Jahrhundert waren die Gebildeten beeindruckt, ja begeistert von der chinesischen Kultur. Viele Fürsten ließen Gärten, ganze Schlösser im chinesischen Stil bauen. Die jahrhundertelange wissenschaftliche und technische Überlegenheit Chinas war noch in lebhafter Erinnerung. Und auch in der Zeit, als Ihre Universität gegründet wurde, hätte Europa eigentlich wissen können, dass China politisch und kulturell mitnichten vor sich hindämmerte. Spätestens das Ende des Kaiserreichs 1911 und der erste Versuch landesweiter Wahlen im Jahr darauf zeigten doch, wie viel längst in Bewegung geraten war. Aber das wurde von außen viel zu wenig wahrgenommen.

译文：

而实际上，德国人曾有过见识相对高明的时期。还在18世纪时，受过教育的人对中国文化印象深刻，甚至是极为向往。许多王侯贵族按中国风格修建园林，乃至整个宫殿。人们还清楚地记得中国在科技领域长达几世纪的优势地位。到了贵校建校时，欧洲原本也可以知道中国在政治和文化上绝非浑浑噩噩、停滞不前。最晚到1911年帝制的结束以及次年在全国范围内首次进行选举的尝试，就表明了有多少变化已经发生。但外界对此的了解实在微乎其微。

例4–8是德国前总统克勒（Horst Köhler）于2007年同济百年校庆之际在同济大学发表的演讲片段。他首先提到“*Dabei hatten die Deutschen es eigentlich schon einmal besser gewusst.*”（实际上，德国人曾有过见识相对高明的时期。)，为了阐明这第一句话的意思以及其中蕴含的德国应更加深入地了解中国及其文化的建议，演讲者举了几个例子加以论证。这些例子中，话语发出者并没有直接使用“*zuerst, dann, anschließend, zum Schluss*”等词来引导或连接，而是运用了“*im 18. Jahrhundert*、*in der Zeit*，*als ...*、*spätestens*”这几个表示时间的词或短语。借助这些词，话语发出者不仅标示了时间的先后顺序，还罗列了发生在不同历史时期的事实，这种层层递进的展示方式其实就是他按时间顺序对段落结构进行隐性标示的手段。虽然这些手段没有“*zuerst, dann, anschließend, zum Schluss*”等显性语言手段那么直观，但在本段落的语境下，话语发出者很清楚地表达了自己的意图，即他通过列举不同时期发生的事实来论证自己的观点，同时也帮助话语接收者很好地梳理段落内容的顺序和结构。只要话语接收者紧随话语发出者的思路和话语顺序，就能轻松理解整段内容的意思和说话者的意图。在翻译时，我们首先要领会原文的这一特点以及说话者通过时间顺序展示信息的意图，然后在译文中应相应地表达出这种按顺序罗列的层次感，以引导译文读者更好地领会说话者的意思。如译文所示，上面提到的几个时间，*im 18. Jahrhundert*被译为"还在18世纪时"，*in der Zeit, als ...*被译为"到了贵校建校时"，而*spätestens*则被译为"最晚到"，这些翻译都很好地体现和重现了原文中内容的递进关系和层次感，使译文层次分明、意思明了。

例4–9：（Dambach, 2011）[5]

原文：

In Shanghai und Wuhan existieren zwei weitere Krankenhäuser, die ebenfalls den Namen „Tongji" tragen. Den Namen hatte Erich Paulun übrigens einem chinesischen Sprichwort entnommen: „Die in einem Boot sitzen, sollen sich helfen". Eine Inspiration, die bis heute nachwirkt.

译文：

在上海和武汉还有两家同样被称为"同济"的医院。宝隆取名"同济"，其灵感源自中国的成语"同舟共济"。这是一个跨时空的灵感，至今激发着人们的共鸣。

例4–9选自为同济的创建者德国人埃里希·宝隆博士（Dr. Erich

Paulun）出版的纪念文集中原德国总统伍尔夫（Christian Wulff）的德文致辞及其所附汉译版本。接下来，我们来分析一下原文第3行*übrigens*这个词的用法。*übrigens*这个词德语中常用于表达“顺便提一下”“此外”“另外”的意思，其作用是巧妙地引入新的话题或转换现有话题。从本例来看，原文开头提到上海和武汉都各有一家同济医院，第二句作者便用*übrigens*这个词自然地转换了话题。虽然从句子结构上看，第二句开头的*den Namen*是对第一句的重复，使得前后两句在结构上看上去关系紧密；但从内容来看，这两句的侧重点已有偏差和不同。第一句说的是有两个同济医院的存在，第二句话则转而说“同济”这个名字的由来，说明“同济”两字是宝隆博士从中国成语“同舟共济”中获取的灵感。而本段最后一句更进一步评价了这种命名灵感至今仍具有深远影响。从客观陈述有两所同济医院，到后面主观评价医院取名“同济”的灵感，整个转换过程显得自然而流畅，这不能不说是得益于其中所用的重复手段和*übrigens*这个词。从译文我们可以看出，虽然*übrigens*这个词没有被直接译出，但由于“同济”两字的重复，以及汉语本身通过词汇和词序表达意义的特点，前后句在保持紧密联系的同时，也实现了话题的悄然转换，并不显得突兀。因此，即使*übrigens*这个词在译文中缺失，也并未影响译文读者对整段内容的理解。然而，如果我们希望在译文中既保持前后句的紧密联系，又能够外现*übrigens*这个词在转换话题方面的语用含义，可以考虑在“宝隆取名‘同济’”这句话前添加一个“而”字，这样既能保持译文的流畅性，又能更加灵活地传达作者的意图，而非呆板地译为“此外、另外”。

2. 过渡标记

过渡标记的功能在于衔接和连贯，具体表现为标示诸如并列、原因、结果、对照、让步等不同的语篇关系，从而使各个句子相互连接，形成语义连贯、有意义的整体。在德语中，存在丰富的过渡标记语言手段，以下列举的仅为其中一部分：

1）标示并列：und, zudem, dazu, neben, außerdem, darüber hinaus；

2）标示原因：denn, weil, da, wegen, infolge, aufgrund；

3）标示结果：sodass, so ... dass, also, und so, folglich, deswegen, deshalb, aus diesem Grund, damit；

4）标示对照转折：während, im Vergleich zu, im Gegensatz zu, hingegen, dagegen, aber, jedoch, allerdings；

5）标示让步：trotzdem, trotz, obwohl, dennnoch, auch wenn, zwar ... aber ...，selbst。

例4–10

原文：

Die Tongji-Universität ist von Chinesen und Deutschen gemeinsam gegründet worden; und ihre Gründerväter handelten als echte Partner. Damit waren sie — nur sechs Jahre nach dem Boxer-Aufstand, den auch deutsche Truppen niedergeschlagen hatten — der Haltung weit voraus, die damals in Deutschland und Europa herrschte. Denn dort blickten vor hundert Jahren die meisten noch im überheblichen Geist des

Kolonialismus auf China herab.

译文1：

同济大学是由中国人和德国人共同创办的，双方的创始人是真正的合作伙伴。这堪称超前之举。因为在当时，德国军队参与镇压的义和团运动刚刚过去6年，德国和整个欧洲的大多数人还以自负的殖民主义态度俯视中国。

译文2：

同济大学是由中国人和德国人共同创办的，双方的创始人是真正的合作伙伴。当时，德国军队参与镇压的义和团运动刚刚过去6年，而(百年前)德国与其他欧洲国家的大多数人还以一种自负的殖民主义姿态俯视中国。因此同济的创建者比他们都要更加高瞻远瞩。

例4–10与例4–8均出自德国前总统克勒所发表的演讲，且例4–10位于例4–8之前。在例4–10的原文中，*damit*和*denn*（划线部分）这两个表达因果关系的连词对于理解整段内容至关重要。通过理清这两个词的前后逻辑关系，我们可以更好地理解整段内容的意义。在*damit*前面的句子中提到，同济大学的中德双方创始人是真正的合作伙伴。正因为这一点，说话者给出了以下评价“*Damit waren sie — nur sechs Jahre nach dem Boxer-Aufstand, den auch deutsche Truppen niedergeschlagen hatten — der Haltung weit voraus, die damals in Deutschland und Europa herrschte.*”，这句话的主要意思是说“他们（指双方创始人）超越了当时充斥德国和其他欧洲国家的那种主流姿态。”这句话中间还运用一个插入语，表明“当时德国军队参与镇压的义和团运动刚刚过去6年”。联想到同济大学在6年后就建校了，我们可以认为，这句插入语是对上面那句评价的一个隐性原因说明。而段落最后用*denn*衔接的那句话则提供了显性原因，补充说明了为什么前面说他们超越了那种主流姿态，并具体描述了那种主流姿态是什么。

从上述分析可知，例4–10整段要表达的主要意义就是中间那句"*Damit waren sie der Haltung weit voraus, die damals in Deutschland und Europa herrschte.*"，换句话说，这个评价是整段的中心句。为了论证自己的这个评价，说话者采用隐性和显性两种方式阐明原因。具体而言，本段一共包含3个原因：首先，使用*damit*这一衔接结果句的连词，显性表明前面那个表述同济建校事实的句子是原因1，即"同济大学的中德双方创始人是真正的合作伙伴"；其次，通过插入语隐性表达原因2，即"当时德国军队参与镇压的义和团运动刚刚过去6年"；最后，用*denn*衔接表示原因的句子显性表明原因3，即"百年前德国与其他欧洲国家的大多数人还以一种自负的殖民主义姿态俯视中国"。在理清本段句子间这些比较复杂的因果关系后，我们可以尝试进行相应的翻译传达。为了凸显中心评价句，我们有两种处理方式，可以选择将其置于段中（如译文1），或段尾（如译文2）。若采用第一种处理方式，如译文1所示，我们用"这堪称超前之举。"突出中心评价句，而其中"这"字指代的就是段落第一句所描述的同济中德双方创始人的行为，然后用"因为"接连引出原因2和原因3，给人一气呵成的感觉。若选择第二种处理方式，如译文2所示，则可先列举原因1、2、3，最后才用"因此"两字引出一个评价性的结论"同济的创建者比他们都要更加高瞻远瞩。"，同样起到了很好的效果，只不过因为评价句与第一句相隔较远，为避免不必要的误解，译文中作了必要的添加，表明高瞻远瞩的主体是同济的创建者。

例4–11：（Krayer, 1995）[6]

原文：

Die Reiseberichte stammen aus einer Epoche, als China noch in unendlicher Ferne lag. Es sind die Erinnerungen eines Basler Seidenkaufmannes Adolf Krayer, der um die Mitte des letzten Jahrhunderts als junger Mann nach China reiste, dort fast 10 Jahre für eine englische Firma wirkte und wachen Auges die fremde Kultur wahrnahm. Seine Reise, die er aus persönlichem Wissensdurst und Abenteuerfreude unternahm, führte ihn in verschiedene Provinzen des Riesenreiches. Krayers Texte sind lebendige Zeugnisse eines Staunens über die fremden Wunderwelten, mit scharfem Beobachtungssinn und Selbstironie geschrieben. Es erstaunt, wie wenig Krayer sich von Fremdstereotypen und Vorurteilen leiten lässt, wie offen er auf seine Umgebung eingeht. Zwar spart er nicht mit Urteilen, die manchmal auch recht scharf ausfallen; sie betreffen aber sowohl Einheimische wie Europäer. Doch bei aller Subjektivität fehlt ihnen weitgehend der kolonialistische Dünkel.

译文：

这些游记所描写的，是中国对我们来说还无比遥远、陌生的那个时代。一个来自瑞士巴塞尔的年轻丝绸商人阿道夫·克莱尔，于19世纪中叶来到中国经商。在华10年间，他一边为一家英国公司工作，一边感受异域文化带来的冲击，这些游记即是他回忆的产物。受到个人求知欲和冒险精神的驱使，克莱尔的足迹遍布中国大江南北的许多省份。他用敏锐的观察力和自嘲精神创作了这些游记，里面生动形象地描绘了对中国这个神奇国度的惊叹之情。令人惊讶的是，克莱尔在中国游历时，并没有戴着以往外国人看待中国时的有色眼镜，而是以一种开明的心境观察着身边的人和事。虽然他也不吝惜发表自己的批评，有时也不乏尖锐的用词，但他的批评不仅针对当地人，也针对欧洲人。在他主观性的批评中，丝毫不见殖民者自负狂妄的影子。

一般而言，德语中表达转折意思时，可以用*hingegen*、*dagegen*、*aber*、*jedoch*、*allerdings*等语言手段，而*doch*一词，在多数情境中，主要属于人际互动元话语语言手段，通常用于加强语气、强调话语的肯定性。但在例4–11的最后一句中，*doch*所承载的意思更多地体现了转折的意味，因此，我们特别在此对其进行分析。

例4–11摘自笔者参与翻译的《一个瑞士人眼中的晚清帝国》一书，内容源自瑞士商人克莱尔（Adolf Krayer）所写的游记前言。19世纪时，年轻的克莱尔远赴中国经商，在中国工作游历长达10年，他的游记记录了他的所见所闻，以及他为促进中西文化交流所做的贡献。段落最后几行对克莱尔给予了高度评价，尤其最后两句更突显了他对待西方人和中国人一视同仁的高尚品质。文中提到“*Zwar spart er nicht mit Urteilen, die manchmal auch recht scharf ausfallen; sie betreffen aber sowohl Einheimische wie Europäer.*”，这句话描述了克莱尔不吝惜发表自己的批评，有时也不乏尖锐的用词，但他的批评对象既包括当地人，也包括欧洲人。然后就是最后一句话“*Doch bei aller Subjektivität fehlt ihnen weitgehend der kolonialistische Dünkel.*”，这句话在译文中表述为“在他主观性的批评中，丝毫不见殖民者自负狂妄的影子。”，句中*doch*一词，并没有译出。原文若没有*doch*一词，前后两句话（克莱尔经常发表批评；在他主观性的批评中丝毫没有殖民者的自负狂妄）之间的联系就显得较为松散，作者的评价也会显得平淡无奇。但*doch*一词的加入，不仅建立了两句话之间的转折关系，使原文的两句话在意义上联系更加紧密，还增强了这种评价的感情色彩。所以，建议翻译时保留*doch*一词的转折含义（如下面的译文所示），用“然而”二字来传达其意，以更忠实地传达作者的意图和想法。整句翻译可以调整为：

“……虽然他也不吝惜发表自己的批评，有时也不乏尖锐的用词，但他的批评不仅针对当地人，也针对欧洲人。然而在他主观性的批评中，丝毫不见殖民者自负狂妄的影子。”

例4–12

原文：

中国人，赶时间。

最爱“快进”，狂点“刷新”。评论，要抢“沙发”。寄信，最好是特快专递。拍照，最好是立等可取。坐车，最好是高速公路、高速铁路、磁悬浮。坐飞机，最好是直航。做事，最好是名利双收。创业，最好是一夜暴富。结婚，最好有现房现车。排队，最好能插队。若不能，就会琢磨：为什么别人排的队总比我的快呢？

译文：

Chinesen haben es eilig.

Sie lieben es, vorspulen und klicken ständig mit der Maus auf „Aktualisieren“. Sie wollen die ersten sein, die einen Blog kommentieren. Briefe werden am besten per Express verschickt, Fotos möchte man sofort mitnehmen. Ist man unterwegs, dann am liebsten auf der Autobahn, im Hochgeschwindigkeitszug oder in der Magnetschwebebahn. Fliegt man, dann am besten direkt. Arbeitet man, dann um zu Ruhm und Reichtum zu kommen. Macht man sich selbstständig, möchte man am liebsten über Nacht reich werden. Heiratet man, sollten Wohnung und Auto schon vorhanden sein. In einer Warteschlange drängelt man sich am besten vor. Klappt das nicht, dann grübelt man: Warum geht es in den Schlangen der anderen immer schneller vorwärts als in meiner?

本例的原文和德译材料来源于原中德文化网（现歌德学院中国网文化栏目），原文出自陈漠的《急之国》一文，该文转载自2010年7月15日出版的《新周刊》杂志。本例原文的语言特色鲜明，凸显了汉语语言表达特色，全段包含12个句子，基本都是无主句，大部分句子结构都很相似，先用一个动词点明主题，再通过一个无主句进行述题表达。这种排比类修辞手法使得整段文字富有节奏感，简单的主题–述题表达方式既显得简单、干脆，又富有画面变换的动感。尽管句中未使用连接词，但句子或句子成分间的关系以及整段文字的意思仍然非常明了。然而，在译成德语时，遇到一个不能回避的问题：汉语可以通过词汇和词序表达意义，也可以采用无主句的形式，但德语语法要求句子必须具有完整性，且段落内的句子之间必须保持严谨的逻辑关系，方能使读者弄清上下文关系。因此，在翻译过程中，我们需要为原文中的无主句添加合适的主语*man*或者*sie*（他们，指的是第一句话中的中国人）。同时，原文中暗含的语义连贯和逻辑关系在德译时也必须加以明示。

因此，翻译这段原文时，我们首先要剖析汉语简约表达中所蕴含的逻辑关系，明确句子成分和句子间的语义关联。带着这个问题，我们不难发现，原文中的动词（比如评论、寄信、拍照等）其实隐含着条件句的意思。它们表达的是：若想评论，则要抢“沙发”；若要寄信，则选择特快专递；若要拍照，则最好能立等可取；…… 这种逻辑关系在翻译时必须明确体现出来，我们可以运用德语条件句的句式进行表达，比如“*Sie wollen die ersten sein, die einen Blog kommentieren.*”，这句话我们可以表达为“*Wenn sie etwas kommentieren wollen, kämpfen sie um den ersten Platz.*”然而，如果通篇都使用*wenn*引导的条件句，不免会显得单调，无法与原文的画面感和动感相媲美。不过德语条件句的表达方式除了用*wenn*这个连词引导外，还可以通过省略*wenn*、动词提前的方式实现，比如“*Wenn man unterwegs ist, ...*”可以换成“*Ist man unterwegs, ...*”。此外，为了使译文表达形式多样，我们还可以采用省略方式来表达条件句主句，比如“*Fliegt man, dann am besten direkt. Arbeitet man, dann um zu Ruhm und Reichtum zu kommen.*”，这两个省略句其实也可以完整地表达为“*Fliegt man, nimmt man am liebsten Direktflug. Arbeitet man, möchte man*

Geld und Ansehen gleichzeitig bekommen."。综上所述，例4–12的德译关键在于读出汉语原文字里行间暗含的语义逻辑关系，并在译文中加以显性表达。

例4–13：（于丹，2007）[6]

原文：

我们说孔夫子是圣人，圣人就是在他生活的这片土地上最有行动能力，最有人格魅力的人。

孔圣人带给我们的是一种在大地上生长的信念，他这样的人一定是从我们的生活里面自然生长脱胎出来，而不是从天而降的。

译文：

Konfuzius wird oft als Heiliger bezeichnet. Heilige haben großen Einfluss dort, wo sie wirken, und viel persönliches Charisma.

Trotz seiner Heiligkeit ist Konfuzius jedoch von dieser Welt, denn er hat seine Lehre aus dem menschlichen Alltag heraus entwickelt. Wie wir lebte er eine irdische Existenz und ist nicht etwa vom Himmel herabgestiegen.

本例摘自《论语心得》的两小段及其德译，经过对原文与译文的对比，我们发现译者在译文中添加了3处内容：1）*trotz seiner Heiligkeit*（尽管他有神圣性）；2）*jedoch*（然而）；3）*denn*（因为）。这3个添加的词或词组虽然并未在原文中直接出现，却是原文中暗含的语义关系。作为汉语母语者，我们能够轻易读出两段原文之间蕴含的语义转折，第一段说的是“我们称孔子是圣人，在我们眼中他具有神圣性。”；第二段说的是“虽然孔子是圣人，却不是从天而降的圣人，而是和我们一样，是在这个世界上自然生长的人。”因此，在译文中，前面两个添加*trotz seiner Heiligkeit*（尽管他有神圣性）和*jedoch*（然而）非常贴切地表达了这层语义转折关系。针对第二段，作者要表达的是“孔子学说是从人类生活中发展、提炼出来的，所以（我们可以判断）说，他应该是经历人间生活、和我们一样自然生长的人，而不是真的神。”译文“*Konfuzius ist jedoch von dieser Welt, denn er hat seine Lehre aus dem menschlichen Alltag heraus entwickelt.*”（孔子是我们这个世界的人，因为……）所表达的意思与前面分析相吻合，译者添加的第3个*denn*显然是为了表达出语句间存在的因果关系，因而这一处理是合理的。概括而言，译者通过使用*trotz*、*jedoch*等表达转折的德语语言手段，如“*trotz seiner Heiligkeit ist Konfuzius jedoch von dieser Welt*”，明示了原文所包含的语义转折；同时，通过*denn*一词表达出了前后句间的因果关系，使整个译文的意思清晰明了，有效地避免了译文读者可能产生的误解或理解困惑。译者的这种增译策略旨在明确原文中所蕴含的语义和逻辑关系，但这一策略的有效实施建立在译者对原文的准确解读之上，一旦译者自己对原文理解有所偏差，那么增译可能会导致译文包含错误信息，从而违背译者的初衷。

上述几个实例涉及的是表达因果关系、转折、让步等语篇关系的元话语，从分析中我们可以明显看出，德语原文中这些元话语语言手段是作者明示句子间语义关联的重要途径（如例4–10、例4–11所示），有了这些词，语篇之间的衔接和连贯变得紧密而不松散，作者的思路变得清晰，作者的观点和语气得以准确传达。所以在德译汉时，我们不能轻易删除这些词，而应本着忠实于原文和作者的基本出发点，仔细分析和透彻领会作者运用相关元话语的意图及所要表达的意思，再进行恰当的传译。一般而言，在德译汉过程中，我们总能找到恰当的目的语来传达其含义，因为汉语与德语一样拥有丰富的元话语语言手段。而另一方面，在汉译德时，由于汉语与德语的表达方式存在差异（如例4–12、例4–13所示），译者必须首先读出汉语原文字里行间、词句之间暗含的语义连贯和逻辑关系，然后再尝试使用合适的目的语元话语语言手段进行合理的传译，以便帮助译文读者理解语篇的意思和作者的想法。

3. 证据来源标记

证据来源标记主要用于标示信息来源及其与篇外信息的联系，比如*Nord* (2009) *meint*、*nach Meinung von vielen Wissenschaftlern*、*ein Sprichwort heißt ...*，等等。读者借助此类元话语语言手段，可以了解某信息或论断的出处和来源。在语篇中，这些语言类证据来源标记通常易于辨识和理解，但德语中还存在一种语法类的证据来源标记，即第一虚拟式，它在德译汉时往往容易被译者忽视。第一虚拟式就是间接引语，是作者在客观转述别人观点时采用的语法手段，其功能与语言类证据来源标记相似，因而也归入到证据来源标记中。

例4–14：（House, 2009）[197]

原文：

Heute jedoch wird zunehmend kritisiert, dass „Kultur“ eine

inakzeptable Abstraktion ist. Es gebe keine „reinen Kulturen“ und sozialen Gruppen, da diese Gruppen ständig durch äußere Einflüsse, individuelle Idiosynkrasien und Handlungen destabilisiert werden. Kulturen seien bloße Ideologien, idealisierte Systeme, die nur dazu dienen, soziale und geographische Unterschiede zwischen Menschen zu reduzieren und zu nivellieren. Das Konzept „Kultur“ ist dennoch nicht sinnlos, und Versuche, es zu „problematisieren“ und zu „relativieren“, haben bislang keine soliden ethnographischen Beschreibungen verhindert.

译文：

而如今，越来越多的人诟病说，“文化”是一种无法理解的抽象概念。他们认为，由于文化和社会群体持续受到外部因素以及个体心理与行为的影响而变得不稳定，因此不存在“纯粹的文化”与社会群体。在他们看来，文化就是纯粹的意识形态和概念性体系，仅用于减少和消除人与人之间的社会和地理差异。然而“文化”概念并非没有意义，对文化概念提出质疑并认为它有局限性的那些尝试至今未能阻止坚定的人类学描述。

本例是一篇学术论文中的一段。作者通过两个动词*geben*和*sein*的第一虚拟式形式*gebe*和*seien*（见原文划线部分），表明了相关的两句话系他人所述（而非作者的观点）。结合本段第一句话，这两句话应出自那些诟病文化概念的人士之口，为的是论证他们为什么说“文化是一种无法理解的抽象概念”。鉴于汉语中并无原文那种通过第一虚拟式来标示转述别人话语和信息来源的方式，因而，在将上例德语原文译成汉语时，译者很可能会无视或忽视这两个第一虚拟式所蕴含的意思，产生的译文可能如下：

> 而如今，越来越多的人诟病说，“文化”是一种无法理解的抽象概念。由于文化和社会群体持续受到外部因素以及个体心理与行为的影响而变得不稳定，因此不存在“纯粹的文化”与社会群体。文化就是纯粹的意识形态和概念性体系，仅用于减少和消除人与人之间的社会和地理差异。

如此一来，译文读者极易将这两句话误认为是作者本人的观点，这无疑增加了他们理解上下文之间的内在逻辑关系及后面那句话的障碍，从而带来阅读困惑。学术论文本已深奥难解，若在翻译过程中再忽略或轻视作者通过语言或语法手段所要传达的意思，那么读者的理解将变得更为艰辛和不确定。所以，为清楚地表达出原文中第一虚拟式所蕴含的转述意思，并确保整段文字的语义层次分明、意义明了，译者在翻译时，应本着为译文读者着想的目的，明示出那两句话的主体。如上面译文划线部分所示，“他们认为”和“在他们看来”不仅恰当地传达了原文的意思，也明晰了相关话语的来源。作为原文、原文作者和译文读者之间的桥梁，译者有责任将自己从原文中领会的信息和意思在译文中加以明示传译，从而帮助译文读者更好地理解和把握原文。

4. 效度表达标记

效度标记语属于人际互动元话语，能够标示作者对事物的确定或含糊的表达，进而外现作者对事物的看法、观点和态度。其中，含糊的表达标示作者对事物的不确定性，并表明说话人对所作论述有所保留，带有协商性，在德语中，有*möglicherweise*、*kann sein*、*vielleicht*等语言手段。而明确表达则标示作者对事物所进行的确定表达，加强话语的肯定性，德语中此类语言手段包括*bestimmt*、*mit Sicherheit*、*muss*、*normalerweise*、*eigentlich*、*gerade*、*doch*、*eben*、*ja*等。

例4–15虽是一个比较短的段落，却包含了多个明确表达的效度标记。

例4–15

原文：

Deutsch ist nicht gerade die beliebteste Sprache. Und wenn man nachfragt, warum das so sei, bekommt man oft zu hören, Deutsch sei eben nicht ganz einfach. Zu viele Fälle, zu viele Geschlechter, zu viele Regeln, zu viele Ausnahmen. Das schreckt ab! Eigentlich sollte gerade das ein guter Grund sein, Deutsch zu lernen! Denn wer will schon etwas, das einfach ist? Einfach — das kann schließlich jeder. Wer Deutsch beherrscht, kann etwas Besonderes! Etwas, das nicht jeder kann. Englisch ist der Volkswagen unter den Sprachen, Deutsch der Rolls-Royce.

译文：

德语并不是最受欢迎的语言。如果要问为什么是这样，回答通常是，德语本来就不那么容易。词格太多，词性太多，语法规则太多，例外太多。这些把人吓住了。但实际上这恰恰是学习德语的一个好理由！因为，谁会愿意要那些简单的东西？简单的东西毕竟每个人都学得会。谁若是掌握了德语，那就有点儿特别了！这可不是每个人都会的。英语是语言中的“大众”，而德语是“劳斯莱斯”。

本段阐述了学习德语的诸多理由，原文中划线部分的*gerade*（第1行）、*eben*（第2行）、*eigentlich*和*gerade*（第4行）、*schließlich*（第5行）便是作者用来明确表达观点和态度的语言手段。借助这些词，作者表达出了自己对所论述内容的明确态度和肯定语气，从而加强了话语的肯定性，使读者能够跟随作者的思路，深刻体会到学习德语不容置疑的理由。作为译者，在翻译过程中，需要精准传达出作者在原文中所表达的那种语气和态度。正如译文划线部分所示，“并不是”“本来”“但实际上”“恰恰”“毕竟”这些汉语语言手段，非常恰当地表达出了作者在原文中的强调和肯定之意和语气。将此段翻译成汉语时，如果忽略上述小词，译文所表达的语气和态度就会与原文产生一定差距，导致原文作者的肯定意图和观点被削弱。

表4–6：元话语实例分析及翻译建议

序号	元话语种类	元话语功能	翻译方向	翻译建议
例4–8	主题结构标记(R)	标示语篇结构	德译汉	直译
例4–9	主题结构标记(R)	标示话题转换	德译汉	不译，或译为“而”
例4–10	过渡标记(Ü)	标示原因	德译汉	正确理解、合理传译
例4–11	过渡标记(Ü)	标示转折	德译汉	

<table>
<tr><td>例4–12</td><td>过渡标记(Ü)</td><td>标示条件</td><td>汉译德</td><td rowspan="2">首先读出汉语原文字里行间、词句之间暗含的语义连贯和逻辑关系，然后用合适的目的语元话语语言手段进行合理传译，明示语义关系。</td></tr>
<tr><td>例4–13</td><td>过渡标记(Ü)</td><td>标示转折</td><td>汉译德</td></tr>
<tr><td>例4–14</td><td>证据来源标记(Q)</td><td>标示信息来源</td><td>德译汉</td><td>对语言性证据来源标记进行直译；针对语法性证据来源标记(第一虚拟式)则需作必要添加，明示信息来源，如“他们说”“他们认为”等。</td></tr>
<tr><td>例4–15</td><td>明确表达标记(VS)</td><td>对事物进行确定表达</td><td>德译汉</td><td>正确理解、合理传译</td></tr>
</table>

前面所列举的实例涉及语篇组织元话语中的主题结构标记、过渡标记、证据来源标记，以及人际互动元话语中的明确表达标记。通过实例分析，我们可以看到，元话语在构建和确定语言意义，以及反映作者观点和态度所起到的重要作用。因此，译者在翻译过程中，既要重视理解和传译原文中的元话语语言手段，也要在译文中运用相应的目的语元话语语言手段。如表4–6所示，在德译汉时，译者对于德语原文中的元话语大多采用“正确理解+合理传译”的方式。一般而言，在正确理解的基础上，可以运用相应的汉语同类元话语进行直译处理（如例4–8、例4–10、例4–11、例4–15，也包括语言性证据来源标记）。然而，对于语法性证据来源标记（第一虚拟式），则需作必要添加处理，通过“他们说”“他们认为”等表达来明示信息来源（如例4–14）。在汉译德时，译者首先需读出汉语原文字里行间、词句之间暗含的语义连贯和逻辑关系，然后

再尝试用恰当的目的语元话语语言手段进行合理传译，以明示这些语义关系（如例4–12、例4–13）。通过上述这些翻译处理方法，译者一方面可以在译文中明示原文作者通过元话语语言手段表达的语篇主题、结构、证据来源、语义连贯、个人观点等信息，另一方面也可以借助元话语语言手段明示汉语原文中暗含的语义逻辑关系，从而引导读者更好地理解整个语篇内容。由此可见，在翻译过程中处理与运用元话语时，译者的受众意识和元话语意识，及其译者主体性的发挥是不可或缺的。如果我们在日常翻译教学中能有意识地融入元话语知识，并注重培养学生翻译中的元话语意识和元话语能力，将有助于慢慢提升学生在翻译理解中的元话语资源理解能力，以及翻译表达中的元话语手段运用能力。

4.5 本章小结

本章首先深入探讨了元话语行为与交际互动能力之间的关系，随后详细解析了元话语能力的实质和内涵，接着，从接收性交际行为、产出性交际行为和翻译行为3个角度，结合具体实例，对元话语能力的体现和培养进行了分析。元话语能力的内涵包括狭义互动能力、具体的语篇组织能力、语篇连贯构建能力、解释说明能力和观点呈现能力。元话语能力正是（广义）互动能力的体现，这种互动能力通过运用元话语手段和资源的元话语能力得以呈现。只有具有受众意识和互动能力的交际主体，才可能在交际中有意识地使用元话语手段和资源，发挥其元话语能力。然而，令人遗憾的是，在外语教学中，这种元话语能力尚未得到足够的重视。

在接收性交际行为（阅读和听力理解）中，信息接收者的元话语能力体现为善于发现信息发出者为帮助受众理解、促成交际而留下的痕迹；而在产出性交际行为（口语和书面语表达）中，作为信息发出者的元话语能力则体现为如何运用元话语手段和资源，为受众理解提供支持并努力达成交际。在翻译交际中，译者的元话语能力则表现为在理解过程中合理理解原文中的元话语手段及其意义，并在表达过程中用贴切的目的语进行传译，换言之，翻译理解要重视对原文元话语的理解，而翻译表达则要重视对目的语元话语的运用。无论是接收性交际行为、产出性交际行为，还是翻译行为，实例分析都表明，交际参与者需要具备受众意识、互动意识和元话语能力，才能进行有意义的意义磋商和互动交际。然而，现实中受众意识和互动能力往往是外语学习者所缺乏的，同时在当下外语教学实践中，互动能力和元话语能力培养也未得到教学双方的高度关注和重视。如果我们能在日常外语教学中，较为系统地加强对学生的元话语知识导入和传授，带动他们分析和总结元话语手段在具体语篇中的功能，并认识到交际中互动意识和元话语手段运用的重要性，就可以帮助学生学会在接收性交际行为中发现和识别信息发出者为帮助受众理解而留下的元话语痕迹，在产出性交际行为中运用元话语手段和资源支持受众理解并努力促进交际成功，以及在翻译交际中合理理解原文中的元话语手段及其意义，并恰当运用目的语进行传译。这样，学生在外语交际时的受众意识、元话语能力（包括对元话语进行识别和运用的能力）将得到逐步培养，进而提升他们的外语互动能力和综合外语交际能力。

当然，我们在外语教学中强调元话语教学和元话语能力的培养，并非意图全面了解和掌握所有对外语交际至关重要的元话语手段。实际上，对具体元话语手段的研究永无止境，这些元话语手段和资源在不同的语体和语境下都可能有不同的体现和表现形式，尝试了解和掌握所有元话语手段既不可能实现，也非必要之举。所谓“授之以鱼不如授之以渔”，正如梅耶尔（1976b）[156]所说的，元话语教学的目的应在于教授学生分析元话语的方法，使他们认识到元话语在成功交际中的重要作用。因此，关键在于培养学生的元话语意识、加强他们的元话语分析能力，进而逐步提升他们的元话语能力。此外，需要指出的是，目前学界关于元话语的研究成果尚不足以充分应用于教学实践，因此，大力开展元话语研究及其在教学中的应用研究，对于改进教学实践、增强学生的外语元话语能力，具有不容忽视的现实意义。

第五章　回顾与展望

本章将对本书核心内容进行回顾和总结，并对元话语和外语元话语能力的研究前景提出展望。

5.1 本书内容回顾与总结

5.1.1 本书内容回顾

本书第二章的理论部分详细梳理了英美学界、德语国家学界和国内学界关于元话语/元交际的研究现状和主要研究成果，全面阐述了元话语/元交际的定义、特点、语用功能、分类模式、语体特殊性及界定标准等内容。虽然元话语研究如火如荼，但学界至今对元话语没有统一的定义，在元话语研究过程中也存在界定标准不一等方面的困惑。通过第二章的文献综述和理论探讨，我们得以更明晰地认识元话语/元交际的实质。本书的观点是，元话语/元交际是信息发出者为确保表达和实现其交际行为意图和目的而主动采取的策略性语言类或非语言类行为或手段。它作为言外行为意图的标记或言外行为标记，目的是为方便信息接收者按照信息发出者的愿望理解和接收交际中所传递的内容信息，进而促进交际的顺利进行。元话语/元交际行为的实施方式分为两大类：一类是借助元话语/元交际手段对语篇或话语进行合理有序的组织和解释；另一类则是通过向交际伙伴传达自己对命题内容的观点和态度、与受众互动等方式，影响和引导其对信息的理解。这两类元话语/元交际方式所起的作用和功能分别是语篇组织和人际互动，但都体现了信息发出者为实现其交际行为和目的而实施元话语/元交际行为的主体性和策略性，同时也体现了交际参与者之间的主体间性。因此，元话语/元交际总体而言是人际性的，有助于信息的理解，有利于正在进行的交际过程，具有反身性、互动性、人际性、主体性、目的性、策略性、主体间性、多功能性和语境依赖性特点。这些特点为元交际/元话语的识别和界定提供了重要的启示和依据。

基于此，本书提出以下几个元话语界定原则：1）反身性：即元话语指涉当前交际，而非仅指涉当前语篇；2）互动性/人际性：即元话语体现了交际者的受众意识和人际互动意识；3）目的性：即元话语是交际者为了实现当前交际目的而有意使用的语言类或非语言类手段或资源，体现作者的存在与立场，并帮助读者按作者的意图理解语篇，具有目的性和显性特征，但也不排除隐性元话语手段；4）功能性：元话语手段或资源在言语交际中具有组织语篇和帮助理解的人际互动功能，功能性原则（而不是“非命题性原则”）是判断元话语的重要依据，有些话语虽然传达命题信息，但只要在语篇中发挥元话语功能，在元话语研究中也应被判断为元话语。

接下来，本书对元话语的分类模式进行了阐述和介绍。本书认为，在众多元话语分类模式中，海兰的分类尤为突出，他对元话语手段进行了较为细致的区分和合理的整合。比如他将主题结构标记、过渡标记、语码注释标记、内指标记、证据来源标记归为主要用于语篇组织的引导性元话语下的子范畴；同时，将涉及外显信息发出者观点的评论性手段，以及体现互动的自我标记和读者介入标记归为互动性元话语下的子范畴。这种分类更全面地考量了信息发出者在实施语言类元话语行为时的努力。此外，德语国家学者将非语言类元交际手段纳入关注范围，这种做法拓宽了我们的视野，有助于更全面地观察信息发出者使用的元交际手段或元素，进而更深入地了解他们为实现其言外行为意图而实施的语言类和非语言类元交际行为。因此，这种做法值得我们借鉴。在具体研究中，我们应根据语料和语体的特点，对所聚焦的研究对象进行合理选择。比如，在书面语篇中，标点符号、段落标识、印刷形式等非语言类元交际手段的使用可以帮助信息发出者传达和实现其言外行为意图和目的，将其纳入研究范围可使语料分析更为全面，更清晰地总结出信息发出者的元交际性努力。而如果语料是口语语篇，音律性非语言类元交际手段可能具有元交际功能，实证研究对此也应给予合理关注。总之，我们可以结合英美学界和德语国家学界的相关讨论，为具体语境下的元话语分类和识别制定合适当前语篇或交际的分析模型。在具体语境下，元话语识别和界定还需根据语料特点对元话语及其子范畴和分类别进行合理分类，以便对元话语手段或资源进行更全面、更合理的判断、标注和分析。

理论部分最后，本书对国内元话语研究进行了梳理。当前，元话语研究在国内学界已成为研究的焦点和重点，内容涉及元话语研究综述、元话语理论基础探究、元话语语篇分析、外语教学中的元话语研究、元话语的翻译研究等诸多方面，并已取得了丰富的研究成果。总体而言，国内元话语研究大多聚焦于学术语篇，其他类型语篇（如政治语篇、网络语篇等）的元话语研究、元话语在外语教学中的应用性研究和元话语翻译研究有待学界进一步重视与拓展。此外，当前国内元话语研究大多集中在英语领域，仅少数学者进行了汉语和小语种相关的元话语研究。

第三章实证研究部分，本书首先基于海兰（2005）的分类及对语料的研读，提出了一个适用于研究语料的元话语分类模型（包括元话语子范畴及其分类别，见表3–4）。然后依据该分类模型，以德国前总理默克尔的新年致辞和中国国家主席习近平的国际国内演讲为语料，进行了详尽的实证分析，探究了在特定政治语篇中元话语的功能及其运用特征。实证研究表明，该分类模型不仅适用于德语语料，同样也适用于汉语语料，这从一个侧面验证了元话语的语体特殊性。此外，研究结果还进一步验证了元话语在演讲类政治语篇中对于建构语篇和推动人际互动的重要意义，以及话语主体运用元话语手段和资源来实现其交际意图和言外行为的主体性努力。

对德国前总理默克尔从2010年至2019年这10年的新年致辞的专项研究表明，语料中共有1409次元话语手段运用，其中语篇组织元话语占40%，人际互动元话语占60%，运用较多的子范畴依次是读者介入标记（占38.4%）、过渡标记（13.8%）、自我标记（10%）、注释说明标记（9.3%）、内指标记（9.2%）、明确表达标记（9%）和主题结构标记（6.8%）。相对而言，态度标记（1.0%）、证据来源标记（0.9%）和含糊表达标记（0.7%）这3类元话语手段的使用则较为罕见。由此可见，默克尔在演讲中不仅善于通过各类读者介入标记与受众互动，利用自我标记突出个人存在，还通过明确表达标记强调自己的话语和观点；同时，她还借助过渡标记、注释说明标记、内指标记和主题结构标记对话语进行合理组织、解释说明，为受众理解提供指引和帮助。这一研究结果充分展现了默克尔在运用元话语组织语篇、传达信息时的主体性和策略性，也凸显了她对交际参与者主体间性的重视，其元话语运用特征反映了新年致辞这一政治语篇所蕴含的言外行为意图。

德汉对比研究显示，德汉语料在元话语运用上存在明显的共性，两位领导人在演讲中均广泛采用了人际互动元话语，特别是那些有助于增强互动、凸显观点的读者介入标记、明确表达标记和自我标记。同时，他们也都善于利用过渡标记和注释说明标记这些子范畴来组织语篇、进行解释说明，这体现了新年致辞语篇在元话语运用上的倾向性语体特征。然而，德汉语料之间也存在一定的差异，这反映了德汉语言在同类语篇中因语言、语用差异而出现的元话语运用差异。

在对习近平的国际国内演讲语料的研究中，我们发现习近平总体使用了更多的人际互动元话语。一方面他注重通过明确表达标记强调自己的话语和观点，利用各类读者介入标记与受众进行互动，并通过自我标记突出自己的存在和立场；另一方面他也尝试借助主题结构标记、注释说明标记、过渡标记和内指标记对话语进行合理组织、解释说明，为受众理解提供指引和帮助。这一研究结果体现了习近平运用元话语与受众互动、强调观点、组织语篇和解释信息的交际目的和主体性努力，体现了他对受众理解和交际参与者主体间性的重视。值得一提的是，无论是在新年致辞中，还是在国际演讲中，习近平都频繁使用了语典、比喻、排比、对照等修辞性注释说明标记，以增强话语效果、对话语进行解释说明，以清晰表达观点、阐明立场的交际意图和主体性努力。然而，此类元话语手段的使用在本书的德汉语料中存在显著差异，这说明了德汉语言在修辞手段使用上的不同语用习惯。

语料分析表明，有些语言手段在语篇中扮演着多重功能，充分体现了元话语的多功能性（如例3–11和例3–28中的*die einen ..., die anderen ...*、例3–26中的“这一年”）。因此，在语料分析和元话语的识别、标注过程中，我们必须对相关话语手段在语篇中的语用功能进行细致而全面的分析。这样，我们才能尽可能完整地标注出相应的元话语子范畴及其分类别，进而充分呈现话语主体如何运用元话语手段引导并帮助受众理解的努力，使研究结果更具借鉴意义。实证研究也表明，元话语具有显著的语境依赖性，元话语研究亦具有开放性。这意味着元话语手段（尤其是子范畴下属的分类别）的使用情况会随语境和语料的不同而有所差异。因此，我们需要基于语料对元话语手段的具体呈现和运用特征进行深入分析和总结。至于元话语手段在特定语境和语篇中的语用功能及话语主体的元话语行为特征，则可以借助本书图2–2（第42页）所示的元话语分析路径进行合理阐释。

第四章首先阐述了元话语行为与交际互动能力之间的关系，接着探讨了元话语能力的实质和内涵，然后分别从接收性交际行为（阅读和听力理解）、产出性交际行为（口语和书面语表达）和翻译行为（理解和表达）的角度，基于实例对元话语能力的体现进行了分析。元话语能力的内涵包括语篇组织能力、语篇连贯构建能力、解释说明能力、观点呈现能力和狭义互动能力。元话语能力是（广义）互动能力的体现，而互动能力则通过运用元话语手段和资源的元话语能力得以体现。只有具备受众意识和互动能力的交际主体，才可能在交际中有意识地使用元话语手段和资源，从而发挥其元话语能力。然而，当前的外语教学中对这种元话语能力的重视程度尚显不足。

在接收性交际行为中，信息接收者的元话语能力体现为善于发现信息发出者为帮助受众理解而留下的痕迹和帮助。而在产出性交际行为中，作为信息发出者，其元话语能力则体现在如何运用元话语手段和资源，为受众理解提供支持，并努力实现有效的交际。至于翻译交际中，译者的元话语能力体现在理解过程中对原文中元话语手段及其意义进行合理理解，并在表达过程中用恰当的目的语进行传译，换言之，翻译理解要重视原文元话语的理解，而翻译表达则要重视目的语元话语的运用。无论是接收性交际行为、产出性交际行为，还是翻译行为，实例分析均表明，交际参与者需具备受众意识、互动意识以及元话语能力，方能进行有意义的意义磋商和互动交际。因此，我们在外语教学中应更加重视元话语知识的导入，强化学生对语篇中元话语的分析能力，并培养学生的互动交际意识，这将有助于提升他们的元话语能力和外语交际能力。

5.1.2 本书主要观点和贡献总结

本书的主要观点可总结如下：

1. 元话语的定义

元话语是信息发出者为了确保表达和实现其交际行为意图和目的而主动采取的策略性语言类或非语言类行为或手段，是其言外行为意图的标记或言外行为标记，目的是为了方便信息接收者对交际中所传递的信息按照信息发出者的愿望进行理解和接收，进而促进交际的顺利进行。本书从较为宽泛的视域看待元话语概念，认为元话语既涉及语言类元话语，也涉及非语言类元话语，故更倾向于称其为元话语手段或资源。

2. 元话语的特点

元话语行为的实施方式有两大类：一类是借助元话语手段对语篇或话语进行合理有序的组织和解释；一类是通过向交际伙伴传达自己对命题内容的观点和态度、与受众互动等方式，引导其理解信息。这两类元话语方式所起的作用分别是语篇组织和人际互动，但都体现了信息发出者实施元话语行为的主体性和策略性，也体现了交际参与者之间的主体间性。因此元话语总体而言是人际性的，有助于信息的理解，有利于正在进行的交际过程，具有反身性、互动性、人际性、主体性、目的性、策略性、主体间性、多功能性和语境依赖性。

3. 元话语的界定

元话语界定遵循以下原则：1）反身性，即元话语指涉当前交际，而非仅指涉当前语篇；2）互动性/人际性，即元话语体现了交际者的受众意识和人际互动意识；3）目的性/策略性，即元话语是交际主体为了实现其交际目的而有意使用的语言类或非语言类手段，体现话语发出者的存在与立场，并帮助话语接收者按话语发出者的意图来理解语篇，具有主体性、目的性、策略性和显性特征；4）功能性，即元话语手段具有语篇组织功能和人际互动功能，功能性原则（而不是“非命题性原则”）是判断元话语的重要依据。

4. 元话语的分类模型

在众多的元话语分类模式中，海兰（2005）的分类对元话语手段进行了较为细致的区分和合理的整合，他的分类更全面地考量了信息发出者在实施语言类元话语行为时的种种努力。而德语国家学者将非语言类元交际手段纳入关注范围的做法，有利于全面观察话语主体使用的元交际手段或元素，更深入地了解其为实现其言外行为意图而实施的语言类和非语言类元交际行为，因而也值得借鉴。在具体研究中，我们可以根据语料的特点，合理选择研究对象。

5. 具体语境下的元话语识别和界定

元话语的识别和界定既要考量元话语的多功能性，又要考虑到元话语的语境（语料）特殊性。为了对具体语料中的元话语手段进行较为全面且合理的判断、标注和分析，除了要关注元话语的子范畴，我们还要根据语料的实际情况区分子范畴下属的分类别。不同的语篇类型和语料，元话语的子范畴及其分类别可能呈现出不同的特点和样貌。

6. 元话语在话语建构和解构中的作用和意义

元话语体现了交际主体为使自己的话语能被受众理解和接受所作出的主体性努力及因此而使用的引导性手段和资源。元话语的使用体现了人们在交际中的受众意识及对主体间性的重视。一方面，借助元话语资源和手段，话语发出者可以在交际中更好地明示自己的交际意图和目的，为受众理解提供帮助，进而促进交际的顺利进行；另一方面，借助语篇中的元话语手段和资源，话语接收者也可以更好地理解交际伙伴的话语、了解其交际意图和目的。因此，元话语在话语建构和话语重构

（信息解读）中都具有重要的意义和作用。

7. 元话语对外语教学的意义及外语元话语能力培养

元话语为信息发出者提供了对命题内容进行合理组织、解释说明、清晰表达及与受众互动的手段和可能性，使所表达的信息易于受众理解和接受；借助元话语，信息接收者也可以得到丰富的导向性指南和帮助，使其能更容易理解话语和信息发出者的言外行为意图。元话语不仅有利于话语的产出，也有利于话语的理解。鉴于此，元话语对外语教学具有重要意义，外语教学中应合理融入元话语知识的传授和学生元话语能力的培养。当然，我们在外语教学中重视元话语教学和元话语能力的培养，并不需要了解和掌握所有外语元话语手段，因为这不仅难以实现，也非必要之举，关键在于帮助学生认识到元话语对成功交际的重要性，增强他们在外语交际时的受众意识和元话语意识，加强他们的元话语分析能力及元话语识别和运用能力（元话语能力），进而提升其输入性语篇理解能力、产出性语篇建构能力、外语互动能力和综合外语交际能力。

本书的创新点有以下几个方面：

1. 本书基于文献，较为全面地梳理了元话语的定义、特点、功能、分类及界定标准等重要的理论问题，梳理了国内元话语研究现状，尤其是对德语国家学界元交际相关的理论探讨进行了梳理和介绍。本书首次整合了“元话语”和“元交际”这两个概念，进一步明晰了元话语行为在交际中所具有的人际语用功能，也为学界拓展和深化元话语研究提供了借鉴和参考。

2. 本书将元话语/元交际定义为信息发出者为确保自己表达和实现其交际行为意图和目的而主动采取的策略性语言类或非语言类行为或手段，并将元话语看作交际主体言外行为标记，将元话语运用与交际行为和交际意图联系起来，认为有什么样的交际语境和交际目的，就会有什么样的元话语手段运用，元话语具有语体特殊性。

3. 本书明确提出了元话语的界定原则，即反身性、互动性/人际性、目的性/策略性和功能性，并认为，几乎所有的语言手段都具有潜在的元话语功能。在判断某语言或非语言手段是否是元话语时，要审视其是否指涉当前交际（反身性）；是否体现了交际者的受众意识和人际互动意识（互动性/人际性）；是否在话语层面具有组织语篇、调控理解、促进互动的元话语功能（功能性）；是否体现了交际主体的言外行为意图，即帮助信息接收者对命题内容按照信息发出者的意愿进行理解进而达成交际的顺利进行（目的性/策略性）。

4. 本书以新年致辞这类政治语篇为语料，进行了元话语实证研究和德汉对比研究，通过研究验证了本书所提出的元话语分类模型（包括元话语的子范畴及其分类别）同时适用于德汉语料的分析，进一步说明了元话语的语体特殊性；研究结果也进一步验证了元话语在口语类政治语篇中所具有的人际语用功能，交际主体通过运用元话语进行语篇组织、话题引入、篇内复现、话语的注释说明、明确表达、自我标记及与读者进行互动，为受众理解话语提供支持。本书研究的语料分析模型（见表3–4的元话语分类模型）及图2–2所示的分析路径可为其他语篇的元话语研究提供借鉴和参考。

5. 本书将元话语运用与对外话语建构相结合，为对外话语体系的合理建构和有效传播提供了语言学视角的建设性参考。通过同类语篇的外汉对比研究，我们可以探究外汉语篇中元话语运用的异同。共性之处揭示了元话语运用的语体共性和特殊性，而差异之处则展现了不同语言的不同元话语运用特点。在此基础上，我们可以更好地阐明自身特征、吸收外来养分，从而更精准地构建对外话语、传播中国文化、塑造积极的中国形象。

6. 本书认为，元话语行为体现了交际者的受众意识和人际互动意识。话语发出者通过运用元话语手段或资源，可以更清晰地传递信息、表达自己的意图，并引导受众理解话语，进而达成交际。而话语接收者则可以借助语篇中的元话语手段或资源，更好地理解语篇或话语，准确把握话语发出者的观点和意图。鉴于元话语在成功交际中的重要促进作用，本书建议在外语教学中融入元话语知识，培养学生的受众意识和元话语分析能力。通过使学生认识到在交际中运用元话语手段的重要性，可以显著提高学生外语交际中的元话语能力（包括识别和运用能力），进而有效提升他们的互动能力和实际语言应用能力。基于这一认识，本书分别对接收性交际行为（阅读和听力理解）、产出性交际行为（口语和书面语表达）及翻译行为（翻译的理解和表达层面）的元话语能力内涵及其培养进行了基于实例的分析和尝试性探讨。

5.1.3 本书主要不足

本书的主要不足之处如下：

1. 本书的实证研究仅针对中德两国领导人的新年致辞语篇和习近平

的国际国内演讲语篇这些口语类政治语篇进行元话语分析和研究，尚未拓展至更多场合和其他类型的语篇。尽管相关研究成果和相关探讨对其他语篇的元话语研究具有一定参考价值，但鉴于元话语的语境依赖性和语体特殊性，不同语境和语体下的元话语会呈现不同的样貌和特点。因此，本书实证研究语料分析所依据的元话语分类模型，尤其是元话语分类别的区分，仅适用于本书所研究的语料，不宜直接推广至其他类型的语篇和其他实证研究的语料分析。不过这也恰恰说明了元话语的语境依赖性特点以及元话语研究本身的复杂性、不确定性和开放性。

2. 本书第四章虽对元话语能力的实质和内涵，以及其在接收性交际行为、产出性交际行为及翻译行为中的外语元话语能力的体现和培养进行了基于实例的尝试性探讨，对外语教学具有一定的启发性。但本书并未深入探讨外语教学实践中如何循序渐进地融入元话语知识，也未就具体的元话语能力培养进行教学实验性研究和尝试。这些方面的研究仍有待进一步深入。

5.2 元话语相关研究和外语教学展望

5.2.1 元话语研究展望

经过本书研究，笔者对元话语研究提出以下展望：

1. 国内元话语研究大多集中在英语领域，仅少数学者进行了汉语和小语种相关的元话语研究，德语界的元话语研究还很稀缺（如：李慧坤，2013; Chang X, 2014；王颖频，2022; Wang Y P, 2022）。所以学界在这方面还有很大的提升空间，包括元话语理论探讨和实证研究，都有待进一步拓展和深化。

2. 元话语的语体特殊性、语境依赖性和多功能性决定了其研究应拓展至不同的语篇类型和不同的交际情景，并兼顾口语类语篇和书面语语篇。学者们需要对不同题材、不同专业领域、不同媒介（口语或书面语）、不同性别和不同文化背景等，进行大量的实证研究（宁颖/杨玉晨，2013）[172]，并总结不同语境下元话语的具体体现和特点，从而为外语交际和外语教学实践提供依据、借鉴和参考。

3. 基于元话语的实证研究结果，我们可以在外语教学实践中进行实验性教学研究，探究元话语教学、元话语知识传授、元话语意识和元话语能力培养方面的具体路径和有效方法。相关研究将具有极大的实践意义和价值。

4. 课堂教学中，教师话语的元话语研究能够揭示教师教学中的元话语意识及其运用特征。无论是传统的线下教学，还是当下数字化时代已经广泛实施的线上教学，或者线上线下融合式教学，教学效果始终与课堂话语密切相关，其中教师话语及教师元话语运用更值得教学研究者深入关注。特别是线上教学，由于教师不能像线下教学那样直接面对学生及进行当面反馈，很多时候教师需要根据自己的估计，预测学生可能会存在哪些理解上的问题，并相应通过元话语运用进行合理的解释和引导。可以预见，在慕课课堂话语中，教师的注释说明标记、主题结构标记和读者介入标记等语言类元话语及非语言类或副语言类元话语的运用将更加丰富。相关研究值得进一步探索。

5.2.2 外语教学实践展望

本书第四章对元话语能力在外语教学中的体现和培养进行了探索性研究，但总体而言，当前的外语教学实践对互动能力与元话语能力培养的关注和重视程度尚显不足。实例分析显示，元话语教学需要教学双方对教学内容进行更为深入的元话语层面的思考、反思和探讨，这无疑为外语教学带来了很大的挑战。一方面，教学时间有限；另一方面，现有的元话语研究结果比较缺乏。因此，元话语研究及其在外语教学中的应用研究具有重要的现实意义和必要性。如前所述，外语教学实践中进行元话语教学是否能有效提升学生的外语交际能力，如何在教学实践中循序渐进地融入元话语知识，以及如何针对具体的元话语能力培养开展实验性教学研究和尝试，等等，这些问题都值得深入探讨。

根据本书对元话语能力内涵的阐释，若教学双方能在日常的听、说、读、写、译的教学实践中重视元话语分析和相关能力的培养，将有效提升学生的元话语意识、元话语（识别和运用）能力、交际互动能力和实际语言应用能力。通过在阅读、听力、口语、写作、翻译等教学实践中开展元话语相关的实验性研究，不仅可以进一步验证元话语在外语教学中的重要意义，还能深化人们对元话语手段和资源重要性的认识，为外语教学注重外语元话语能力培养及外语教学改革提供切实可行的依据和参考。

参考文献

汉语文献：

1. 陈京京. 2015. 元话语标记在大学英语听力教学中的实证研究[J]. 长春师范大学学报34(3): 177–180.
2. 陈京京. 2015. 元话语在外交演讲中的人际意义与语境创设[J]. 长春理工大学学报（社会科学版）28(6): 102–106.
3. 成晓光. 1997. 亚言语研究[M]. 大连：辽宁师范大学出版社.
4. 成晓光. 1999. 亚言语的理论与应用[J]. 外语与外语教学(9): 4–7.
5. 成晓光，姜晖. 2008. Metadiscourse：亚言语、元话语，还是元语篇？[J]. 外语与外语教学(5): 45–48.
6. 丁珊. 2009. 元话语研究综述[J]. 当代教育理论与实践1(2): 154–156.
7. 封宗信. 2005. 元语言与外语教学[J]. 外语与外语教学(9): 24–27.
8. 付晓丽，徐赳赳. 2012. 国际元话语研究新进展[J]. 当代语言学14(03): 260–271+329–330.
9. 高健. 2009. 元话语研究：理论与实践[M]. 南京：东南大学出版社.
10. 高健，金欣. 2014. 不同跨文化适应水平汉语学习者的元话语使用倾向[J]. 现代语文（语言研究版）(10): 77–81+2.
11. 宫军. 2010. 元话语研究：反思与批判[J]. 外语学刊(5): 85–87.
12. 郭红伟. 2014. 中国高校英语教师课堂元话语三维功能研究[J]. 中国外语11(2): 60–67.
13. 郭红伟. 2017. 同于“元”而异于“源”：元话语和元语言特征分析[J]. 西安外国语大学学报25(4): 34–38.
14. 郭红伟，卢加伟. 2020. 教师课堂元话语多维功能对比研究[J]. 现代外语43(2): 248–259.
15. 郭红伟，杨雪燕. 2020. 多模态视阈下教师元话语与手势语的符际关系研究[J]. 外语教学41(4): 52–57.

16. 韩美竹. 2009. 元话语、语料库与大学英语口语教学[J]. 外语界(3): 32–36.
17. 何中清，闫煜菲. 2020. 元话语研究30年——发展、问题和展望[J]. 北京科技大学学报（社会科学版）36(1): 22–29.
18. 胡春华. 2008. 学术讲座中元话语的语用学研究：顺应–关联路向[D]. 上海外国语大学.
19. 胡春雨，李旭妍. 2018. 基于语料库的腾讯亚马逊致股东信元话语研究[J]. 外语学刊(1): 24–32.
20. 胡开宝. 2018–10–27/28中国特色外交话语构建研究：内涵与意义[R]. 上海：上海首届对外话语体系建构、翻译与传播研讨会主旨报告.
21. 胡开宝，李婵. 2018. 国内外外交话语研究：问题与展望[J]. 外语教学39(6): 7–12.
22. 黄勤. 2014. 英汉新闻语篇中的元话语对比研究[M]. 武汉：武汉大学出版社.
23. 黄勤. 2015. 基于语料库的《红楼梦》中的元话语及其英译对比研究[M]. 武汉：武汉大学出版社.
24. 黄勤，刘晓玉. 2013. 元话语研究：回顾与思考[J]. 江苏大学学报（社会科学版）15(2): 97–102.
25. 黄勤，王佳怡. 2013. 基于语料库的《红楼梦》中的元话语“不过”与其两英译本对比研究[J]. 外国语文29(5): 100–106.
26. Hyland K. 著，杨信彰 导读. 2008. Metadiscourse=元话语. 北京：外语教学与研究出版社.（原著：Hyland K. 2005. Metadiscourse [M]. London: Continuum.）
27. 姜峰. 2018–08–30.元话语：蕴含的人际互动呈现上升趋势[N]. 社会科学报(5).
28. 姜峰，Ken Hyland. 2020. 互动元话语：学术语境变迁中的论辩与修辞[J]. 外语教学41(2): 23–28.
29. 姜晖. 2013. 语言学中的meta术语及其相关性研究[J]. 外国语文29(6): 100–104.
30. 姜晖. 2020. 基于人际关系管理理论的高校英语教师课堂元话语研究[J]. 外语学刊(4): 45–50.
31. 鞠玉梅. 2013. 英汉学术论文语篇中的元话语研究——从亚里士多德

修辞学的角度[J]. 外语研究(3): 23–29.
32. 鞠玉梅. 2015. 《论语》英译文语篇人际元话语使用与修辞人格构建[J]. 外国语（上海外国语大学学报）38(6): 79–88.
33. 刘琦. 2015. 元话语的理论研究综述[J]. 河北工程大学学报（(社会科学版）32(1): 103–105.
34. 刘平. 2014. 元语用评论语的语用调节性及其积极语用效应——争辩性电视节目中主持人话语分析[J]. 外语教学35(1): 26–30.
35. 李发根. 2012. 元话语功能与韩礼德三大元功能对比分析[J]. 中国外语9(3): 24–28.
36. 李发根，龚玲芬. 2014. 元话语与基本话语鉴别论[J]. 中国外语11(6): 29–32.
37. 李明清. 2009. 释义理论的语言哲学诠释——语言哲学的新增长点[J]. 外语学刊(5): 12–14.
38. 李娜，李忠庆. 2013. 学术文章中的“写作者声音”——基于语料库的跨学科和语言的对比研究[J]. 解放军外国语学院学报36(4): 17–23+40+127.
39. 刘娜，史顺良. 2014. 英语学术书籍短评的互动式元话语研究[J]. 河北北方学院学报（社会科学版）30(2): 8–13+30.
40. 李慧坤. 2013. 德语专业篇章动态分析模式研究——基于计算机专业篇章的元交际及元语言手段评析[M]. 北京：北京理工大学出版社.
41. 李清华. 2019. 二语语用能力研究：从交际能力范式到互动能力范式[J]. 外语教学理论与实践(2): 15–21.
42. 李秀明. 2011. 汉语元话语标记语研究[M]. 北京：中国社会科学出版社.
43. 李佐文. 2001. 论元话语对语境的构建和体现[J]. 外国语（上海外国语大学学报）(3): 44–50.
44. 李佐文. 2003. 元话语：元认知的言语体现[J]. 外语研究(1): 27–30+26–80.
45. 林维燕，何安平. 2019. 基于机切口语语块的四国大学生英语元话语能力探究[J]. 中国外语16(1): 71–78.
46. 刘大为. 1994. 语体是言语行为的类型[J]. 修辞学习(3): 1–3.
47. 刘弘，宋羽蕾. 2018. 中外汉语国际教育硕士学位论文摘要元话语使用对比分析[J]. 国际汉语教育（中英文）3(2): 41–53.
48. 柳淑芬. 2013. 元话语理论基础的多维视角探析[J]. 南京航空航天大学学报（社会科学版）15(1): 75–78.
49. 鲁英. 2012. 政治语篇中的人际元话语研究——以2012年《国务院政府工作报告》为个案[J]. 外语学刊(5): 52–55.
50. Matthews P H. 2000. 牛津语言学词典[Z]. 上海：上海外语教育出版社.
51. 穆从军. 2010. 中英文报纸社论之元话语标记对比分析[J]. 外语教学理论与实践(4): 35–43.
52. 宁颖，杨玉晨. 2013. 功能认知视域下的元话语意义和功能探析[J]. 东北师大学报（哲学社会科学版）(6): 169–172.
53. 钱冠连. 2002. 语言全息论[M]. 北京：商务印书馆.
54. 钱玲燕，董菁. 2019. 语伴互动中的母语者叙事支架研究[J]. 同济大学学报（社会科学版）30(4): 115–124.
55. 邱海颖. 2017. 德国国家身份构建：安格拉·默克尔演讲辞的批评话语分析（2005—2013）[M]. 北京：光明日报出版社.
56. 冉志晗. 2021. 基于元话语的总理政府工作报告人际互动模式研究[J]. 蚌埠学院学报10(1): 66–72.
57. 冉志晗，冉永平. 2015. 语篇分析视域下的元话语研究：问题与突破[J]. 外语与外语教学(2): 38–44.
58. 司炳月. 2014. 基于元话语理论的大学英语口语教学实证研究[J]. 外语学刊(1): 121–124.
59. 孙莉. 2020. 中国硕士学术英语写作中元话语使用及其身份建构特征研究[J]. 西安外国语大学学报28(4): 28–33.
60. 孙明明. 2012. 英语学习者口语交际能力提高策略之元话语意识培养[J]. 吉林省教育学院学报28(10): 67–68.
61. 孙杨杨. 2018. 中译英逻辑衔接显化现象：以即兴发言的同传为例[J]. 外国语文34(2): 124–130.
62. 孙自挥. 2011. 中国大学生书面人际元话语行为研究[J]. 外国语文27(1): 77–79.
63. 汤春艳. 2009. 篇章功能刍议——德国篇章语用学研究[J]. 同济大学学报（社会科学版）20(4): 96–101+112.

64. 唐建萍. 2010. 元话语研究述评[J]. 山东外语教学31(1): 96–101.
65. 陶卓. 2020. 中国高校德语硕士研究生学术语篇写作问题及对策[M]. 上海：同济大学出版社.
66. 王冬梅. 2010. 英语元话语在学术论文摘要写作中的应用[J]. 吉林工程技术师范学院学报26(3): 11–13.
67. 王强. 2018. 交往行为理论视角下英语学术语篇中互动式元话语研究[J]. 东北师大学报（哲学社会科学版）(2): 121–126.
68. 王强，成晓光. 2014. 英语社论中互动元话语之功能与句法分析模式探究[J]. 东北师大学报（哲学社会科学版）(5): 128–131.
69. 王强，成晓光. 2016. 元话语理论研究范式述评[J]. 外语与外语教学(2): 55–62+145.
70. 王颖频. 2012. “释义性询问”交际策略对谈话动态的识别——基于语料的实证研究[J]. 外语教学理论与实践(1): 71–78.
71. 王颖频. 2022. 中德领导人新年致辞语篇的元话语特征对比研究[J]. 同济大学学报（社会科学版）(1): 116–128.
72. 王月丽，徐宏亮. 2014. 学术书评语篇的对话性建构策略研究[J]. 长春理工大学学报（社会科学版）27(2): 127–130.
73. 吴格奇. 2013. 学术论文作者自称与身份构建——一项基于语料库的英汉对比研究[J]. 解放军外国语学院学报36(3): 6–11+127.
74. 伍小君. 2014. 元话语翻译中的译者主体性研究[J]. 外语学刊(6): 7–10.
75. 吴瓒，顾忆青. 2019. 国家对外话语战略的内涵与规划[J]. 语言文字应用(4): 44–53.
76. 习近平. 2014. 习近平谈治国理政（第一卷）(汉德对照)[M]. 北京：外文出版社.
77. 习近平. 2017. 习近平谈治国理政（第二卷）[M]. 北京：外文出版社.
78. 习近平. 2018. 习近平谈治国理政（第一卷）(2版)[M]. 北京：外文出版社.
79. 习近平. [2023–10–08] 2014—2019新年致辞[EB/OL]. http://jhsjk.people.cn/result.
80. 萧净宇，李尚德. 2002. 从哲学角度论“话语”——巴赫金语言哲学研究[J]. 中山大学学报（社会科学版）(5): 135–140.
81. 谢君. 2011. 国内外高校网站主页校长欢迎辞语类的元话语对比分析

[J]. 北京第二外国语学院学报33(6): 25–30+42.
82. 谢群. 2012. 商务谈判中的元话语研究——商务话语研究系列之一[J]. 外语研究(4): 19–23.
83. 辛志英，黄国文. 2010. 元话语的评价赋值功能[J]. 外语教学31(6): 1–5.
84. 徐昉. 2013. 二语学术写作介入标记语的使用与发展特征：语料库视角[J]. 外语与外语教学(2): 5–10.
85. 徐海铭. 2001. 元语篇：跨文化视域下的理论与实证[M]. 南京：东南大学出版社.
86. 徐海铭. 2004. 中国英语专业本科生使用元语篇手段的发展模式调查研究[J]. 外语与外语教学(3): 59–64.
87. 徐海铭，龚世莲. 2006. 元语篇手段的使用与语篇质量相关度的实证研究[J]. 现代外语(1): 54–61+109.
88. 徐海铭,潘海燕. 2005. 元语篇的理论和实证研究综述[J]. 外国语（上海外国语大学学报）(6): 54–61.
89. 徐燕，冯德正. 2023. 多模态语篇中的视觉元话语：以新媒体传播为例[J]. 外语学刊(2): 27–33.
90. 许宏，刘雪娟. 2020. 俄语政治语篇中元话语修辞劝说功能的构建——以普京2019年国情咨文语篇为例[J]. 解放军外国语学院学报43(3): 100–108.
91. 徐捷，黄川. 2015. 元话语对阅读理解能力影响的实证研究[J]. 合肥工业大学学报（社会科学版）29(1): 87–93.
92. 徐赳赳. 2006. 关于元话语的范围和分类[J]. 当代语言学(4): 345–353+380.
93. 严瑾. 2012. 我国元话语研究：现状与思考——基于13种外语类核心期刊10年（2001—2010）的统计分析[J]. 河北联合大学学报（社会科学版）12(5): 118–121.
94. 闫涛，张丽云. 2013. 基于语料库的高校英语教师课堂元话语多维功能机制研究[J]. 解放军外国语学院学报36(2): 59–64+127–128.
95. 杨林秀. 2015. 英文学术论文中的作者身份构建：言据性视角[J]. 外语教学36(2): 21–25.
96. 杨信彰. 2003. 语篇中的评价性手段[J]. 外语与外语教学(1): 11–14.

97. 杨信彰. 2006. 英语学术语篇中的评论附加语[J]. 外语与外语教学(10): 11–13.
98. 杨信彰. 2007. 元话语与语言功能[J]. 外语与外语教学(12): 1–3.
99. 杨秀云. 2018. 功能认知视域下日语元话语分析与应用研究[M]. 上海：上海交通大学出版社.
100. 叶慧君，杨鑫妮. 2021. 有关新冠疫情的外交部例行记者会互动式元话语研究[J]. 外国语文37(5): 96–103.
101. 俞碧芳. 2016. 元话语理论视角下的大学英语口语教学——基于语料库的研究[J]. 福建师大福清分校学报(1): 88–97.
102. 于丹. 2007. 论语心得[M]. 北京：中华书局.
103. 张丹丹，张敬源. 2020. 国内外元话语研究述评：基于CiteSpace可视化分析[J]. 北京科技大学学报（社会科学版）36(5): 9–16.
104. 张瑞. 2007. 同舟共济 德国联邦总统霍斯特·克勒2007年5月26日出席同济大学百年校庆的演讲[J]. 德国研究(3): 4–8.
105. 张贤芬，高建虹. 2002. 元话语的使用与作文的质量[J]. 扬州大学学报（高教研究版）(3): 80–82.
106. 张玉宏. 2009. 巴赫金语言哲学视角下的元话语标记研究[J]. 兰州学刊(4): 183–185.
107. 赵文超. 2015. 元话语与主体间性的关系刍议[J]. 宁波大学学报（人文科学版）28(1): 40–45.
108. 周岐军. 2014. 学术论文摘要中的元话语对比研究[J]. 外语学刊(3): 114–117.
109. 朱建华，尚祥华，崔庆华. 2013. 新编大学德语第三册教师手册[M]. 北京：北京外语教学与研究出版社.

英语及德语文献：

1. Amiryousefi M, Rasekh A E. 2010. Metadiscourse: Definitions, Issues and Its Implications for English Teachers[J]. English Language Teaching, (4): 159–167.
2. Ädel A. 2006. Metadiscourse in L1 and L2 English[M]. Philadelphia: John Benjamins.
3. Ädel A. 2010. Just to give you a map of where we are going: A taxonomy of metadiscourse in spoken and written academic English[J]. Nordic Journal of English Studies, (2): 69–97.
4. Ädel A, Mauranen A. 2010. Metadiscourse: diverse und divided perspectives[J]. Nordic Journal of English Studies, 9(2): 1–11.
5. Auer P. 2013. Sprachliche Interaktion: Eine Einführung anhand von 22 Klassikern[M]. Berlin/Boston: De Gruyter.
6. Augst G. 1977. Beobachtungen zur Metakommunikation[C]// Augst G, Bauer A, Stein A. Grundwortschatz und Ideolekt. Tübingen: Niemeyer: 74–93.
7. Augst G. 1978. Metakommunikation als Element des Spracherwerbs[J]. Wirkendes Wort, (5): 328–339.
8. Austin J. 1962. How to Do Things with Words[M]. Oxford: OUP.
9. Bandhauer W. 1989. Diskurs und Metadiskurs: Studien zur Rezeption von französischer und deutscher Sprache der Politik und der Werbung[G]. (Tübinger Beiträge zur Linguistik, Band 315). Tübingen: Narr.
10. Bateson G. 1951. Information and Codification: A Philosophical Approach[C]// Ruesch J, Bateson G. Communication, the Social Matrix of Psychiatry. New York: Routledge: 168–211.
11. Bateson G. 1955. Steps to an Ecology of Mind[M]. New York: Ballantine.
12. Bateson G. 1972. Steps to an Ecology of Mind[M]. New York: Ballantine Books. Deutsche Übersetzung: Ökologie des Geistes. 1981. Frankfurt a. Main: Suhrkamp.
13. Baumann K D. 1992. Integrative Fachtextlinguistik (Forum für Fachsprachen-Forschung 18)[G]. Tübingen: Gunter Narr.
14. Beauvais P. 1989. A speech act theory of metadiscourse[J]. Written Communication, (1): 11–30.

15. Böttcher W. 1975. Metakommunikation. Didaktische Überlegungen zum Problem gestörter Kommunikation im Deutschunterricht[J]. Diskussion Deutsch, 21: 379–398.
16. Brinker K, Cölfen H, Pappert S. 2014. Linguistische Textanalyse. Eine Einführung in Grundbegriffe und Methoden[M]. 8. neu bearbeitete und erweiterte Auflage. Berlin: Erich Schmidt Verlag.
17. Conley T M. 1983. Interpersonal Communication[M]. Urbana-Champaign: University of Illinois Press.
18. Chang X. 2014. Meta-Diskurs in der argumentativen Textproduktion der chinesischen Germanistikstudierenden, eine korpusbasierte Analyse der meta-diskursiven Redemittel in PGG-Aufsätzen[D]. Unveröffentliche Dissertation an der Deutschen Fakultät der Nanjing Universität.
19. Chaudron C. 1988. Second Language Classrooms[M]. Cambridge: CUP.
20. Crismore A. 1989. Talking with Readers: Metadiscourse as Rhetorical Act[M]. NewYork: Peter Lang Publishes.
21. Crismore A, Markkanen R, Steffensen M. 1993. Metadiscourse in persuasive writing: a study of texts written by American and Finnish university students[J]. Written Communication, 10(1): 39–71.
22. de Bot K. 1996. The psycholinguistics of the output hypothesis[J]. Language Learning, 46(3): 529–555.
23. Edmondson W, House J. 2003. Interaktion beim Lehren und Lernen fremder Sprachen[C]// Bausch K R, Christ H, Krumm H J, Handbuch Fremdsprachenunterricht (vol.4). Tübingen: A. Francke Verlag: 242 –247.
24. Ferguson C. 1975. Towards a characterization of English foreigner talk[J]. Anthropological Linguistics, 17(1): 1–14.
25. Flower L. 1987. Problem-solving Strategies for Writing (2nd ed.)[M]. New York: Harcourt.
26. Gass S. 2003. Input and Interaction[C]// Doughty C, Long M. The Handbook of Second Language Acquisition. Malden: Blackwell Publishing: 224–255.
27. Gläser R. 1987. Metakommunikative Sprachhandlungn in Fachtexten — dargestellt an englischen Lehrbuchtexten für Schüler und Studenten[C]//

Lörscher W, Schulze R. Perspectives on language in performance: studies in linguistics, literary criticism and language teaching and learning; to honour Werner Hüllen on the occasion of his 60. birthday. Tübingen: Gunter Narr: 351–369.

28. Göpferich S. 1995. Textsorten in Naturwissenschaften und Technik. Pragmatische Typologie — Kontrastierung — Translation[M]. Tübingen: Gunter Narr.
29. Habermas J. 1971. Vorbereitende Bemerkungen zu einer Theorie der kommunikativen Kompetenz.[C]// Harbemas J, Luhmann N. Theorie der Gesellschaft oder Sozialtechnologie. Frankfurt: Suhrkamp: 101–141.
30. Hall S. 2001. Encoding/decoding[C]// Durham M G, Kellner M D. Media and cultural studies: keyworks. Oxford: Blackwell Publishers.
31. Halliday M. 1978. Language as a Social Semiotic[M]. London: University Park Press.
32. Harris Z S. 1959. Linguistic transformations for information retrieval[C]// Harris Z S. Paper in structural and transformational Linguistic. Dordrecht/ Holand: D. Reidel: 458–471.
33. Harris Z S. 1959. The transformational model of language structure[J]. Anthropology linguistics, 1(1): 27–29.
34. Hocket C F. 1960. The Origin of Speech[J]. Scientific American, 203(3): 88–96.
35. House J. 1995. Metapragmatische Bewusstheit, sprachliche Routinen und interkulturelles Lernen beim Wortschatzerwerb im Fremdsprachenunterricht[C]// Bausch K R, Christ H, König F G, et al. Erwerb und Vermittlung vom Wortschatz im Fremdsprachenunterricht: Arbeitspapiere der 15. Frühjahrskonferenz zur Erforschung des Fremdsprachenunterrichts. Tübingen: Narr: 92–100.
36. House J. 1997. Kommunikative Bewusstheit und Fremdsprachenlernen[J]. Fremdsprachen Lehren und Lernen (FLuL), 26. Jahrgang: 68–87.
37. House J. 2009. Interkultureller Diskurs und Übersetzung[C]// Albl-Mikasa M, Braun S, Kalina S. Dimensionen der Zweitsprachenforschung (Dimensions of Second Language Research). Tübingen: Narr: 195–206.

38. House J. 2013. Developing pragmatic competence in English as a lingua franca: Using discourse markers to express (inter)subjectivity and connectivity[J]. Journal of pragmatics, 59: 57–67.
39. Hyland K. 1998. Persuasion and context: The pragmatics of academic metadiscours[J]. Journal of Pragmatics, 30: 437–455.
40. Hyland K. 2004. Disciplinary interaction: Metadiscourse in L2 postgraduate writing[J]. Journal of Second Language writing, 13: 133–151.
41. Hyland K. 2017. Metadiscourse: What is it and where is it going?[J]. Journal of pragmatics, 113: 16–29.
42. Hyland K, Tse P. 2004. Metadiscourse in academic writing: A reappraisal[J]. Applied Linguistics, 25(2): 156–177.
43. Jakobson R. 1972. Linguistik und Poetik[C]// Blumensath H. Strukturalismus in der Literaturwissenschaft. 118–147. Im Original: Closing Statement: Linguistics and Poetics[C]// Sebeok T. 1960. Style in language. Cambridge: MIT Press, 350–377. Aus dem Englischen übersetzt von Blumensath H, Kloepfer R.
44. Krashen S. 1982. Principles and Practice in Second Language Acqusition[M]. Oxford: Pergamon.
45. Liebsch H. 1971. Redundanz und Steuerung im Text[C]// Textlinguistik. Dresden: Pädagogische Hochschule Dresden: 30–63.
46. Linke A, Markus N. Paul P R. 2004. Studienbuch Linguistik[M]. Tübingen: Max Niemeyer Verlag.
47. Long M. 1983. Native speaker/non-native speaker conversation and the negotiation of meaning[J]. Applied Linguistics, (4): 126–141.
48. Mackey A. 2006. Epilogue: From introspection, brain scans, and memory tests to the role of social contexts: advancing research on interaction and learning[J]. Studies in Second Language Acquisition, 28(2): 369–379.
49. Mao L M. 1993. I conclude not: Toward a pragmatic account of metadiscourse[J]. Rhetoric Review, (2): 265–289.
50. Mauranen A. 1993a. Contrastive ESP rhetoric: Metatext in Finnish-English economics texts[J]. English for Specific Purposes, (1): 3–22.
51. Mauranen A. 1993b. Cultural Differences in Academic Rhetorics: A

Textlinguistic Study[M]. Frankfurt am Main: Peter Lang.

52. Merkel A. (2018–12–27) [2023–10–8]. Neujahrsansprache 2010—2019[EB/OL]. https://www.bundesregierung.de/Content/DE/Bulletin.
53. Meyer-Hermann R. 1976a. Metakommunikation[J]. LuD (Linguistik und Didaktik), 25: 83–86.
54. Meyer-Hermann R. 1976b. Zur Analyse metakommunikativer Sprechakte im Sprachunterricht[C]// Henrici G, Meyer-Hermann R. Linguistik und Sprachunterricht. Paderborn: Schöningh: 132–158.
55. Meyer-Hermann R. 1978. Aspekte der Analyse metakommunikativer Interaktion[C]// Meyer-Hermann R. Sprechen, Handeln, Interaktion: Ergebnisse aus Bielefelder Forschungsprojekten zu Texttheorie, Sprechakttheorie u. Konversationsanalyse. Konzepte der Sprach- und Literaturwissenschaft 26. Tübingen: Max Niemeyer Verlag: 103–141.
56. Meyer-Hermann R. 1979. Studien zur Funktion von Metakommunikation (am Beispiel gesprochener portugisischer und französischer Sprache). Habilitationsschrift[M]. Bielefeld: Universität Bielefeld.
57. Meyer-Hermann R. 1983. Sanktionsprophylaxe: zu einer interaktiven Funktion von Metakommunikation[M]. Manuskript. Bielefeld: Universität Bielefeld.
58. Nord C. 2011. Zitate und Anspielungen als pragmatisches Übersetzungsproblem[C]// Nord C. Funktionsgerechtigkeit und Loyalität. Theorie, Methode und Didaktik des funktionalen Übersetzens. Berlin: Frank&Timme: 127–154.
59. Qian L Y. 2016. Sprachenlernen im Tandem. Eine empirische Untersuchung über den Lernprozess im chinesisch-deutschen Tandem[M]. Tübingen: Narr.
60. Roloff M. 1990. Metakommunikative Äußerungen im Unterrichtsgespräch[J]. Zeitschrift für Phonetik, Sprachwissenschaft und Kommunikationsforschung (ZPSK), 43(2): 221–242.
61. Rösler D. 1985. Leistung und Grenzen metakommunikativer Elemente in Lehrwerken für Deutsch als Fremdsprache[J]. Jahrbuch Deutsch als Fremdsprache, 11: 36–59.

62. Schiffrin D. 1980. Metatalk: Organizational and evaluative brackets in discourse[J]. Socialogical Inquiry, (3–4): 199–236.

63. Schmitter P, Kirsten A. 1984. Überlegungen zur Funktion von Metakommunikation[C]// Detering K, Schmidt-Radefeldt J, Sucharowski W. Sprache beschreiben und erklären. Akten des 16. Linguistischen Kolloquiums. Band 1. Tübingen: Niemeyer: 61–79.

64. Schwitalla J. 1979. Metakommunikationen als Mittel der Dialogorganisation und der Beziehungsdefinition[C]// Dittmann, J. Arbeiten zur Konversationsanalyse. Tübingen: Niemeyer: 111–143.

65. Schröder U. 2018. Zur Funktion von Metakommunikation in der dialogischen Konstruktion von Alterität[J]. Linguistische Berichte, Reihe 253(1): 87–106.

66. Searle J. 1969. Speech Acts: An Essay in the Philosophy of Language[M]. Cambridge: CUP.

67. Sperber D, Wilson D. 1986. Relevance: Communication and Cognition[M]. Oxford: Blackwell.

68. Swain Merrill. 1995. Three functions of output in second language learning[C]// Cook G, Seidlehofer B. Principles and Practice in Applied Linguistics: Studies in Honour of H.G. Widdowson. Oxford: OUP: 125–144.

69. Swain M. 2005. The output hypothesis: Theory and research[C]// Hinkel E. Handbook on Research in Second Language Teaching and Learning. Mahwah:Lawrence Erlbaum: 471–484.

70. Techtmeier B. 1984. Das Gespräch. Funktionen, Normen und Strukturen. (Sprache und Gesellschaft 19)[M]. Berlin: Akademie Verlag.

71. Techtmeier B. 1985. Metakommunikative Äußerungen — ein Beweis für die Bedeutung antizipatorischer Aktivitäten in der sprachlichen Kommunikation[J]. Zeitschrift für Phonetik, Sprachwissenschaft und Kommunikationsforschung (ZPSK), 38(1): 40–46.

72. Techtmeier B. 1990a. Metakommunikation in Institutionen[J]. Zeitschrift für Phonetik, Sprachwissenschaft und Kommunikationsforschung (ZPSK), 43(2): 167–174.

73. Techtmeier B. 1990b. Interaktionswissen und Metakommunikation[J]. Zeitschrift für Phonetik, Sprachwissenschaft und Kommunikationsforschung (ZPSK), 43(2): 175–185.
74. Techtmeier B. 2001. Form und Funktion von Metakommunikation im Gespräch[C]// Brinker K, Antos G, Heinemann W, et al. Text- und Gesprächslinguistik: ein internationales Handbuch zeitgenössischer Forschung. 2. Halbband. Gesprächslinguistik. Berlin, New York: de Gruyter, 1449—1463.
75. Tiittula L. 1993. Metadiskurs: Explizite Strukturierungsmittel im mündlichen Diskurs. (Papiere zur Textlinguistik, Band 68)[M]. Hamburg: Buske.
76. Unger F. 1990. Wie implizit kann Metakommunikation sein?[J]. Zeitschrift für Phonetik, Sprachwissenschaft und Kommunikationsforschung (ZPSK), 43(2): 186–200.
77. Vande K, William J. 1985. Some explanatory discourse on metadiscourse[J]. College Composition and Communication, 36(1): 82–93.
78. Wang Y P. 2007. Mündliche kommunikative Fähigkeiten chinesischer Deutschlerner: Probleme und Perspektive[M]. München: Iudicium.
79. Wang Y P. 2022. Metadiskurs in Neujahrsansprachen von Merkel. Eine empirische Untersuchung[J]. Muttersprache, (1): 35–55.
80. Watzlawick P, Beavin J H, Jackson D D. 1969. Menschliche Kommunikation. Formen, Störungen, Paradoxien[M]. Bern/Stuttgart: Hans Huber. Im Original: Watzlawick P, Beavin J H, Jackson D D. 1967. Pragmatics of Human Communication. A study of interactional patterns, pathologies, and paradoxes[M]. New York: W.W.Norten Inc.
81. Williams J. 1981. Style: Ten Lessons in Clarity and Grace[M]. Boston: Scott Foresman.
82. Wittich U. 1985. Metakommunikative Sprachhandlungen in Fachtexten (Lehrtexten)[G]// Gläser R. Fachsprachliche Textlinguistik. Vorträge der sprachwissenschaftlichen Arbeitstagung an der Sektion Fremdsprachen der Karl-Marx-Universität Leipzig am 11. und 12. Dezember 1984. Berlin (DDR): Akademie der Wissenschaften der DDR: 154.

83. Wunderlich D. 1970. Die Rolle der Pragmatik in der Linguistik[J]. Der Deutschunterricht, 22(4): 5–41.
84. Yu D. 2009. Konfuzius im Herzen[M]. tr. Fiederling J. München: Drömer Verlag.

后记

在本书即将问世之际，我满怀感慨，愿与年轻学者和同行们分享一些个人感悟，权当在退休前夕对既往工作和生活简要的总结和反思。

回首科学研究之路，我深切体会到，科研没有年龄之分、没有身份之别，尤其在针对某个具体的学术问题进行探究时，平等和开放是应有的态度；学术研究离不开冥思苦想，更需要与他人交流、碰撞思想；外语研究的真问题不外乎守正与创新两个方面，有了问题意识，才能找到有价值的研究课题和恰当的研究角度；科研之旅固然需要兴趣和热忱，但更需要执着、专注和刻苦的钻研精神；与其因追求快出成果而乱了自己的心智和阵脚，不如淡泊一点、佛系一点，始终秉持科研的本心和踏实进取的态度，不放弃、不躺平，相信“一分耕耘一分收获”，并从自身实际出发，找到奋斗的方向和合适的节奏，稳步向前。我很庆幸自己基本做到了这一点，也取得了一些令自己满意的成绩。

关于知识积累，人在一生中，包括求学、工作、生活过程中，会有很多机会接触各类知识，但要真正吸收这些知识，将其化为已有，使自己慢慢成为积淀深厚、学识渊博、视野开阔、融会贯通之人，绝非易事。这需要我们从点滴做起，在脑海中构筑属于自己的知识结构框架，养成积极思考、主动关联的习惯，将看似碎片化的零散知识有序、有效地梳理、归类和集成，进而使自己的知识体系逐步拓展和深化。若非如此，许多知识将如同无根之萍，随风逝去。遗憾的是，我在这方面还比较欠缺，从教三十余年来，我像登山者般一直专注于本专业领域的攀爬，却鲜少顾及和欣赏沿途的风景，我常提醒女儿："人的时间和精力是有限的，要将有限的时间和精力投入到最重要的事情上。"这个忠告曾督促着我不断向前，但现在看来，或许并非全然正确。如何兼顾和取舍，每个人都需要自己去权衡和选择。

我的第三个深刻感悟是，健康始终是最重要的，拥有健康才能走得更远，才有充沛的精力去更好地工作和生活，一切才具可持续性，正所谓"生命在于运动"，特别是伏案久坐的人，必须要有健康意识，应及时调整生活方式，把健身作为第一重要的事情来做。

此时此刻，我深感需要向众多人表达内心的感激之情。我对元话语的理论思考得益于多方收集的中外文献，衷心感谢十多年间给予我无私帮助、费心寻找和扫描资料的朋友与学生，以及本书所有被引用作者；我对元话语的界定和标注得到了同事赵亘老师的不少启发，非常感谢她和我一起不厌其烦地针对具体语料的元话语标注进行很多次交流和探讨，这些讨论使我对理论问题有了更深入的思考和认识；我也要感谢同济大学2019届学生潘星月同学，我指导她完成本科学位论文《默克尔2015—2019年新年致辞中的元话语研究》，她认真的学习态度、踏实的工作作风和探索性研究的勇气令我感到骄傲，她所做的工作一方面验证了我前期针对元话语分类所做的思考及具体分类模型（包括子范畴及其分类别）在实证研究中的可行性，也为我后续的研究及本书的撰写提供了一定的基础。可惜的是，她毕业后就入职企业，没有继续在学术道路上走下去。

对于上海译文出版社对本书的浓厚兴趣与大力支持，我深感荣幸并充满感激。正是有了他们的帮助，本书的出版才得以实现。同时，我也要感谢庄雯和李怡岚编辑的认真工作和专业指导，她们对书稿进行了细致、耐心的审读和编辑，还提出了很多建设性修改意见，她们的付出在一定程度上确保了本书的品质。

最后，我要向我的家人表达最深的谢意。多年来，我都以一种“不食人间烟火”的状态生活着，大部分时间花在教学、研究和休息上，家里的内外事务几乎都不需要我操心，也无需为养家糊口而奔波。感谢我先生给予我的关爱和呵护，感谢他一直以来的支持和付出；如果说我取得了一点成绩，那么“军功章”定有他的一半。女儿于2019年去德国留学，在新冠疫情期间坚守异国他乡，执着地走在求学之路上，凡事都靠自己，虽然辛苦，但她的生活能力和学习、科研能力得到了极大的提高，各方面取得了显著进步。她不仅以优异成绩获得硕士学位，并继续在德国攻读博士学位，从医学生成功转型为一名科研工作者；她还在专业学习之余获得了歌德C2级大语言证书，为今后的工作和生活打下了坚实的语言基础。虽然每一件事情都需要付出长时间的耐心和坚忍不拔的努力，每一个成绩都来之不易，但她的每一步都走得踏实而沉稳，这着实令人惊喜又欣慰！我为她感到高兴的同时，也期望通过本书的撰写，用另一种方式陪伴她闯荡世界，并以我的不懈努力给予她一些人生启迪和心灵上的支持。父母是我内心永恒不变的牵挂，我祝愿他们健康长寿，并希望我所付出的努力和取得的成绩始终是他们的骄傲。

2020年、2021年、2022年注定是不平凡的年份，更是需要耐心和坚韧的年份。在这三年中，我一边体验着疫情给我们各个方面带来的影响和变化，一边在电脑上把有关元话语的思考转化为文字。期间因身体不适，我的工作曾一度中断了近一年之久，但当我的状态稳定后，便继续缓慢而坚定地向前推进。本书的撰写记录了我对这段特殊岁月、这一特殊年龄的态度，愿这种态度能给家人带来信心和宁静，给女儿树立榜样。

谨以本书献给我最亲爱的家人。

王颖频

2024年5月于上海家中

图书在版编目（CIP）数据

元话语与外语元话语能力研究 / 王颖频著. —— 上海：上海译文出版社, 2024. 8. —— ISBN 978-7-5327-9688-5

I. H0

中国国家版本馆CIP数据核字第2024V25921号

元话语与外语元话语能力研究

王颖频　著

责任编辑/庄雯　装帧设计/胡枫　邱欣

上海译文出版社有限公司出版、发行

网址：www.yiwen.com.cn

201101　上海市闵行区号景路159弄B座

上海新华印刷有限公司印刷

开本890×1240　1/32　印张10.375　插页2　字数227,000

2024年8月第1版　2024年8月第1次印刷

印数：0,001–1,000册

ISBN 978-7-5327-9688-5/H·1618

定价：58.00元